陳福成著

陳福成著作全編

第十六冊　洪門、青幫與哥老會研究

文史哲出版社印行

國家圖書館出版品預行編目資料

陳福成著作全編 / 陳福成著. -- 初版. --臺北市：文史哲,民 104.08
頁： 公分
ISBN 978-986-314-266-9（全套：平裝）

848.6 104013035

陳福成著作全編

第十六冊 洪門、青幫與哥老會研究

著　　者：陳　福　成
出 版 者：文 史 哲 出 版 社
http://www.lapen.com.tw
登記證字號：行政院新聞局版臺業字五三三七號
發 行 人：彭　正　雄
發 行 所：文 史 哲 出 版 社
印 刷 者：文 史 哲 出 版 社
臺北市羅斯福路一段七十二巷四號
郵政劃撥帳號：一六一八〇一七五
電話886-2-23511028 · 傳真886-2-23965656

全 80 冊定價新臺幣 36,800 元

二〇一五年（民一〇四）八月初版

ISBN 978-986-314-266-9 08981

陳福成著作全編總目

壹、兩岸關係

①決戰閏八月
②防衛大台灣
③解開兩岸十大弔詭
④大陸政策與兩岸關係

貳、國家安全

⑤國家安全與情治機關的弔詭
⑥國家安全與戰略關係
⑦國家安全論壇。

參、中國學四部曲

⑧中國歷代戰爭新詮
⑨中國近代黨派發展研究新詮
⑩中國政治思想新詮
⑪中國四大兵法家新詮：孫子、吳起、孫臏、孔明

肆、歷史、人類、文化、宗教、會黨

⑫神劍與屠刀
⑬中國神譜
⑭天帝教的中華文化意涵
⑮奴婢妾匪到革命家之路：復興廣播電台謝雪紅訪講錄
⑯洪門、青幫與哥老會研究

伍、詩〈現代詩、傳統詩〉、文學

⑰幻夢花開一江山
⑱赤縣行腳・神州心旅
⑲「外公」與「外婆」的詩
⑳尋找一座山
㉑春秋記實
㉒性情世界
㉓春秋詩選
㉔八方風雲性情世界
㉕古晟的誕生
㉖把腳印典藏在雲端
㉗從魯迅文學醫人魂救國魂說起
㉘六十後詩雜記詩集

陸、現代詩（詩人、詩社）研究

㉙三月詩會研究
㉚我們的春秋大業：三月詩會二十年別集
㉛中國當代平民詩人王學忠
㉜讀詩稗記
㉝嚴謹與浪漫之間
㉞一信詩學研究：解剖一隻九頭詩鵠
㉟囚徒
㊱胡爾泰現代詩臆說
㊲王學忠籲天詩錄

柒、春秋典型人物研究、遊記

㊳山西芮城劉焦智「鳳梅人」報研究
㊴在「鳳梅人」小橋上

總序：陳福成的一部文史哲政兵千秋事業

陳福成先生，祖籍四川成都，一九五二年出生在台灣省台中縣。筆名古晟、藍天、司馬千、鄉下人等，皈依法名：本肇居士。一生除軍職外，以絕大多數時間投入寫作，範圍包括詩歌、小說、政治（兩岸關係、國際關係）、歷史、文化、宗教、哲學、兵學（國防、軍事、戰爭、兵法），及教育部審定之大學、專科（三專、五專）、高中（職）等各級學校國防通識（軍訓課本）十二冊。以上總計近百部著作，目前尚未出版者尚約二十部。

我的戶籍資料上寫著祖籍四川成都，小時候也在軍眷長大，初中畢業（民57年6月），投考陸軍官校預備班十三期，三年後（民60）直升陸軍官校正期班四十四期，民國六十四年八月畢業，隨即分發野戰部隊服役，到民國八十三年四月轉台灣大學軍訓教官。到民國八十八年二月，我以台大夜間部（兼文學院）主任教官退休（伍），進入全職寫作高峰期。

我年青時代也曾好奇問老爸：「我們家到底有沒有家譜？」

他說：「當然有。」他肯定說，停一下又說：「三十八年逃命都來不及了，現在有個鬼啦！」

兩岸開放前他老人家就走了，開放後經很多連繫和尋找，真的連鬼都沒有了，茫茫無垠的「四川北門」，早已人事全非了。

但我的母系家譜卻很清楚，母親陳蕊是台中縣龍井鄉人。她的先祖其實來台不算太久，按家譜記載，到我陳福成才不過第五代，大陸原籍福建省泉州府同安縣六都施盤鄉馬巷。

第一代祖陳添丁、妣黃媽名申氏。從原籍移居台灣島台中州大甲郡龍井庄龍目井字水裡社三十六番地，移台時間不詳。陳添丁生於清道光二十年（庚子，一八四〇年）六月十二日，卒於民國四年（一九一五年），葬於水裡社共同墓地，坐北向南，他有二個兒子，長子昌，次子標。

第二代祖陳昌（我外曾祖父），生於清同治五年（丙寅，一八六六年）九月十四日，卒於民國廿六年（昭和十二年）四月二十二日，葬在水裡社共同墓地，坐東南向西北。陳昌娶蔡匏，育有四子，長子平、次子豬、三子波、四子萬芳。

第三代祖陳平（我外祖父），生於清光緒十七年（辛卯，一八九一年）九月二十五日，卒於（年略記）二月十三日。陳平娶彭宜（我外祖母），生光緒二十二年（丙申，一八九六年）六月十二日，卒於民國五十六年十二月十六日。他們育有一子五女，長子陳火，長女陳變、次女陳燕、三女陳蕊、四女陳品、五女陳鶯。

以上到我母親陳蕊是第四代，到筆者陳福成是第五代，與我同是第五代的表兄弟姊妹共三十二人，目前大約半數仍在就職中，半數已退休。

寫作是我一輩子的興趣，一個職業軍人怎會變成以寫作為一生志業，在我的幾本著作都詳述（如《迷航記》、《台大教官興衰錄》、《五十不惑》等」。我從軍校大學時代開始寫，從台大主任教官退休後，全力排除無謂應酬，更全力全心的寫（不含為教育部編著的大學、高中職《國防通識》十餘冊）。我把《陳福成著作全編》略為分類暨編目如下：

壹、兩岸關係

①《決戰閏八月》②《防衛大台灣》③《解開兩岸十大弔詭》④《大陸政策與兩岸關係》。

貳、國家安全

⑤《國家安全與情治機關的弔詭》⑥《國家安全與戰略關係》⑦《國家安全論壇》。

參、中國學四部曲

⑧《中國歷代戰爭新詮》⑨《中國近代黨派發展研究新詮》⑩《中國政治思想新詮》⑪《中國四大兵法家新詮：孫子、吳起、孫臏、孔明》。

肆、歷史、人類、文化、宗教、會黨

⑫《神劍與屠刀》⑬《中國神譜》⑭《天帝教的中華文化意涵》⑮《奴婢妾匪到革命家之路：復興廣播電台謝雪紅訪講錄》⑯《洪門、青幫與哥老會研究》。

伍、詩〈現代詩、傳統詩〉、文學

⑰《幻夢花開一江山》⑱《赤縣行腳・神州心旅》⑲《「外公」與「外婆」的詩》、⑳《尋找一座山》㉑《春秋記實》㉒《性情世界》㉓《春秋詩選》㉔《八方風雲性情世界》㉕《古晟的誕生》㉖《把腳印典藏在雲端》㉗《從魯迅文學醫人魂救國魂說起》㉘《60後詩雜記詩集》。

陸、現代詩（詩人、詩社）研究

㉙《三月詩會研究》㉚《我們的春秋大業：三月詩會二十年別集》㉛《中國當代平民詩人王學忠》㉜《讀詩稗記》㉝《嚴謹與浪漫之間》㉞《一信詩學研究：解剖一隻九頭詩鵠》㉟《囚徒》㊱《胡爾泰現代詩臆說》㊲王學忠籲天詩錄。

柒、春秋典型人物研究、遊記

㊳《山西芮城劉焦智「鳳梅人」報研究》㊴《在「鳳梅人」小橋上》㊵《我所知道的孫大公》㊶《孫大公思想主張手稿》㊷《金秋六人行》㊸《漸凍勇士陳宏》。

捌、小說、翻譯小說

㊹《迷情・奇謀・輪迴》㊺《愛倫坡恐怖推理小說》。

玖、散文、論文、雜記、詩遊記、人生小品

㊻《一個軍校生的台大閒情》㊼《古道・秋風・瘦筆》㊽《頓悟學習》㊾《春秋正義》㊿《公主與王子的夢幻》51《洄游的鮭魚》52《男人和女人的情話真話》53《台灣邊陲之美》54《最自在的彩霞》55《梁又平事件後》。

拾、回憶錄體

56《五十不惑》57《我的革命檔案》58《台大教官興衰錄》59《迷航記》60《最後一代書寫的身影》61《我這輩子幹了什麼好事》62《那些年我們是這樣寫情書的》63《那些年我們是這樣談戀愛的》64《台灣大學退休人員聯誼會第九屆理事長記實》。

拾壹、兵學、戰爭

65《孫子實戰經驗研究》66《第四波戰爭開山鼻祖賓拉登》。

拾貳、政治研究

(67)《政治學方法論概說》(68)《西洋政治思想概述》(69)《中國全民民主統一會北京行》(70)《尋找理想國：中國式民主政治研究要綱》。

拾參、中國命運、喚醒國魂

(71)《大浩劫後：日本 311 天譴說》、《日本問題的終極處理》(72)《台大逸仙學會》。

拾肆、地方誌、地區研究

(73)《台北公館台大地區考古・導覽》(74)《台中開發史》(75)《台北的前世今生》(76)《台北公館地區開發史》。

拾伍、其他

(77)《英文單字研究》(78)《與君賞玩天地寬》（別人評論）(79)《非常傳銷學》(80)《新領導與管理實務》。

我這樣的分類並非很確定，如《謝雪紅訪講錄》，是人物誌，但也是政治，更是歷史，說的更白，是兩岸永恆不變又難分難解的「本質性」問題。

以上這些作品大約可以概括在「中國學」範圍，如我在每本書扉頁所述，以「生長在台灣的中國人為榮」，以創作、鑽研「中國學」，貢獻所能和所學為自我實現的途徑，以宣揚中國春秋大義、中華文化和促進中國和平統一為今生志業，直到生命結束。我這樣的人生，似乎滿懷「文天祥、岳飛式的血性」。

抗戰時期，胡宗南將軍曾主持陸軍官校第七分校（在王曲），校中有兩幅對聯，一是「升官發財請走別路、貪生怕死莫入此門」，二是「鐵肩擔主義、血手寫文章」。前聯原在廣州黃埔，後聯乃胡將軍胸懷，「鐵肩擔主義」我沒機會，但「血手寫文章」的

「血性」俱在我各類著作詩文中。

人生無常，我到六十三歲之年，以對自己人生進行「總清算」的心態出版這套書。

回首前塵，我的人生大致分成兩個「生死」階段，第一個階段是「理想走向毀滅」，年齡從十五歲進軍校到四十三歲，離開野戰部隊前往台灣大學任職中校教官。第二個階段是「毀滅到救贖」，四十三歲以後的寫作人生。

「理想到毀滅」，我的人生全面瓦解、變質，險些遭到軍法審判，就算軍法不判我，我也幾乎要「自我毀滅」；而「毀滅到救贖」是到台大才得到的「新生命」，我積極寫作是從台大開始的，我常說「台大是我啟蒙的道場」有原因的。均可見《五十不惑》、《迷航記》等書。

我從年青立志要當一個「偉大的軍人」，為國家復興、統一做出貢獻，為中華民族的繁榮綿延盡個人最大之力，卻才起步就「死」在起跑點上，這是個人的悲劇和不智，正好也給讀者一個警示。人生絕不能在起跑點就走入「死巷」，切記！切記！讀者以我為鑒！在軍人以外的文學、史政有這套書的出版，也算是對國家民族社會有點貢獻，對自己的人生有了交待，這致少也算「起死回生」了！

順要一說的，我全部的著作都放棄個人著作權，成為兩岸中國人的共同文化財，而台北的文史哲出版有優先使用權和發行權。

這套書能順利出版，最大的功臣是我老友，文史哲出版社負責人彭正雄先生和他的夥伴們。彭先生對中華文化的傳播，對兩岸文化交流都有崇高的使命感，向他和夥伴致上最高謝意。

台北公館蟾蜍山萬盛草堂主人　陳福成　誌於二〇一四年五月榮獲第五十五屆中國文藝獎章文學創作獎前夕

自序

三十多年前，我整理先父陳建民君遺物，發現他的一本「洪門證」，開啓我對洪門及其他秘密會黨（青幫、哥老會等）的興趣，數十年濃厚的雅趣而不減。

洪門、青幫、哥老會到底是怎樣的組織？歷來有許多評價，有說他們幹了不少壞事，有說他們倒滿建國有大功，也是喚醒民族主義、復興文化的功臣！

無論如何！就像每個人，一生所爲是否完全無過，想必聖人也做不到。國民黨也出過漢奸賣國者，如李登輝，共產黨沒出過叛黨叛國者嗎？不能因有過失，就抹去全部的功勞，這才是客觀的評價。

數十年來，我不斷關注、研究這些秘密會黨，希望本書能呈現真相，解開許多人心中的疑惑，我重新詮釋一些歷史問題，讀者必會贊同我的論述並請高明教正。（台北公館蟾蜍山萬盛草堂主人　陳福成　誌於二〇一四年八月吉日）

洪門、青幫與哥老會研究

——兼論中國近代秘密會黨

目 次

左起：作者陳福成、江奎章，正中黑西裝是五聖山山主劉會進先生，右是吳信義師兄。五聖山 80 週年慶，2011.8.21，高雄。（四張彩照時地同）

徐水德致詞

洪門勁旅

左起：江奎章學長、信義師兄、作者陳福成

第一篇　洪門起源研究

福建省紹安縣鳳山報國寺洪門古蹟五祖「忠祖堂」

右上圖：天地會（洪門）始祖洪二和尚提喜禪師分靈神像，
威風凜凜的供奉在五聖山忠義堂。
左上圖：庵龍鎮供俸五顯大帝，上掛木匾「精忠洪門」。
下　圖：「精忠洪門」之匾原為五顯大帝廟洪門反清復明的
重要據點。

第一章 洪門的起源考證

我對中國洪門及近代秘密會黨的興趣，來自我整理先父陳建民的遺物時，發現他有一本「中國洪門九龍山聯誼會會員證」。後來我在政治研究所的碩士論文，內容也選擇和秘密會黨有關者，並由時英出版社正式發行出版，《中國近代黨派發展研究新詮》（註一）

自從離開野戰部隊，來到最高學府台灣大學，我就完全維持著平靜的「耕讀」生活，「耕」者寫作，「讀」者讀「五車」書，眾多我列爲必讀、必買也必收藏的書籍中，有關洪門和秘密會黨的文獻，我始終保有濃厚的興趣，對洪門起源的一些故事，都深深吸引著我，有時沈思，好像看到父親和陳近南他們的身影，先父爲反攻大陸而努力，陳近南等則爲反清復明而奔走。

關於洪門的起源，從陳近南的反清復明到先父的反攻大陸，畢竟過了多少朝代幾百年，加上小說、電影的宣染，蓋上一層厚厚的傳奇色彩。吾人從學術上，必須從事實根據來考證。孫中山先生在（民族主義）第三講，講到會黨的起源說：（註二）

康熙末年以後，明朝遺民逐漸消滅。當中一派是富有民族思想的人，覺得大事去矣，再沒有能力可以和滿洲抵抗，就觀察社會情形，想出方法來結合會黨，他們的眼光是很遠大的，思想是很透澈的，觀察社會也是很清楚的。他們剛才結合成種種會黨的時候，康熙就開博學鴻科，把明朝有智識學問的人，幾乎都網羅到滿洲政府之下：便知道那些有智識階級的靠不住，不能藏之名山傳之其人，所以要在下流社會中藏起來，便去結合那些會黨。

中山先生這段話很明顯的，當明朝遺老想要找地方託存反清復明、民族主義思想時，會黨是已經存在的，明朝遺老只是做「結合」的工夫，推論經此一結合，會黨才質變成「洪門」組織。至於爲何要把民族主義思想藏在下層社會的會黨裡？相信這道理很簡單，知識份子靠不住，容易被收買，連孔子都說了「禮失而求諸野」（漢書）。這是中山先生說的，明朝遺老觀察社會很清楚的理由。中山先生在〈民族主義〉第三講說：

到了清朝中葉以後，會黨中有民族思想的，只有洪門會黨。當洪秀全起義之時，洪門會黨多來相應，民族主義就復興起來。須注意洪門不是由洪秀全而得此稱，當是由朱洪武或朱洪祝（康熙時有人奉朱洪祝起義）而得此稱謂，亦未可定。（註三）

洪門之名得自朱洪武或朱洪祝是一個推論，但洪門之名尚未誕生之前，會黨已經存在是可信的。在關雲編著的《閒話秘密社會及黑社會》一書，提到明代的遺臣志士，如顧亭林（炎武）、黃梨洲（宗羲）、王船山（夫之），朱舜水等人，因不堪作異族奴隸。於是，利用民族思想和復國大義，來號召各方志士推翻滿清。他們知道要利用組織，便將當時一些文人的團體，如復社、爨社、東越諸社、三湖諸社等社團，改組成「添弟會」．據聞「添弟會」正是一代鴻儒顧亭林先生首創。（註四）

明朝末年可能政治動亂的原因，社會各階層流行黨社運動，士大夫階層活躍的活動是組「黨」，一般知識青年活躍於結「社」，二者同是人民的自覺自發活動。今以「復社」和「幾社」爲例，列其源流如表，這些社的存在大約是明萬歷到清康熙的年代。（註五）

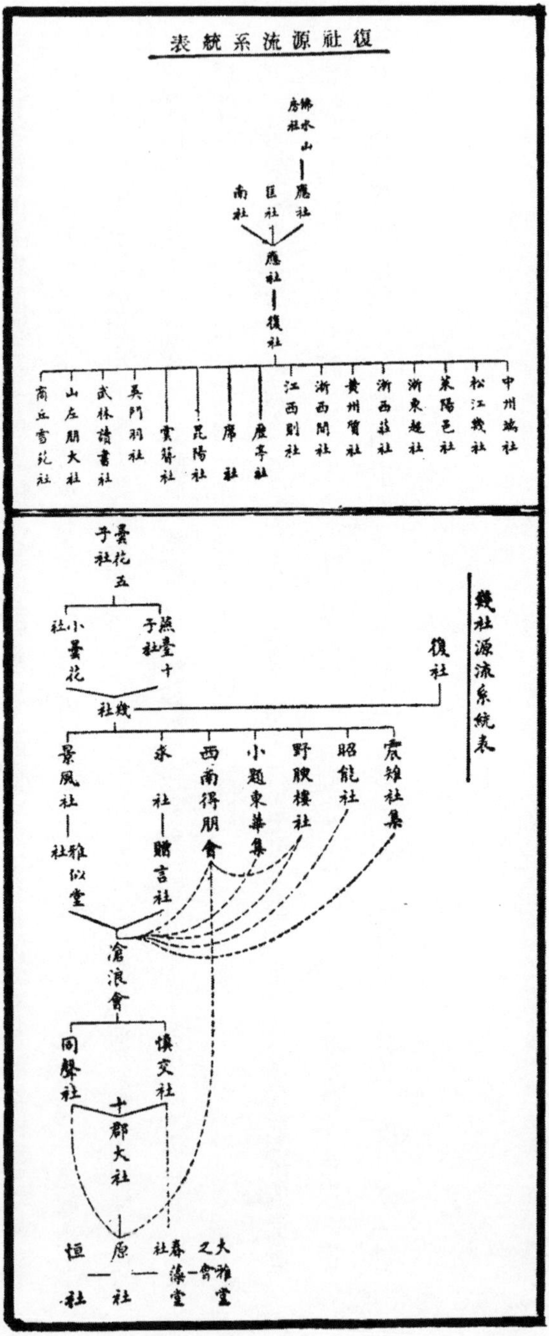

國之將亡，必會牽動許多人的情緒，做出激烈的反應和選擇，亂邦不居，逃命邊陲有之；也有很多人起而進行救國、復國運動，中國歷朝歷代皆然。這是中國歷史特有的「磁石效應」」乃至一種「物理法則」。前表各社運動時間都在明末到康熙，當大明末亡將亡，他們進行救國運動；當大明已亡（一六四四年後），他們進行復國運動。等到黃梨洲、陳近南、鄭成功等人把反清復明、民族主義思想「殖入」前述黨社，那些黨社

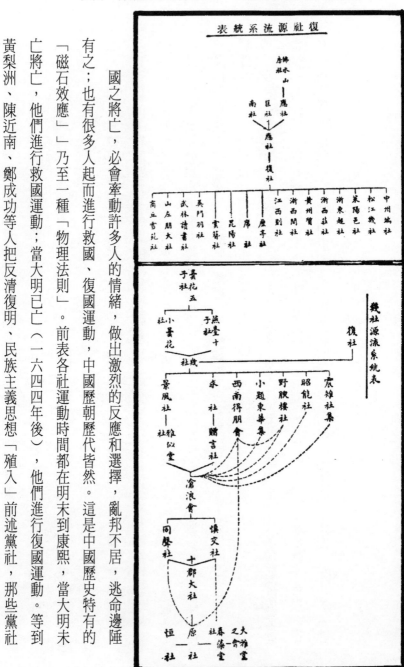

會很快質變成秘密會黨，添弟會（天地會、洪門）於焉出現。按廣西省貴縣修志局發現最早的天地會文件有如下記錄：（註六）

明朝崇禎失位，有忠臣蘇洪元帶出西宮娘娘李新燕出外省，產下太子朱洪英，改名天祐。後少林寺僧立有邊功，反被清兵謀害，僅五人逃至長林寺，拜長林寺僧長萬雲龍為大哥。旋與太子相遇，乃拜他為盟主。又拜陳近南先生為軍師，蘇洪元為先鋒，五子為五虎大將。清兵退去，五人安葬萬雲龍後，「即時扯爛衣裳，咬破五人手指，共合血一堆，寫成朵五本，每人各執一本，隨至各省招集忠心義氣，暗藏三點革命，誓滅清朝，扶回大明江山，共享榮華，同樂太平天下。

前面所提到朱洪英、朱洪祝、陳近南、萬雲龍、五子等人，因年代久遠，文獻上記錄有差異，本書各章節將會逐一揭開他們神秘的面紗。在貴縣修志局發現天地會文件中，另有記載陳近南爲和尚，朱洪英太子在白口洞中自刎，近南乃在福建效桃園結義，做先生，教召兄弟，再復明主，定中原之江山。（註七）以上是洪門最早的史料，因流傳地區極廣與年代久遠，各種稱謂甚多，均在下節詳加研究解說。就洪門起源，在王聿均（洪

門創立之歷史背景與民族思想〉一文，尚有如次敘述。（註八）

第一、明臣洪英，字啓勝，原隸復社（見前表），入史可法幕，銜命至燕，遊說吳三桂復明，三桂不聽，乃奔走各地。可法殉難揚州，英率眾與清兵力戰。明福王弘光元年（一六四五年），敗死於三汊河，其部屬蔡德忠等先後依潞王、唐王，後隨鄭成功往台灣。鄭卒，蔡德忠等又回中原各地，結納萬雲山寺主萬雲龍和白鶴洞道人陳近南，共推陳近南主持反清復明大業，於康熙甲寅年（康熙十三年・一六七四年），七月廿五日丑時祭告天地，尊洪英為始祖，是日洪門之誕生日；同年八月十五日起義，尊朱洪祝為天運皇帝，後來的起義都失敗。

第二、在王治心的《中國宗教思想史綱》所述，天地會起源於少林寺的和尚，康熙時從軍征西域〈多種說法〉有功，為廷臣陳文耀所忌，密謀殲滅之。後僅存蔡德忠、方大成（一作洪）、馬超興、胡德帝、李式開五僧秘密結合，插血為盟，策劃復仇，即為天地會。這個說法較不合理，天地會成立僅要報仇，而非為反清復明。

另按劉聯珂《幫會三百年革命史》所述，鄭成功在台灣金山聚部下兵將結為兄弟，宣示復明滅清，歃血為盟，即以金台山為會盟所，但成功一支人馬不稱「洪門」，而稱「漢留」。在張士杰、包穎、胡震亞合著《青幫與洪門大傳》一書，明永歷十五年（清順治十八年、一六六一年），鄭成功收復台灣，爲深謀遠慮之計，成功開始組織「漢留」之事，同年九月即召洪旭、蔡德忠等人，開山設堂，取名「金台山．明遠堂」，這是洪門最早的山堂組織。

現在「中國洪門五聖山山主」劉會進先生在他的著作中，洪門起源來自「漢留」組織，即由「漢留」演進而成爲「洪門」，其始祖是殷洪盛（又名洪英），山西平陽府太平縣人，明崇禎時進士。（註九）

以上諸種洪門起源論說，難免有很大差異，也難有確實鐵證如山的證據可以服人。這是因爲在那封建的年代，「造反」是要滅九族的，很多不能以實人實事全現，這是秘密會黨的限制，加上年代遠久更有眾多歧議之說。但就洪門起源此一命題，以下幾點是可信的：

第一、洪門成立和明末遺老志士，顧炎武、黃宗羲、王船山、朱舜水、史可法等人的民族思想有密切關係，是後來洪門反清復明思想的源頭。

第二、明末復社、幾社早已先會黨而存在，面臨國難時變成救國的會黨，明亡後再吸收反清復明思想和大業，很快再質變成「洪門」組織，也是合理的推論。

第三、中國地大物博，各地政局、社會民情不同，洪門在各地發展，自然出現很多不同的稱謂。（關於各地不同稱謂在另文研究）。「洪門」和「漢留」到底何者在先？何者在後？詳見下章。

第四、一般認為天地會是鄭成功在台灣所創，但並非所有全部證據的支持，其他亦有先在大陸成立者。至少，洪門和鄭成功關係密切，鄭在台灣開山立堂，台灣也是洪門早期重要根據地。

第五、洪門的起源和少林寺僧有密切關係，福建莆田少林寺為其顯例。洪門故事中有所謂「前五祖」、「中五祖」、「後五祖」都和少林寺有關，其中當然有內外因緣使然，故有洪門起源於五祖之說。

總得來說，洪門起源有多種說法不一，除了前面講過的原因，還有最早創立者的思維，不在知識階層用文字傳播，而用下層社會的口耳相傳，就算有文字也不甚高明。又因會黨是秘密的，更無從查考。綜合略說之，洪門起源於明朝遺老志士，他們要反清復明，要做長期、秘密的奮鬥，須要涵富民族主義思想的組織，洪門順天應人而誕生。

註　釋：

註一：陳福成，《中國近代黨派發展研究新詮》（台北：時英出版社，二〇〇六年九月）。

註二：孫中山，〈民族主義〉第三講，《國父全集》第一冊（台北：中國國民黨中央委員會黨史委員會，民國七十七年三月一日再版），頁廿六。

註三：同註二，頁廿七。

註四：關雲，《閒話秘密社會及黑社會》（台北：世界文物出版社，民國六十五年三月再版），頁四九—五〇。

註五：謝國楨，《明清之際黨社運動考》（台北：臺灣商務印書館，民國六十七年二月臺三版），頁二〇二—二〇三。

註六：羅爾綱，《天地會文獻錄》（上海：正中書局，民國三十六年十月初版）；轉引自莊政，《國父革命與洪門會黨》（台北：正中書局，民國七十年三月），頁一九—二〇。

註七：同註六。

註八：帥學富，《清洪述源》，台北，民國五十一年九月初版。（出版者未記）

註九：劉會進，《見證洪門三百三十年》（台北：黎明文化公司，民國九十三年十二月），頁五八—五九。

第二章 洪門、天地會等衆多名稱略述

對於秘密會黨有興趣的人，或常看此類文學作品、電影等，有時可能有些疑惑，衆多和洪門相關的名詞稱謂，意義有何差別？洪門、天地會、漢留、紅幫、青幫⋯。乃至「𤇆𤇆𤆼」，白蓮教、三合會、三點會⋯所指爲何？

按秘密會黨研究專家莊政所述，「洪門」是對內的稱謂，對外則稱「天地會」，其他是別名，且天地會組織型態是並立式的，各地區自建名號，經常改變名稱也避免官兵追究。（註一）內外之餘，其分五房，長房福建和甘肅，二房廣東和廣西，三房雲南和四川，四房湖北和湖南，五房浙江和江南，會員布滿南中國，以反清復明爲共同宗旨。出現的各種別名如：三合會、三點會、清水會、匕首會、雙刀會、小刀會、八卦會、哥老會、紅旗會、劍仔會、致公堂、串子會、半邊錢會、一股香會、紅黑會、紅簿教、黑簿教、結草教、斬草教、捆柴教、紅幫⋯

反清復明是「殺頭的事業」，當時爲了避清廷耳目，隱其企圖，各地區使用不同名號。大體上，福建、浙江、江蘇、湖南、江西、廣東、廣西，有天地會之名；而廣東、廣西到江西邊境，有三點會之名；從廣東、廣西、福建、江西之邊境到湖南南境，有三合會之名；到了四川及川陝鄂三省交界山區，則易名哥老會。

但按徐安琨編著《哥老會的起源及其發展》一書，認爲哥老會和天地會系統有極大差別，無論活動地區和組織內容，都顯示雙方自成體系的差異。（註二）而另有研究也認爲，稱洪門爲「紅幫」乃外界不察，實因清廷誣爲紅巾賊，呼稱紅幫土匪，實際上中國沒有紅幫。（註三）陶成章在〈教會源流考〉一文，亦有不同說法：

> 湘軍所到之處，無不有哥老會之傳佈也。迄今遂以哥老會為滿政府之一大鉅患。是故三點會也、三合會也、哥老會也，無非出自天地會，故皆號洪門，又曰洪家，別稱洪幫（俗訛為紅幫）。（註四）

以上兩種說法，我以爲都是，原因是古今以來所有的政治鬥爭都是「零和遊戲」，屬「非死即生」之本質，必然要使出一切手段醜化、抹黑對方，以取得掌控戰場的大權。

半個世紀的國共鬥爭、近二十年來台灣內部的統獨內鬥均是明證實例。洪門、洪幫、紅幫、滿清，訛傳或誣滅都日久成習慣，習慣成歷史事實。陶成章在該文提到下列會黨都是洪門也，肇自天地會，餘皆支流，到中山先生革命時代，其勢力、分佈已大大不同：

天地會：名稱已變，其不改名稱之本支，惟福建有之。

三點會：廣東最盛，福建、江西次之，廣西又次之。

三合會：廣東最盛，廣西次之，福建、江西又次之。湖南之鄰近廣西者，亦間有之。

哥老會：湖北、湖南最盛，四川、浙江（多在浙東）、雲南次之，安徽、江蘇、河南、山西又次之，江西附近長江處又次之，陝西、甘肅、新疆又次之，山東、直隸亦間有之。

慶　幫：多在長江下游，江蘇之蘇州、松江、常州、太倉及鎮江，安徽之巢湖、蕪湖、寧國、廣德及徽州，浙江之杭州、嘉興、湖州及嚴州、衢州，江西之九江、南昌及廣信。

江湖團：多江湖賣技糊口四方者，附和於洪門和慶幫之間，分佈於長江上下，安徽之廬州、鳳陽，江蘇之淮安、揚州，浙江之衢州、處州。

所謂「慶幫」，乃有潘慶者，竊洪門之餘緒，組織「潘門」，或叫潘家，又叫慶幫（俗訛青幫）。故凡潘門兄弟遇見洪門兄弟，開口語必說潘洪原是一家。洪門諸多別名，都有其深義（意），今舉最常見流行者說明。

洪　門：中山先生在〈民族主義〉第三講說，洪門由朱洪武或朱洪祝而得稱，陶成章在〈教會源流考〉也說，「因太祖年號洪武故取以爲名」。（註五）洪門耆宿另有一說，「洪」是「漢」的略寫，漢族把中間的「中土」丟了，剩下「洪」，用以激勵恢復「中土」，復興漢族。這和洪門人士寫清爲「⿰氵月」謂無主，寫滿爲「⿰氵㒼」謂無頭，是相同用意。

天地會：天地會文獻中有祭五祖詩說：「一拜天爲父，二拜地爲母，三拜日爲兄，四拜月爲嫂（另說姊妹），五拜五祖，六拜萬雲龍大哥，七拜陳近南先生，八拜兄弟和順（另說洪家全神靈）」。拜天拜地而得「天地會」之名，這是從水滸傳「合異姓爲一家，指天地作父母」的思想而來。

三點會：天地會有三點革命詩：「三點暗藏革命宗，入我洪門莫通風，養成銳勢復仇日，誓滅清朝一掃空。」。所謂三點，指洪字旁的「氵」水字。按莊政的研究，這是會黨的暗號，如萬雲龍的墓碑上十六字：（註六）

浸濺涱淋洔澗汕滞汇洓澾淙沿洏洵潞

西魯序說：「萬大哥死於九月重陽，將屍骨火焚，葬於丁山腳下，寅申相向，地形八角圖，前面九重塔，後面十二峯山，立墳墓碑，十六字，字字三點水。」這可爲三點會名稱由來。

三合會：洪門頗多有關「三合、三河」的詩，如先鋒詩：「小會三河大會天，皆因出在甲寅年，五人結拜心如鐵，流下高溪萬古傳。」三合河據傳也是洪門結盟會的地方，可能是三條河會流之處。陶成章在〈教會源流考〉一文說：（註七）

> 於是福建之洪門，乃改其方向，流入於粵，隱其天地會之名稱，以避滿人之忌。取洪字邊旁氵字之義，號曰三點。或又嫌其偏而不全，非吉祥之瑞，乃又取共之義而連稱之，又改號曰三合。於是由粵而贛而桂，三點三合之勢大著也。

洪門有三合詩，亦有對聯：「地鎮高溪，一派江山千古秀；門朝大海，三河合水萬年流。」三合會之名因而流行。當然更為避清廷之耳目，不斷改其名號也是求生存的辦法。

另有大刀會和小刀會也是洪門別名，惟其形成原因和白蓮教有關。清廷執五祖並火燒少林寺後，餘徒眾散之四方，痛師父遭禍之慘，遂立為祖師，並以廣傳白蓮教；而洪門亦祀五祖，從此白蓮洪門皆奉五祖，儼然一家。但不久又分，有志者取兩家之長別立大刀會，又再演出小刀會，兩會分佈有所不同。（註八）

大刀會：山東之曹州、兗州、青州最多，河南之開封、歸德及直隸之大名、保定次之，安徽之泗州、邳州及江蘇之徐州、海州又次之。

小刀會：安徽之鳳陽、廬州、壽州最多，江蘇之徐州、海州、淮安諸府次之，浙江之金華、嚴州、台州、衢州、溫州又次之。浙江之派由鳳陽傳入，福建之小刀會是三點三合會之慕小刀會名而改稱者，其源流不同。

另有海皮、光棍、清水會、紅旗會、袍哥等，有些可能為一時方便取名，有些仍有特別意涵。如「光棍」一稱，在《漢留全史》的解釋說，「一塵不染謂之光，直而不曲謂之棍。光者明也，棍者直也，即光明正直之謂也。」（註九）真實之意應指一貧如洗的窮人，說明參加者都是下階層的普羅大眾。而「海皮」原是「海弼」，海者廣大，弼者輔助，說明加入者可以得到相互扶助，這也合乎人想加入組織的心理須要。

洪門又叫「紅幫」另一說法，鄭成功創組洪門時，部下有洪姓的，洪旭、洪政、洪初闢、洪承龍、洪善、洪德、洪琅、洪磊等，全都身居要職，故稱「洪幫」，久了習稱「紅幫」。在天地會中亦有包頭詩：「紅巾一條在手中，包在頭中訪英雄」，可知紅幫也因包頭紅巾而得名，大概爲紀念明太祖朱元璋起義時所戴的紅巾，而另叫「紅幫」。皆爲可信，任何事物經長久時空流傳，總有各種不同說法，何況天地會是滿清要追殺消滅的一股勢力，自然要不斷的變、變、變！

註釋：

註一：莊政，《國父革命與洪門會黨》（台北：正中書局，民國七十三年三月），第二章第一節。

註二：徐安琨，《哥老會的起源及其發展》（台北：臺灣省立博物館出版部，民國七十八年四月），第一章。

註三：沈醉，《青幫洪門》（台北：問學出版社，民國七十七年九月），頁四。

註四：蘇鳳文撰（古亭書屋編輯），《股匪總錄》第一冊（台北：祥生出版社，民國六十四年八月初版），附錄〈教會源流考〉。

註五：同註四。

註六：同註一。

註七：同註四。

註八：同註四。

註九：包穎、張士杰、胡震亞，《青幫與洪門大傳》（台北：周知文化事業公司，一九九四年九月初版），頁七。

第三章 關於漢留、海湖和海底

洪門、天地會的漫長數百年傳奇故事中，一直有「漢留」、「海底」、「海湖」的說法，到底是啥？也叫很多人不解。在天地會文獻裡認爲洪門、天地會都源自「漢留」，這應是很可靠的說法，只是漢留又從何而來？這很值得探索，因爲這是洪門的源頭。現代中國洪門五聖山山主劉會進先生在他的著作中說：

> 洪門確切的源流乃是「漢留」組織，平時活動於「海湖」，所以洪門有「漢留、海湖」之稱。所謂「漢留」，指的是清世祖入關，奪取了皇帝之位後，明代的忠臣義士不甘就此被滿人統治，紛紛逃向「海湖」（與江湖同意）躲避，一心發憤圖強再起，當中初步形成的組織即為「漢留」。（註一）

先有「漢留」組織，到康熙年間才正式更名洪門，而後再發展出天地會、三合會等各種名號。據漢留史料記載，漢留的「留」與「流」、「劉」同意音，可以有三種解釋。第一「漢留」是漢族遺留之意，明朝的遺民志士憐憫國破家亡，痛恨異族入侵，期望能留下革命的種子，作爲滅清復明的實現，故稱「漢留」。第二「漢流」是漢人之流，爲恐漢人子孫被滿人收買利用，立「漢流」以示區別，表明我乃漢人之流，不是滿人之流，是謂「漢流」。第三「漢劉」取漢室劉關張桃園結義之義舉，凡在組織內一拜，便如桃園結義，同生共死，爲反清復明大業而奮鬥，是名「漢劉」。（註二）但漢留組織何人開始議創？在洪門典籍中記錄和洪門始祖洪英有關，少數記述可能年代久遠說法小有差異，應無矛盾之處。

洪英，字啓盛，山西平陽府太平縣人，明崇禎四年（一六三一年）進士，爲人慷慨好義、賢能通達，是明末傳奇性人物。崇禎七年（一六三四年），好友直隸大同鎮守姜瓖再三邀洪英，請他出任幕僚，參贊軍機。

洪英到大同，大展長才，協助姜瓖進行行政革新，起用賢能，整軍經武，一時甚有中興氣象。不久，有心救國的豪傑志士紛紛慕名而來，知名者如：陝西同州府蒲城縣的蔡德忠、直隸宣化府懷來縣的方大洪、直隸順天府涿州的馬超興、山西絳州的胡德帝和李色開，這五人後來被洪門尊爲前五祖。

洪英在大同果然很有建樹，至少在這小小區域內的人民可以過幾天好日子。但大環境對明朝已極不利，崇禎十四年（一六四一年），李自成陷河南府殺福王常洵，張獻忠陷襄陽。大同鎮守姜瓖因不堪朝廷迫害投向李自成，洪英不願背叛朝廷又不同流合污，竟自行前往江南，遊歷名山大川，不亦樂乎！

不久崇禎帝自縊煤山，清帝從瀋陽遷來北京，清息傳到隱居黃山的洪英，他悲憤交加，便毅然出山，率弟子門人游說各地官紳軍民，共同起來抵抗清軍。某日，洪英到揚州求見正督師的兵部尚書史可法，二人相見恨晚，洪英乃留府中協助史可法的抗清大計。

到清順治二年（明福王弘光元年、唐王隆武元年、一六四五年），局勢更加危急，二月清多鐸克西安，史可法不覺憂心忡忡。洪英乃向史可法提議在北方建立秘密組織「漢留」，號召反清復明，擾亂清廷後方，使清軍無暇南下，以便江南有準備時間。史可法也覺得是一條長久之策，二月間洪英率子洪旭及弟子蔡德忠等人，向北而去，游說吳三桂抗清未果。

洪英離開北京，遍訪王夫之、傅之、黃宗羲、顧炎武，共商「漢留」組織。當他們到安徽蕪湖時，得知揚州已於四月十五日陷落，史可法以身殉國。洪英探知黃得功領軍駐蕪湖，率眾去投奔，但不久黃得功兵敗自刎。洪英挺身招撫兩萬殘兵再戰，順治二年五月十三日被清兵圍困在蕪湖西南六十里的三汊河口，終不投降，血染沙場，所部全軍亡沒，只有洪旭和前五祖突出重圍，幸免於難。

洪旭等人去到浙江投奔明潞王，不久潞王降清，洪旭等人再往投奔鄭成功。洪門組織的源頭，有明室忠臣遺民志士的這段壯烈傳奇，才使洪門能起於「漢留」，行於「海湖」。故洪門典籍，大多尊洪英爲始祖，尊史可法爲文宗。

根據文獻也確定蔡德忠等五人（即前五祖），到台灣後，再奉鄭成功之命回大陸各地發展漢留組織，他們潛入福建少林寺，後來演化出很多可歌可泣的傳奇故事。

洪門爲何又叫「海底」？原來這也有根據的。清道光廿八年（一八四八年），永寧郭永泰開「蓋忠山」，持有福建一個捕漁人家從海裡撈起的《金台山實錄》原本，外行的捕漁人不知爲何物！但會黨中人一看便知「秘笈」重現天日了！

明永歷十五年（一六六一年）六月，鄭成功收台灣，爲反清復明大業能持續，不久創「金台山」「明遠堂」，是洪門開山立堂之始。次年成功病故，遺命《金台山實錄》由子鄭經保存，康熙二十年（一六八一年）正月鄭經卒，次子克塽繼位，內部陷入「統獨」鬥爭（和現在的台灣一模一樣，只是人物、場景不同）。這種內鬥的結局必然是把自己鬥垮，完全自我瓦解後於焉「新生」（被統一），這是台灣史永恆不變的輪迴。

康熙廿二年（一六八三年）八月，提督施琅率軍陷台，鄭克塽投降。事前，克塽將《金台山實錄》以鐵盒密封沈於海底，免爲清廷所獲。

清道光十五年（一八三五年），郭永泰到廈門拜訪一位叔輩親人，出外遊憩到一戶民家，見其蓋米甕上有一本舊書，面署「金台山實錄」五字，書面蓋有小圖章，曰「延平郡王招討大將軍印」，知係鄭成功遺物，問所來源何處？答說其父捕漁爲業，某次捕魚從海底撈獲，因鐵盒死死密封，竭三日之力才將鐵盒弄開，內有金珠數件，小印一方，古籍數冊，餘無他物，因不認識字，不知何物。

郭永泰以百錢購得該書，問小印何在？云已售鄰某，郭永泰又以白金十兩贖回。郭永泰仿原文本略加增改，以資實用，名叫「海底」，又叫「金不換」，從此組織規模大備，開山立堂者，奉爲圭臬。此後，洪門漢留日益壯大，開山立堂者日多，藎忠山開創後，各省風起雲湧，開山立寨，至洪秀全後，清廷漸失控制力，洪門勢力漫衍到全國各地，分頭抗清排滿。

前面講到《金台山實錄》重見天日，洪門又叫「海底」，但海底又是啥？歷史仍不夠清楚。在陶成章〈教會源流考〉一文如是說：（註三）

於是遂有洪門之海底（即章程）帶入北方者，聞少林寺名，遂以海底示之，於是白蓮之教與洪門之會，合而為一，而五祖出也。五祖者，皆山東人，居於河南之少林寺，為其禪師，精於拳術，聚徒授拳傳教，隱謀恢復之舉。即得洪門海底，復益喜事之有為，定盟南北合力之約。

原來所謂「海底」，只不過是「組織章程」，「開山立堂指導手冊」也，再加鄭成功一方玉印或一些秘笈就是《金台山實錄》。從現代人看並非什麼寶物，但當時確能使洪門各種組織，開山立堂形成風潮，又使白蓮教（在中國北方發展）和洪門（在南方），一時之間「合而爲一」，可見「海底」在當時有很大功能。

註釋：

註一：劉會進，《見證洪門三百三十年》（台北：黎明文化事業公司，民國九十三年十二月），第二章。

註二：包穎、張士杰、胡震亞，《青幫與洪門大傳》（台北：周知文化事業公司，一九九四年九月初版一刷），頁四。

註三：古亭書屋編輯，《股匪總錄》第一冊（台北：祥生出版社，民國六十四年八月），附錄〈教會源流考〉，頁六—七。

第四章 洪門、天地會創始的年代

從前面各章的研究，確認洪門、天地會是由「漢留」逐漸轉化而來，也就是大約在明亡（一六四四年）之前後間，史可法、洪英、王船山等遺老志士奔走號召，已先有「漢留」組織及長期反清復明的構想。洪門和天地會都是後來才出現，再往後發展才有其他名號，但確實年代如何？則有不同說法。蕭一山在〈天地會起源考〉一文說：

天地會創始的年代，據倫敦所藏〈抄本西魯叙事〉說：「時雍正甲寅七月二十五日丑時歃血立誓。」（見史料卷二）西魯序雖未說雍正甲寅年，但也說：「七月二十五日歃血會盟」又有「雍正十二年萬大哥故後，又有桃必達聯盟五虎大將改立天地…為記。」等話。而西魯犯界的年代，則同說康熙甲午年，可見七月二十五日仍是指雍正甲寅無疑。康熙甲午是五十三年，雍正甲寅是十二年。這兩種原抄本的時代都比較早，似乎應該可信。但據一般傳說，和《清稗類鈔》、《中國秘密社會史》、《南洋華僑通史》及貴縣修志局〈抄本〉等，都說創始在康熙甲寅即十三年。（註一）

清聖祖玄曄康熙元年是一六六二年，在位第六十一年崩，時一七二二年。康熙甲寅是十三年（一六七四年），甲午是五十三年（一七一四年）；而雍正甲寅是十二年（一七三四年）。以上康熙、雍正的三個年代，何者可信度最高？蕭一山根據溫雄飛的研究說：

天地會起源的時代，自當以康熙甲寅年為可信。查康熙甲寅即康熙十三年，上距其入據北京之年，共三十一年，其醞釀時代未必有三十一年之久，大抵醞釀於永曆帝及鄭成功既死之後，即康熙元年而成立於康熙十三年也。（註二）

按這個研究，天地會成立於康熙十三年，之前有十多年是醞釀期，這是合理的推論。但另有證據也說，乾隆以前，尚未有天地會的名稱，更可知起於雍正甲寅之說爲可信。（註三）亦論證康熙十三年的不合理，當時鄭氏依然據有台灣，「志士遺民未必捨目前有可復仇之機而不復，反而從事於秘密結社，以待百數十年後之中興。」此說也通，因鄭成功之後，鄭經、克塽都已無力起事，只好以秘密結社，寄望於未來；就好像現在的兩岸，一時無法達成統一大業，而說留給下一代處理，都是類同心態。楊幼炯在《中國政黨史》中從會黨誓文，稱三合會或天地會成立約在康熙十三年：（註四）

> 天地萬有，回復大明，胡虜絕滅…吾人同生同死…倣昔桃園之義結為兄弟。…姓洪名金蘭，結為一家…以天為父，以地為母，以日為兄，以月為姊妹…吾人生於甲寅年，七月二十五日丑刻，昔日之兩京十三省，同心一體…今日之王侯非王侯，將相非將相…吾人討滅仇敵，恢復明朝…啜血盟誓，神其鑒之！

由這誓文觀察，其用意全在聯合並鼓動人心，起而滅絕胡虜，恢復明朝，其勢力很快蔓延，幾可糾纏並拖垮滿清歷朝。但誓文的甲寅年說康熙十三年，亦僅推論之說。在洪門史料中，能明言天地會創始於康熙甲寅十三年者，以貴縣通志局發現的天地會文件說：（註五）

大清康熙年間，甲寅年，三月二十五日，洪家結拜之期，眾兄弟知悉⋯⋯七月二十五日三更時候，少林寺被火盡焚，⋯⋯只剩五人⋯⋯即時對天盟誓，插草為香。⋯⋯後來拜萬雲龍為大哥，在高溪起義⋯⋯萬雲龍大哥帶支人馬，在丁山腳下大戰，失機而亡。五祖尋覓屍首，用火燒化，走去烏龍崗安葬⋯⋯至各省招集忠心志士，暗藏三點革命，誓滅清朝⋯⋯

這份文件稱康熙十三年，但係三月二十五日洪家結拜；而非七月二十五日，這天是火燒少林寺日。該文字細思之仍可讀出一些可靠訊息，「甲寅年，三月二十五日，洪家結拜之期」，即此時之前「洪家」已經存在，洪家即洪門。這也合前文論述，先有漢留，再有洪門，再次演化出天地會及其他名號。早年獻身革命，並多方結納會黨且對洪門史素有研究的國之大老帥學富先生，對於甲寅究爲康熙十三年，抑爲雍正十二年？他說「當以雍正十二年爲是」，其理由：（註六）

因為西魯序上說：「眾兄弟見他（萬雲龍）有仗義之心，不若拜他為大哥，立他為師。雲龍應允。⋯⋯舉兵到五鳳山交戰，戰了數陣，失馬而亡。近南先生占算天數未絕，…將大哥屍骨火焚葬於丁山腳下，先生說到：不若眾兄弟分散，各省隱藏埋名，等天數應滅，順天行道。設下天地券一個五色旗號，詩句，口白，日後得來記認相逢，反清復明。」

據此，則天地會創說於陳近南，且在萬雲龍死後之時，而萬雲龍之死，在英倫博物館所藏抄本詩句有附記，說：「大哥萬雲龍於雍正十二年被番兵作亂，亂棍打死。」、「雍正十二年萬大哥故後，又有桃必達（桃或為姚之誤）聯盟五虎大將，改立天地日月分派…」可見萬雲龍之起義及戰死，同在雍正十二年，這才是天地會創立之時。不管天地會是陳近南所創，或桃必達改立，無可質疑的，雍正甲寅七月二十五日是天地會的重要日子；而天地會文件中凡作甲寅者，必指雍正十二年。是故，康熙甲寅的記載，乃傳抄上的錯誤，帥學富的研究亦甚可信。

惟吾人應理解到一個基本知識，一個團體的正式成立年月日，在此之前不知存在、醞釀了多少年？以現代中國國民黨、中國共產黨，及至擁抱台獨幻夢的民進黨為例，他們在正式對外公開創黨之前很多年，老早存在並早已搞起政治活動，此人人皆知的常識。所以，天地會文件雖記載雍正十二年甲寅設立，其存在早在康熙時代已有。因為康熙六十年（一七二一年），台灣朱一貴起事，七日即佔領全島，官書上都說是借天地會的力量，可見康熙時代天地會勢力已甚可觀。

另一個天地會在康熙時代成立的根據，《台灣通史》提到「延平既沒，會存猶存，數傳之後……」著者微意，是以朱一貴、林爽文來傳延平郡王天地會之餘緒。（註七）天地會既起於鄭延平之時，延平卒於康熙元年（一六六二年），朱一貴在康熙末，當然康熙時代已有了天地會。

在《洪門志》亦另有記載，康熙十三年（一六七四年）七月二十五日丑時，千餘志士聚於紅花亭內，由陳近南主香，結爲同盟。正在盟誓時，天發紅光，眾人大驚，以爲天助我也。而當時盟主朱洪竹的「洪」字和「紅」同音，大家便公議這次「洪家大會」，此「洪門」由來。（註八）另說尊朱元璋「洪武」年號，亦合理說法。

洪門起於漢留，行於海湖，由洪英（殷洪盛）起始，到康熙時代天地會興起。本文討論天地會的創立年代，在康熙甲寅和雍正甲寅二者之間，都可以有合理解釋。如國民黨起於清末革命，到民國十三年才正式改組完成，又如興中會之創立亦有兩說，一是光緒十九年在澳門，一是光緒二十年在檀香山。如此近事，仍有異說，何況三、四百年前之天地會乎？

註釋：

註一：蕭一山，〈天地會起源考〉，古亭書屋編輯，《股匪總錄》第一集（台北：祥生出版社，民國六十四年八月），附錄。

註二：同註一。

註三：同註一。

註四：楊幼炯，《中國政黨史》（台北：臺灣商務印書館，民國六十八年十一月臺四版），第二章，第一節。

註五：帥學富，《清洪述源》（民國五十一年九月初版），頁四七—四八。（出版地、出版者佚記）

註六：同註五，頁五〇—五一。

註七：同註六。

註八：關雲，《閒話秘密社會及黑社會》（台北：世界文物出版社，民國六十五年三月），頁五二。

第五章 五祖、火燒少林寺及結義紅花亭

看洪門、天地會及其他名號史料文獻，乃至電影、小說情節，出現不少容易混淆的人名，如五祖（有前中後）、陳近南、陳永華及不少「宗祖輩」的人物。到底他們是誰？真人或假託？來歷背景又如何？有一股想要知道真相的衝動！中國洪門五聖山山主劉會進在他的著作中，整理出清析的下表可一目了然。（註一）

殷洪盛（洪英，山西平陽府太平縣人，崇禎四年進士），結識蔡等（前五祖），又奉史可法命拜訪顧炎武等（如始祖），研議組「漢留」事。

洪門宗祖考

始祖	殷洪盛、傅青主、顧炎武、黃梨洲、王船山（王夫之）。
五宗	文宗史可法、武宗鄭成功、宣宗陳近南、達宗萬雲龍、威宗蘇洪光（天佑洪）。
前五祖	蔡德忠、方大洪、胡德帝、馬超興、李式開。
中五祖	楊仗佑、方惠成、吳天成、林大江、張敬之。
後五祖	吳天佑、洪太歲、姚必達、李式地、林永超
五義	鄭君達、謝邦恒、黃昌成、吳廷貴、周洪英。
五傑	鄭道德、鄭道芳、韓龍、韓虎、李昌國。
三英	郭秀英、鄭玉蘭、鍾文君。
軍師	男軍師史鑑明、女軍師關玉英。

至崇禎上吊自殺、滿清入關稱帝，洪英及子洪旭及蔡德忠等，最後投奔鄭成功麾下，開啓另一個反清復明的新階段新歷史。

明永歷十五年（清順治十八年、一六六一年），鄭成功在台灣開「金台山·明遠堂」，這是洪門第一個山堂。未幾，派蔡德忠等（即前五祖）到中原發展，他們喬裝至福建莆田少林寺，投效方丈智通和尚，時有寺僧一百二十八人，個個都武藝精湛。其中有鄭君達（鄭成功之侄），原隨父鄭丹書在廣東經商，父死後得知鄭成功有部將蔡德忠等，隱居少林寺待機而動。於是，他率妻郭秀英、妹鄭玉蘭、子道德、道芳來相投依附，他原本少有大志，也想爲反清復明貢獻一分心力。

康熙十一年（一六七二），西魯（西藏，另見下章）作亂，清廷懸榜招納賢能高人，稱能平西魯之亂者得封公侯。鄭君達與眾人商議，前往投效立功才有圖謀大業之機會，於是有寺僧百餘人揭榜應徵。不數日，這支武藝高強的少林武僧踏上征程。

約三個月，少林武僧軍竟真平定西魯之亂，凱旋而歸，清廷大喜，封官加賞。但少林武僧並不戀棧功名，仍回少林修行，僅鄭君達留下任總兵。清廷加賜少林「玉僧」名號、「玉香爐」一只、「玉香」一柱，又賜「白雲連天」、「聖澤無疆」、「英雄居第一、豪傑定無雙」、「不入寺方知古佛心」等各種匾聯；另傳旨整建少林寺，允諸每年八月十五日，皇帝親到少林寺行香，光耀獨步武林的少林佛門聖地。

寺僧欣然歸山，寺中有一馬福儀僧人，論武功排行第七，此人生性好色，竟企圖染指鄭君達之妻郭秀英及妹鄭玉蘭，未果被發現後逐出少林寺，心懷怨恨的馬福儀極思報復，將少林圖謀反清復明之事密告清廷。

這當然就成了少林寺天大的災難，清廷權臣陳文耀、張近秋按馬福儀的密告，某夜出兵三千人攜硝磺燃料，深夜火燒少林寺，僧眾大多慘遭燒死，蔡德忠等十八人突圍逃出，清兵大舉追擊，在黃泉村又戰死十三人，至沙灣口僅存蔡德忠等五人（即前五祖）。

在沙灣口遇忠義船家謝邦恒不顧性命，接應五人倉惶渡河，而後又有勇士楊仗佑等五人仗義相助（即中五祖）。隨後他們逃至廣東惠州寶珠寺，又遇吳天佑等五僧相助（即後五祖），吳天佑等掩護追殺的清兵，蔡德忠等突圍逃到烏龍山，遇到史可法部將吳列之子吳延貴在山上砍柴，見蔡等被清兵追殺，吳延貴趁機一斧砍死領頭的陳文耀，蔡等在混亂中脫逃。

蔡等五僧輾轉到了江西贛洲的閻王廟，守廟者是明唐王部將黃昌成和妻子鍾玉英，留半月再轉往湖北襄陽丁山，遇鄭君達的妻子郭秀英、妹鄭玉蘭與子道德、道芳諸人，大家相見自是歡喜；五僧得知鄭君達被陳文耀以紅絹絞殺，葬在丁山，皆前往墓前致祭。

張近秋率領的一支清兵，得知蔡等五僧下落，率兵追殺緝拿，又是一陣混仗。郭秀英和鄭玉蘭投三合河而死，後船家謝邦恒找到屍體，葬於河畔，立碑誌之。

蔡等五僧逃到歐家廟，與寶珠寺吳天佑等會合，眾人分散野伏擊殺張近秋等清兵，陳文耀和張近秋先後斃命，可算報了火燒少林寺的血海深仇。

蔡德忠等五人不久到了萬雲山萬雲寺，會見方丈萬雲龍。這個「萬雲龍」的身份來歷有些考證，研究秘密會黨的學者莊吉發，綜合考證認爲萬雲龍就是鄭成功，因爲有此一說，所以在台灣通史中連橫就認爲天地會是鄭成功在台灣所創的。（註二）但劉會進的著作明確說，萬雲龍原名吳德起，浙江台州人，明潞王之部將，因山東起義失敗，便隱姓埋名，結識陳近南，志士相知相惜，義結金蘭，共圖反清復明大業之完成。

陳近南，大名頂頂的謎樣人物，有的研究說陳近南就是陳永華，鄭成功手下的大將、軍師。（註三）在劉會進的著作也認爲陳近南就是陳永華，但說他是湖北人，原翰林學士，當清廷火燒少林寺，因屢諫說被謫貶，才毅棄官寄身江湖。（註四）二者說法相反，本文從劉會進說，他是滿清的官，因不滿轉而反滿，這種事古今政局最常見，近百年來反國民黨者，幾全是因不滿而脫離，再回來反國民黨。

康熙十二年（一六七三年），陳近南在四川雅州以「漢留」組織開「精忠山」，後再回到湖北家鄉居白鶴洞，自號「白鶴道人」，因和萬雲龍有交往，才能遇到蔡德忠等人。白鶴洞附近下普庵後堂，有個「紅花亭」。

康熙十三年（一六七四年）七月二十五日，陳近南在紅花亭集結千餘志士。有自廣東來的吳天佑等（後五祖）、福建來的楊仗佑等（中五祖）、江西來的黃昌成等（五義）及各方大明遺臣志士。當時是，有一英俊少年叫朱洪竹，長得方口朱唇，兩耳垂肩，雙手過膝，眾人認為他有帝王之像。陳近南問明始知是崇禎帝之孫，太子妃李氏所生，是大明皇室正統血緣，被一致擁戴為盟主。

「紅花亭」會盟，由陳近南主香，歃血結義共盟，眾皆兄弟。當時夜色朦朧，天發「紅」光，眾人以為天意助成，朱洪竹之「洪」和「紅」相輝映。凡此，及朱洪竹大概都是一種奉託。孫中山在〈民族主義〉第三講提到，洪門由朱洪武或朱洪祝而得稱，在洪門有關史料說，朱洪祝的「祝」和竹、竺、祝同音，或作「英」。（註五）流傳久遠的故事，總有各種歧異說法。再者，那是數百年前人的觀念、認知，不能以廿一世紀價值觀看待。

紅花亭會盟後，高舉義旗，整備軍旅，由陳近南發號司令，蘇洪光（天佑洪）為先鋒，吳天佑等（後五祖）為中軍，吳天成等（中五祖）為後備，又到龍虎山召募兵馬。陳近南率「洪軍」進擊湖北襄陽，勢如破竹，卻在抵達武昌被清將于成龍擊敗，朱洪竹失蹤，萬雲龍陣亡。

陳近南被迫退守襄陽，困守三個多月毫無進展，眼見時機尚未成熟，決定先分散眾人，保存實力。留下一首詩作爲憑證：「五人分開一首詩，身上洪英無人知，此事傳與眾兄弟，後來相會團圓時。」部眾乃分散潛伏各地，各自開山立堂，以圖日後發展。

註釋：

註一：劉會進，《見證洪門三百三十年》（台北：黎明文化出版公司，民國九十三年十二月），頁七八。

註二：莊吉發，〈漫談中國秘密會黨的起源與發展〉，臺灣大學人類學系尹建中編，人類學專刊第十一種，《中國文化與社會演講彙編》，七十七年八月出版，頁一一七。

註三：包穎、張士杰、胡震亞，《青幫與洪門大傳》（台北：周知文化事業公司，一九九四年九月初版一刷），頁二九。

註四：同註一，頁六六。

註五：蕭一山，〈天地會起源考〉，古亭書屋編，《股匪總錄》第一集（台北：祥生出版社，民國六十四年八月），附錄。

右上圖：江湖會領袖焦達峰像。
左上圖：上海豫園點香堂小刀會指揮部。
下　圖：上海小刀會戰士圖。

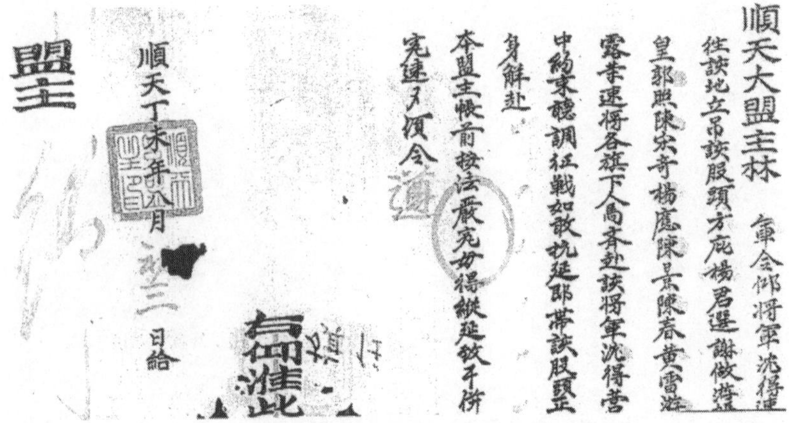

林爽文起義軍軍令。

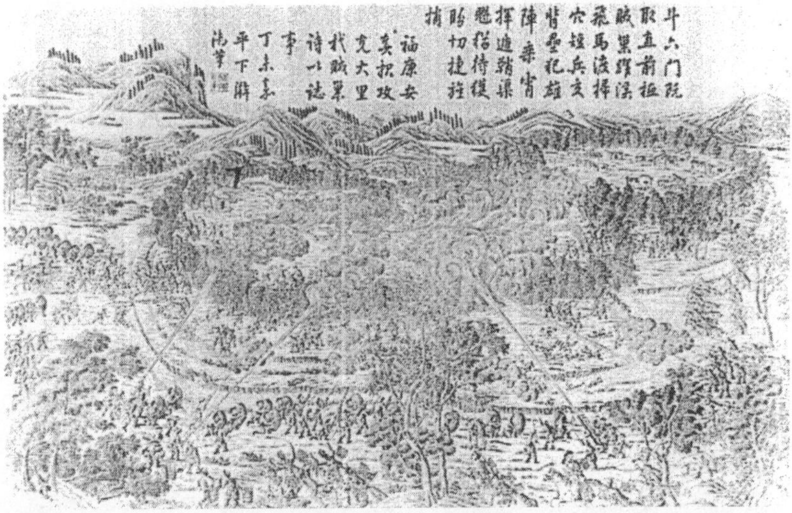

《台灣征討圖・平林爽文》

劉山主於一九九八年親臨福建省紹安縣庵龍鎮，考察供奉五顯大帝古廟之洪門歷史文化古蹟。

福建省紹安縣偏遠郊外，三角井早期為洪門兄弟反清復明相約見面的重要地點。

五聖山信廉總堂「忠義堂」木匾，為黃杰上將（曾任台灣省主席）親筆題贈，勉勵發揚洪門。

五聖山忠義堂關帝像。

五聖山主劉會進（中）訪問廣西桂林，與盛敦榮院長（左三）合影。

五聖山主劉會進（中）訪問廣東，於陸軍軍官學校大門與王曉鴿（左）合影。

一九九八年劉會進（左三）訪問福建省高溪廟，與接待人員合影。

一九九八年劉會進（左）與福建省旅遊局副局長張木良（右）
於福建省福州市林覺民故居合影。

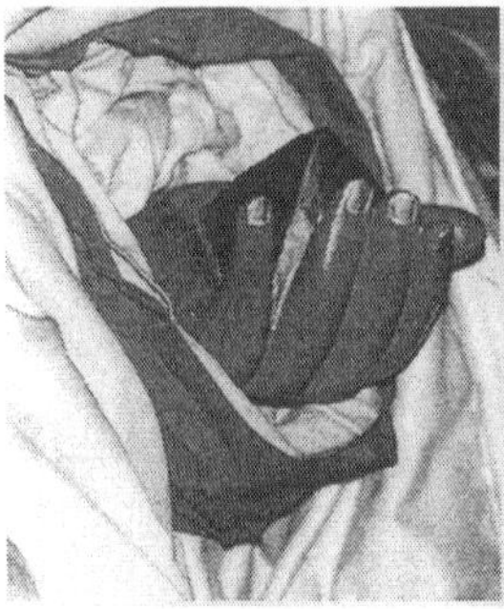

五顯大帝手握三角形金元寶代表著洪門「天」、「地」、「人」信物。

洪門五聖山傑出昆仲洪拳總教頭尤少嵐。

第六章 關於「西魯」傳說的解讀

在有關於洪門、天地會等秘密會黨故事中，包含各種文獻史料，較難解讀的是「西魯」傳說一事，各家學者研究解釋差異很大。「西魯」到底是史實或虛構？這又和五祖、火燒少林寺有關。

陳國霖在《幫會與華人次文化》一書說，康熙十一年（一六七二），西魯蠻族入侵滿清國土，康熙從民間尋求解決辦法。當時，福建少林寺有一〇八名武功高強的和尚應皇帝詔令，消滅了入侵的西魯族人，自然是得到滿清皇室極大的賞賜。但不久後，朝廷有兩個高官企圖謀反，對少林寺心存顧忌，遊說康熙要消滅這股民間力量。康熙同意，乃派大軍一舉殲滅少林寺。烈火洪洪之中只有五位和尚逃出，他們就是後來洪門的前五祖。（註一）少林寺和五祖之說前章已有論述，但西魯族何在？

目前仍在臺灣的中國洪門五聖山山主劉會進，在他的著作中說西魯即西藏。（註二）

在赫治清、吳兆清合著的《中國幫會史》，認爲「西魯番」即「西虜」，所指「西虜入侵」，在清初順康年間曾流傳，並見於楊英的《先王實錄》和江日昇的《臺灣外記》史籍。永曆九年（清順治十一年、一六五五年），鄭成功也提到「西虜入侵」；康熙十二年（一六七三年），吳三桂舉兵反清，謀主劉真人在論天下大勢時說「西虜久以覬覦中國」。（註三）根據這些研究，西魯故事約產生於康熙四十一到五十年間，爲適宜當時社會環境和秘密會黨發展之需要，把真實事件假託到神話世界，應是較合理的解釋：

> 西魯故事的創作者不得不採取真事假託的手法，一方面以清初風雲變幻中的某些事實作為創作的歷史素材；另一方面，又不得不將故事納入神話世界，把神仙佛祖請出來，把始祖和五祖打扮成天神的驕子寵兒。他們盡量使故事情節充滿神秘色彩，起伏跌宕，驚心動魄，扣人心弦，催人淚下，增加它的傳奇性和感染力。這樣做既可躲開政府的視線，防止一旦破案，暴露秘密，慘遭鎮壓，又適合江湖社會和下層民眾的口味，從而最大限度地收到激發民族感情、號召人們參加天地會進行反清鬥爭的宣傳鼓動效果。（註四）

從這個角度解釋西魯傳說，我認爲最合理合情，活在廿一世紀的我等，對政治鬥爭有深入觀察的人必定也知道，很多政治人物仍然透過「裝神弄鬼」吸引選民，而極多的選民仍被鬼神牽著鼻子走，何況三百多年前的天地會徒眾！所以，西魯傳說不同於一般歷史文獻的直接記載，而是屬於隱喻性質的史料，用以隱藏天地會的根源和目的。從而形成寓史實於傳說、緣神話於史實的秘密會黨文化，才能可長可久的發展下去。

對秘密會黨素有研究的學者蕭一山也認爲，西魯故事是一種寄託影射之法，描述當時鄭氏父子之歷史，擴及中興明室之人事時地，而不以真姓名人事以利發展。（註⑤）按蕭一山的解釋，所謂少林寺者，指鄭芝龍一系與其部曲；征西魯有功滿清指鄭氏撤去仙霞嶺守備，以利清兵長驅直入福建；火燒少林寺是指鄭芝龍全家，在北京被殺之慘史；萬雲龍者即鄭成功；明太子朱洪竺（竹、祝）乃指桂王永歷或唐王隆武；香主陳近南就是陳永華。

明朝遺老洞澈中國民族的特質，把民族精神之大義寄託在下層社會，中山先生稱「眼光遠大、思想透澈、觀察清楚」。若吾人不數典忘祖、不污染西毒，我們應該向這些先民先祖頂禮膜拜，有洪門詩歌曰：

道袍血染泪痕飄、事因西魯起根苗、辭官不做修行善、韃子胡人用火燒。
山門千古昏王滅、暗地奔逃至北寮、泪兵蜂擁難堪敵、中途幸遇郭英嬌。
姑嫂桃劍兵殺敗、得脫東來廣惠潮、雲霄寄跡高溪寺、此仇時刻在心苗。
少林冤仇何日了、長沙灣口雪零飄、烏龍渡江洪飄見、月照波心水伏潮。
蒼松上立洪英叫、聲聲語叫滅泪朝、舉頭不覺帝星照、吉兆英雄護明朝。
五人結拜靈王廟、插草為香把兵招、五色綵旂金鼓振、十面埋住在東橋。
兄弟聯盟同肝胆、斬草除根把恨消、替天行道神共鑒、誅滅泪賊轉明朝。
（見倫敦所藏抄本　Oriental 820　載史料卷五）

對西魯故事的解釋各家不一，例如莊吉發、衛聚賢認爲是影射征準噶爾或羅刹。（註六）但據西魯故事影射天地會起源，並和火燒少林寺、五祖連結，則各家看法相近。另按帥學富研究指稱，西魯即羅刹，就是俄羅斯。（註七）「西魯」和「西魯番」只是不同抄本，意義與國同。清在中葉以前，與外國兵戎相見者，唯有俄羅斯一國，而滿清在中葉以前對外國國名稱謂尚未確定。如俄羅斯之名，在《清史稿》卷六十七首：「俄羅斯爲羅刹，譯音緩急異耳，非必東部別有是名也。」即清初時人稱俄人叫「羅刹」，或叫「俄羅斯」。

事實上，世界上各個各族因分佈太廣，千百年來的口耳相傳，原本有很多異名。「西魯序」是洪門中人，數百年來口耳相傳的秘密文件，將羅剎二字倒訛成「西魯」，可謂合情合理之事，也是合理的推論。俄人從十六世紀開始，積極入侵中國，乃有羅剎不時出沒之說。

若此說正確，則洪門昆仲、少林僧人之征西魯，即攻打俄羅斯入侵之敵人。此在何時？應是康熙廿七年（一六八八年）攻打入侵雅克薩城的俄軍，阻止俄人入侵我黑龍江的企圖，次年訂中俄尼布楚條約，保障我國東北往後一百五十年的安寧。

註釋：

註一：陳國霖，《幫會與華人次文化》（台北：臺灣商務印書館，民國八十二年五月臺初版），頁二二一—二二三。

註二：劉會進，《見證洪門三百三十年》（台北：黎明文化出版公司，民國九十三年十二月），頁六二一。

註三：赫治清、吳兆清，《中國幫會史》（台北：文津出版社，民國八十五年八月），頁三二—三六。

註五：同註三，頁三三。

註五：蕭一山，〈天地會起源考〉，古亭書屋編，《股匪總錄》第一冊（台北：祥生出版社，民國六十四年八月），附錄。

註六：莊吉發，〈漫淡中國秘密會黨的起源與發展〉，尹建中編，《中國文化與社會演講彙編》（臺灣大學考古人類學專刊第十一種），臺大人類學系，民國七十七年八月出版，頁一一六。

註七：帥學富，《清洪述源》（出版者軼記，民國五十一年九月），第二章，第五節。

第二篇 洪門的組織、制度、活動與運作

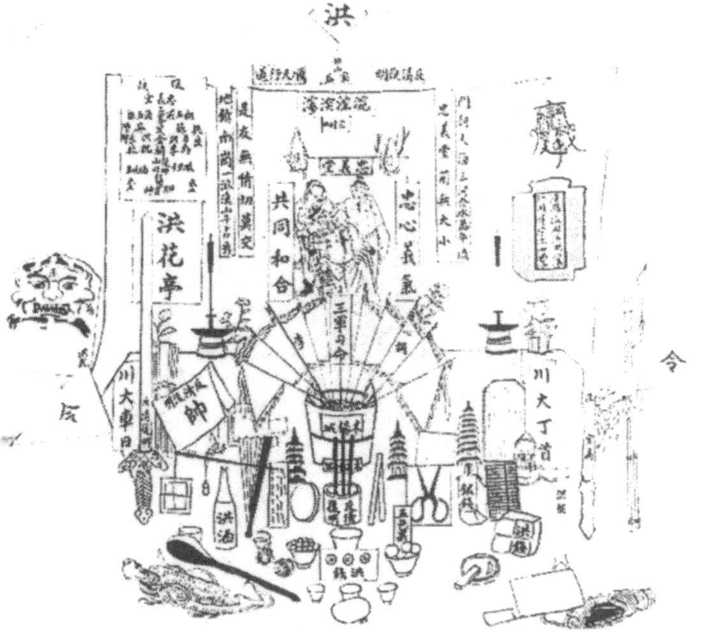

洪門會場陳設圖

天地會腰牌

天地會「松信公司」腰牌

天地會會簿

照抄添弟會簿一扣

添弟會簿

乾隆五十一年七月 初一 開立

七月初一日

何慶 住石溜班

張能 住保長廍

黃添才 住九萬林

楊池 住九萬林

張鑑 住打鐵庄

初二日

李鴻 住石溜班

張仁 住石溜班

沈共 住他里霧

初三日

劉再 住打鐵庄

嘉慶十一年天地會首杜世明傳授之天地會符籙

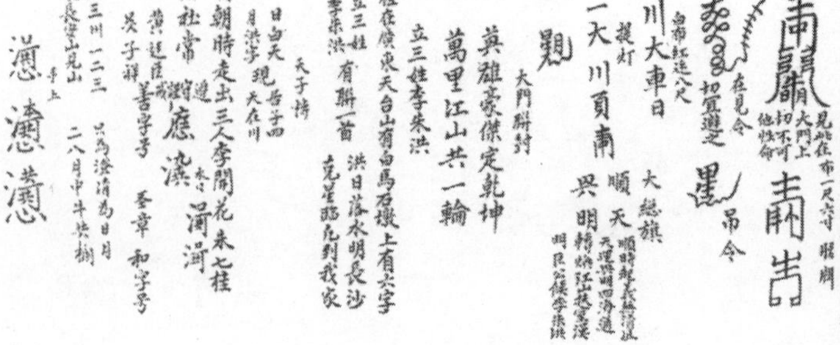

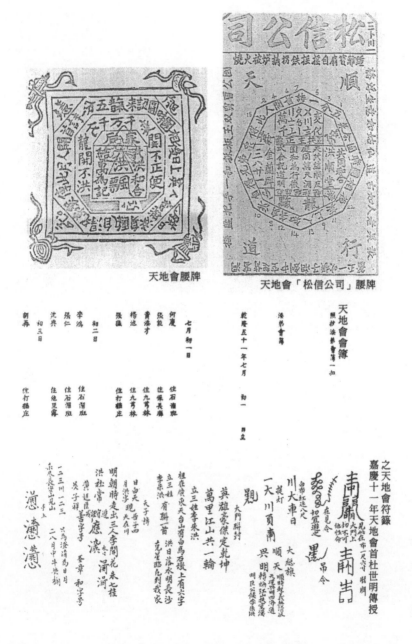

第七章　洪門的基本組織結構

在論述這個主題之前，先要確立一個觀念，即天下沒有一種組織（制度）、活動（運作）方式，是能維持永久不改的。必然的是，組織、制度、活動和運作方式，不同的年代傳佈到各地區，必定隨環境而變，才能生存下去，洪門當然也是。但在變化之中，仍可看到一些不變的基本元素，這就是基本的組織結構。

洪門最初的首領叫大哥，如第一代領導萬雲龍大哥去世後，參與高溪廟結盟的五祖分赴各省發展，故有五房之分。據洪門「會簿」所載，五房領導及分佈是：

長房：福建，蔡德忠。

二房：廣東，方大洪。

三房：雲南，馬超興。

四房：湖廣，胡德帝。

五房：浙江，李色開。（應李式開）

之後又有中五祖、後五祖，再往後發展（嘉慶年間），人數日眾分佈益廣，遂有總會、分會之別，分會領袖叫大哥，總會領袖叫總會大哥；有些天地會則稱大哥、二哥、三哥等，有些地方的大哥也稱「師傅」。至晚清則有「五年爲先鋒，十年做香主」的規定，而「洪棍、白扇、草鞋三個職稱」道光時已有。（註一）白扇即香主。

廣東三合會的組織「頭目皆曰紅棍，次曰紙扇，三日草鞋」，陶成章說，「廣東人稱日白扇，是爲老二。」（註二）自從鄭成功在臺灣開「金台山．明遠堂」後，每個洪門會社都稱「某山某堂」，最高領導的大哥叫「山主」，其下有副主主、護印、護劍、內外八堂（如圖），這是洪門、天地會的基本組織結構。（註三）

前兩圖只是例舉，三合會的基本組織結構（如圖）（註四）。實際上，不論叫洪門、天地會或致公堂，發展到各地區（如美國、南洋、港澳等），組織結構都有很大的變動，這已有很多專著研究，非本文所能道其詳盡。

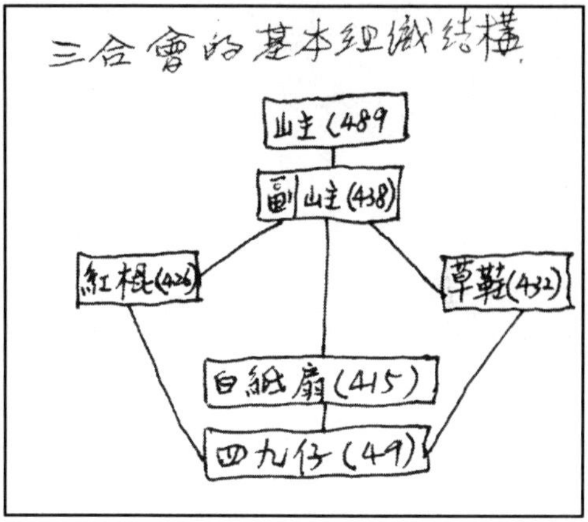

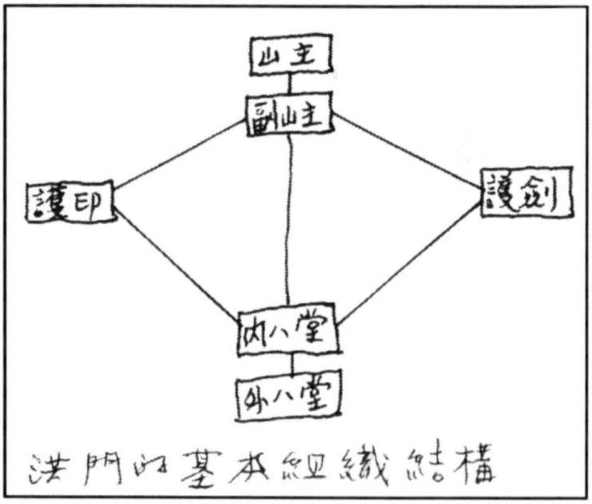

按前面兩種組織結構，洪門較繁複且層級多，山主是領導，副山主是管理組織的人，護印是行政，護劍是執法者，內八堂如同內閣，外堂是外圍高層執掌。

洪門組織表

內八堂

	山主（龍頭）
	副山主（副龍頭）、副山主
	香長（軍師）、盟證
四座	坐堂（左相大爺）、坐堂、坐堂、坐堂
八陪	陪堂（右相大爺）、陪堂、陪堂、陪堂、陪堂、陪堂、陪堂、陪堂
一管	管堂（總閣大爺）
人數不拘	執堂（尚書大爺）
人數不拘	禮堂（東閣大爺）
一刑	刑堂（西閣大爺）
各一人	護劍（護劍大爺）、護印（護印大爺）

外八堂

	刑副（心腹）
	聖賢（京外軍師）
三排	當家（恒候）（當家三爺）
五排	金鳳（四大爺）
六排	管事（老五）（管事五爺）
	花官（巡哨）（巡風大爺）
	銀鳳（承簡）（七大爺）
	賢牌（八爺爺）
九排	江口（九爺爺）
	么滿（老么）

說明：①台灣堂口將山主、香長、盟證、坐堂、陪堂、管堂、執堂、禮堂、刑堂、護印、護劍、刑副統稱十二金仙，刑副（心腹）為內八堂老么，外八堂的大爺。
②外八堂中的管事，又分承行管事、執法管事、紅旗管事、藍旗管事、黑旗管事、清綱管事。
③洪門過去因第四排、第七排有人反教，故後來禁用「四、七」步位，現在都以女子居之，如金鳳、銀鳳即是。
④外八堂又分「上四排」，即心腹、聖賢、當家、金鳳，「下四排」即管事、花官、銀鳳、賢牌。

三合會的組織較簡單，只有六個級別，且每一級別有一個代表號數，如山主（489），副山主也叫二路元帥負責組織運作，紅棍是實際領軍作戰者，白紙扇是顧問，草鞋是連絡和情報，四九仔是一般會員。

有清一代到民國，乃至到台灣，洪門的組織最普遍被廣泛使用，以山主↓副山主↓內八堂↓外八堂為主要模式。可圖示如66頁：（註五）

洪門組織體系以宋代的「梁山」為根本，一切發號司令都策動於「忠義堂」，「系統一貫、組織嚴密」是洪門最大的特色，列舉如下：

山堂主領

山主——或稱「寨主」、「龍頭」大爺。

副山主——或稱「副寨主」、「副龍頭」大爺。

內八堂執事

香長——或稱「軍師」，亦有香長自兼龍頭。

坐堂——或稱「左相」大爺。

盟證——或稱「中堂」大爺、又稱「軍師」。

陪堂——或稱「右相」大爺。

管堂——或稱「總閣」大爺。

執堂——或稱「尚書」大爺。

禮堂——或稱「東閣」大爺。

刑堂——或稱「西閣」大爺。

護印——或稱「護印」大爺。

護劍——或稱「護劍」大爺。

以上自山主、副山主以降，包括坐堂、陪堂、管堂、執堂、禮堂、刑堂六職（有職有位），以及香長、盟證爲客卿（有位無職），共稱「內八堂」。護印、護劍（有職無位）統稱爲「內八堂」執事。此外，山主、香長、盟證、坐堂、陪堂、管堂、執堂、禮堂、刑堂、護印、護劍以及刑副（又稱「心腹」，爲「內八堂」的「老么」，「外八堂」的「大爺」），又統稱爲「十二金仙」。

外八堂執事

心腹——或稱「刑副」，有稱「新附」，或稱「京內軍師」，或稱「心腹」大爺。

聖賢——或稱「京外軍師」，或稱「聖賢」二爺。

當家——或稱「京外糧餉總督」，有稱「桓侯」，或稱「當家」三爺。

管事——或稱「老五」，或稱「管事」五爺。又有（一）「承行」，或稱「通城」、「總管事」，有稱「大管事」（職位最高，所謂「頭頂三十六本天書，懷抱七十二本密書」，上管三十六拜兄，下管七十二拜弟）；（二）執法（管理「行刑」事宜）；（三）紅旗（管理「督營」事宜）；（四）藍旗（管理「傳報」事宜）；（五）黑旗（管理「侍侯」事宜）；（六）清綱（管理「清袍伏」盤問事宜），又稱「副管事」、「副五爺」等分別。

花官——或稱「巡哨」，有稱「巡風」，統稱六爺。又有（一）「內巡風」（二）「外巡山」（三）「光口」，又稱「副六爺」等分別。

賢牌——統稱八爺。又有（一）「鎮山」（二）「守山」等分別。

江口——統稱九爺。又有（一）「抖口」（二）檢口（三）「守口」等分別。

么滿——么滿　統稱老么。又有（一）「總么滿」（二）「執法么大」（三）「轅門么大」（四）「大么」（五）「小么」（六）「大滿」（七）「小滿」及「銅章」老么與「鐵印」老么等分別。

以上由心腹大爺、聖賢二爺、當家三爺、管事五爺、花官六爺、賢牌八爺、江口九爺、么滿大爺等八職，爲「外八堂」的執事。

「外八堂」，如心腹、當家、管事、花官、江口與么滿等六職（有職有位），即所謂「六把交椅」。至於聖賢與賢牌（有職無位）都以「僧道」任之。

洪門禁用「四七」步位，因為過去曾有「越禮反教」者，如少林僧人馬福儀，武功居第七，又如天佑洪時的內奸符四、田七兩人，佔「四七」步位，均以破壞搗亂為罪，現在的「四七」步位，都以女子入洪門者來擔任。敘述如下：

獨占——又稱「後山寨主」、「獨占」四大爺。

金鳳——稱四大爺（為進香堂時之引路者）。

銀鳳——銀鳳　又稱「承簡」，統稱七大爺。

總論「外八堂」有「上四排」者，即心腹、聖賢、當家與金鳳老四。「下四排」者，即紅旗、巡風、銀鳳老七與賢牌老八。「十排」者，即么、滿等。

洪門的組織系統大概如上，或因環境關係稍有不同，上述組織架構僅供各山堂主事者參考，以資統一，並附記各項如下：

一、「內八堂」另有「字號大爺」之稱，都為執事兼職。由本山規定若干字派，分別委任，代理本山事務，所謂「背榜下山」，又謂「扯旗掛帥」。又有「鍬頭」之稱，即由「字號大爺」委派「心腹大爺」或「管事五爺」，臨時代理主香事務。

二、洪門的步位原非固定，視加入者的人格、地位、學識與聲望而定。初進洪門者，可以一步登天為「心腹大爺」，但以「外八堂」為限。如進入洪門以後，具有功苦勤勞，亦可提升，所謂「提升調補」並有「三級連升」的規定。

洪門組織中的「位次」，也有一些來歷，不同年代或有不同說法，但差異不大，且都有歷史淵源或依據。今舉部份說明如下：（註六）

龍頭者，龍門之先進也，魚非燒尾，不能成龍，故古詩有：「曾向龍門燒尾來」之句。凡魚化龍，由尾燒起，節次至於龍頭，俗有九節龍之稱，洪門取此以喻大爺須由么滿十排做起，而至於龍頭也，又稱袍哥進步為燒幾排亦以此，按龍頭一職，在道光之前，尚無此種名稱，亦無該項職位。自郭永泰開蓋忠山後，始有正副龍頭之稱。因自滿清中葉入園門者極多，各地開碼頭者亦日廣，而新當光棍者，不久亦有另開碼頭之可能。但其頭上恩拜兄尚在，且在一地，或住處不遠，勢非設龍頭虛銜，崇讓拜兄不可，已當香長，故設正副龍頭，以推尊拜兄者，即是故也。

副龍頭為助正龍頭，辦理公口上一切事務而設，故正龍頭因事不能任職時，例由副龍頭代。如某公口係九老圖制，未設副龍頭，則由香長兼代，不設此職。

香長者，主香堂之長，即公口上之主腦是也。香長本身，如滿清時之督撫。龍頭本身，則如主考，大凡取士，原應由督撫司主考之權，所以復用學院主政，以本身政務紛繁，或非科甲出身，故須另簡學差，代司考政，而自任監臨也。亦有身為香長，自兼龍頭，因頭上已無拜兄，不需他人輔助，始有開立山堂之資格也。

盟證者，盟誓之證人也，凡結盟，必先立誓，亦如民國官吏就職時須宣誓也。洪門之盟證則與現時監誓委員同。

總印者，總管公口上總片印信者也，凡屬官吏發號施令須憑印篆，故公口，亦憑印戳。以昭信守。總印管外戳，護印管內戳，凡請公片時須得龍頭或香長之許可，再由承行大管事請總印取外戳。護印取內戳，印成公片，再由禮堂掛號詳記某人因某事請公片若干張，以昭鄭重，而免冒濫，公畢歸擋時，有無存片在外，亦應註明。

坐堂者，管坐本堂，調處哥弟爭執之事。以袍哥非官吏，不能升堂調處以免僭越，坐堂一職，分本碼頭外碼頭兩等，本碼頭哥弟，遇有發生爭執，或違背規則，犯法情事，即由本碼頭坐堂，正堂，陪堂為之調處，如問明係屬犯罪行為，即由坐堂，正堂，陪堂，議決，照洪門規則懲治，或處罰後叫「光棍」，或叫「光棍」不責罰，或降級保留光棍，視犯罪之輕重以為斷。如本碼頭哥弟，與外碼頭哥弟，或別一堂口發生爭執，則非迎外碼頭坐堂共同調處不可。故坐堂一職，有外碼頭與本碼頭之分，新開山時，行「十二圓覺制」，有坐堂一席。此爲洪門自治之法，即今之地方自治也，故凡洪門發生爭執，祇可陳明執事拜兄，依法調處，不得擅自胡噪。

正堂，陪堂者，輔助坐堂，調處公口爭執之人也，如坐堂因事不能任職，由正陪堂代理之。若本碼頭哥弟與外碼頭發生爭執，勢非迎外碼頭坐堂，共同調處不可，則迎外碼頭坐堂，共同調處，事後由本公口坐堂追認之。

護印者，管理公口上總片之背戳也。如總印因事外出，其外戳交由護印保管，代行職務，總印回任時解除之。如行「九老圖制」，不設護印，即由禮堂兼行其職。

禮堂　即公口上禮儀之堂也。司公口上一切儀注。猶明清時代之禮部，故名禮堂。

刑堂，執堂者，執行各案之堂也，本公口所有預算決算案，與夫升遷降調概由執堂執行之，如有堂口違法歸刑堂執行。

新福者，新進行之一簡稱。非有特別資格對於洪門有偉大功績不可。（如地方上聲望隆重之紳士，嘗與洪門以實力或物質上之補助。）以洪門最重資格與功績，故公口中之行一甚多，新福雖新進得在香堂與十一位老兄同座，其他行一，概不列座，以新福有功於公口也。如行「九老圖制」，新福一席，即行取消，以符九老之制。新福即內八堂之么大。

聖賢者，行二之尊稱也。桃園結義關聖居二，開山立堂，必行迎聖典禮。書寫聖牌，護聖，伴聖，是爲老二哥專責，老二哥又名春秋，以關聖好讀春秋故。又名提調以香堂規則例由聖賢提調也，他事毫不過問，係一清閑職位。

桓侯者，行三之尊稱也。桃園結義，桓侯居三，凡燒三牌者，多以桓侯尊之。新開山堂，斬草，攢劍，是其專責，另設當家，督管錢糧。故又稱錢糧官，故洪門有「內事不明問當家，外事不明問管事」之語。

承行即世俗所稱之領袖。承行大管事，任訓練同班弟兄，以造成其爲大管事之資格。與當家三哥同等職務，當家三哥管內，承行大管事管外。故洪門有：「上與拜兄夥分憂解愁，下與兄弟們剷高削平」之言，又承行有「上輔拜兄，下管拜弟」之職責，係最重要之位置，開山立堂，發號施令，是其專責。

執法大管事，爲洪門之懲戒官。哥弟們有犯香規，及一切不法情事。或輕責天平，紅棍，或叫「光棍」，均由執法大管事呈明拜兄，照例執行。最重者有剽刀，跳坑，碰釘，三刀六眼等刑，例由全堂議處。亦有以紅旗司執法者。

紅旗大管事。司對各方交際，及聯合碼頭，凡接上覆，辦轇轕，管送印，皆其專責。

在管事行內，職司對外。

黑旗大管事，司檢查新進有無身家不清。己事不明，轇轕未辦，下腳未清，底金未納，及參加公口有無穿黑袍者。是在管事行中，職司對內。

幫辦大管事。即上列各大管事之助手。低理各大管事，執行職務。

中點子者，袍哥之中心點也，是爲五排通稱。

六排有兩種職名，一曰：護律，（又稱金口），二曰。巡風，又名藍旗，職責如下：護律，掌十八本例書。巡風，於開山立堂時巡風瞭哨，是其專責。平時巡查本山堂內外事務。執掌藍旗，故以藍旗稱之。

八排，職名紀綱。司紅棍，天平。紅棍猶舊軍營之軍棍，杖背用，紫荊樹條蓋取負荊之義。條長一尺八寸 、取十八省通行之義，外方內圓，取天圓地方之義，天平。猶普通之戒尺，責手心用，亦爲紫荊樹造，外寬十分，取犯十條之義。內寬六分，取六律之義。

九排，職司掛牌。凡開山立堂，栽培新進，或辦提陞，職名確定後，燒上五排者，聽承行大管事之令高掛金牌，燒六牌以下者，高掛銀牌。如係降級，或叫光棍，即掛藍牌（俗名掛黑牌）取發藍榜之義。故九江令有云：「金字牌，銀字牌，與兄弟掛一個好字牌」即指此也。

十牌，爲轅門官，專司報告。凡開山立堂有新進者，在轅門外靜候，由十排申報大管事，引入香堂，辦理進步手續。

么排首名稱鳳尾，凡開山立堂，展放龍門，例由鳳尾帶路作先導，其餘閒排爲大老么，職司迎賓支客，並服一切雜務。

小老么者，即在緣子姪，公舉換袍者也。是在品級上爲半步，應呼大伯盟叔三年，始能稱哥論弟，正式提陞幾排，量材錄用。各種職務，與大老么同。至子姪換袍，稱公舉換袍。少兄（即幼堂口）換袍，稱解帶換袍。但少兄換袍易而解帶難。因凡換袍，必先解帶，而少兄在幼堂口，未經超拔兄弟者解帶易。而換袍難，因換袍之少兄，須有特別勛勞始可准其換袍，又少兄超拔之兄弟，無特別勛勞亦不能換袍，昔貴州有林懷明者，明筑青山時，其子林濤因有特別勛勞，故全堂位台位主公求公保准予解帶換袍，以此，後有解帶換袍者，必先問其知否林濤解帶之根由，然後進香堂舉行典禮。

洪門從一開始就是一個「政治團體」，依附在「宗教」之下，進行永不休止的反清復明運動。這種情形，頗類似現在台灣十大新興宗教之一的天帝教，以宗教之名進行三民主義統一中國運動。（註七）洪門採取各自開山立堂的組織模式，造成一種「山頭林立主義」局面，這是避免一個山頭被破壞消滅而連累全部。是很特別的組織模式。

註解：

註一：赫治清、吳兆清，《中國幫會史》（台北：文津出版社，民國八十五年八月），頁四二—四四。

註二：同註一，頁四四。

註三：陳國霖，《幫會與華人次文化》（台北：臺灣商務印書館，民國八十二年五月），頁廿九。

註四：同註三，頁四七。

註五：池宗憲，《夜壺》（台北：焦點出版社，民國七十四年九月），頁三四。

註六：劉聯珂，《幫會三百年革命》（台北：祥生出版社，民國六十四年五月），頁一五二—一五七，

註七：陳福成，《天帝教的中華文化意涵》（台北：文史哲出版社，二〇一三年）

第八章　洪門的開山大會、開香堂

洪門有新的組織成立是謂開山立堂，叫「開香堂」，但新人入會儀式也叫「開香堂」。本章先針對開山立堂時的開香堂，即開山大會略說。

很顯然的，這種儀式也必然隨著年代久遠，傳佈到各地，因應各地環境、政局，而出現不同形態，惟其宗旨始終不變。本章取「老中青」三個時代樣本，略說洪門的開山大會。

鄭成功的開山大會

明永歷十五年（清順治十八年、一六六一年）六月，鄭成功從荷人手中收回臺灣，到九月局勢抵定。鄭成功開始著手組織漢留之事，召洪旭、蔡德忠等人商議籌劃，當然軍師陳永華也必然是要角，就在軍隊駐地金台山舉行開山大會，名「金台山・明遠堂」，這是洪門最早的山堂組織，也是第一個開山大會。

鄭成功的開山大會詳細過程如何？想必早已失傳，但根據不全的文獻記載，仍可略知其大要。（註一）在一個黃道吉日，山寺大殿兩旁懸掛著一副對聯：「忠義堂前無大小、是友無情切莫交」（後世的洪門山堂都有此對聯）。上掛一匾額，書「反清復明．順天行道」，殿中央擺一供桌，一邊一隻香爐，各插三柱半香，中間供奉關帝牌位正中懸掛桃園結義圖，兩旁有一對子，「忠心義氣、共同和合」，最上有「明遠堂」匾額。鄭成功與手下大臣、將士四千餘人跪在供桌前，對天盟誓，結拜為兄弟。

禮畢後，由鄭成功傳開山令：

明遠堂愚兄大令下，滿堂哥弟聽根芽，令出開山非戲耍，猶如金殿領黃麻。只為滿清興人馬，無端搶我大中華。揚州十日遭殘殺，嘉定三屠更可嗟。把我人民當牛馬，視同奴隸毫不差。馬蹄袖又加馬褂，凉帽綴成馬纓花，本藩聞言喉氣啞，率同豪傑奔天涯。權借台灣來駐紮，金台山上飽風沙。今日結成香一把，勝似同胞共一家。萬眾一心往前殺，聲搖山嶽起龍蛇。不怕滿虜軍威大，捨死忘生推倒他。還我河山才了罷，補天有術效神媧。人生總要歸泉下，為國捐軀始足誇。戰死沙場終有所，將軍馬上聽琵琶。爭回疆土功勞大，留芳千古永無涯。奮戰精神秣我馬，永前直進莫吁嗟。大眾弟兄情不假，請進香堂把誓發。

於是，眾人在關帝牌位前起誓：

　反清復明，誓同生死。

之後，鄭成功便再傳鎮山令：

　時才傳過開山令，鎮山大令說分明，開山無寶把山鎮，恰似浮萍未定根。第一鎮山孝爲本，第二鎮山悌是尊，第三鎮山取忠信，第四鎮山禮義興，第五廉恥牢記定，第六作事要公平，第七修身崇德信，第八同袍誼要真，第九三綱最要緊，第十五常永保存，諸般至寶把山鎮。願眾身體力而行，惟善爲寶古所訓，我輩應當效古人。大眾哥弟遵此令，漢留身價重千金。倘有強碩違此令，荊條驅逐不容情。故爲犯法不安份，軍法相繩問斬刑。我今傳出鎮山令，滿堂哥弟盡知聞。

接著由洪旭傳載牲令：

　金台山傳出了載牲大令，明遠堂眾哥弟細聽分明。多爾袞帶滿兵把明蹂躪，好河山變作了胡虜膻腥。大明朝也不少官居極品，國臨亡都做了袖手旁人。我營中齊動了普天忠憤，賦同仇作敵愾歃血爲盟，弟兄們在今朝結成刎頸，一個個效桃園誓死共生。在桃園祭蒼天馬牛爲釁，在我輩遵古禮束錦載牲。當兵人原本是忠孝爲本。若君父有大難力往前行，但願得弟兄們同拼性命，驅胡虜回建州復我燕京。也不枉官與兵袍聯異姓，大功成青史上永遠標名。洪旭傳完載牲令，便與眾人一起喝下手中的血酒，接著由蔡德忠到堂前傳綑把令：

明遠堂中大令下，滿堂哥弟靜無譁，既是招香宜綑把，表示同袍共一家。團結精神力量，明室爭回賴著他。第一存心勿欺作，第二案子不開花，第三作事休虛假，第四不可亂抓拿，第五不談無理話，第六不可動奸邪，第七內不相殘殺，第八外不鬧嘰詬，第九載瓜休鬥霸，第十不作兩頭蛇。十條誡命牢記下，一條不犯始堪誇。今日綑成香一把，同心協力保中華。

方大洪傳讚把令：

世人結交須黃金，黃金不多交不深。吾人結交以義氣，義氣深時共死生。請觀管袍分金日，使人千古仰知心，更觀羊左捨性命，留得芳名直到今。再看桃園三結義，漢留萬世尊聖型。梁山義氣昭寰宇，至今猶說宋公明。既結同袍同性命，不分主將與士兵。大眾一心往前進，佇看指日復大明。兄前弟後皆平等，同作明室一殿臣。

由馬超興傳拜招令：

難得同袍輔藐躬，復明宗旨眾心同。自從拜把金台後，沆瀣都歸一氣中。

由胡德帝傳咒堂令：

誓海盟山下咒堂，各人表示己心腸。同袍若有欺心事，亂箭鑽心一命亡。

最後由李色開傳掃火堂令：

一掃東方甲乙木，流寇惡鄰皆就戮。二掃南方丙丁火，還我河山事必果。三掃西方庚辛金，誓驅胡虜洗羶腥。四掃北方壬癸水，大眾一心營戰壘。歸到中央掃火堂，大眾緊記在心旁。殺盡胡兒方罷手，一齊努力建中央。

以上八令，在台灣陷落時，連同鄭成功的一方「延平鄭王招討大將軍印」一起被裝入一小鐵匣中沉入海底。後被一漁人發現。道光十五年（一八三五年）爲郭永泰所得，被稱爲「海底」，又叫「金不換」。

鄭成功開放金台山明遠堂後，增強了將士間的團結，穩定了內部局勢，戰局也一天天好轉起來。

鄭成功見根基已穩，便又著手準備北伐。於是便派蔡德忠、方大洪、馬超興、胡德帝、李色開五人秘密潛回大陸，組織漢留，向中原發展，以待大軍北伐時，策動響應。

洪門抗日時的開山大會

數百年來，我國鄰近的倭國（小日本鬼子），始終以「消滅中國」，統一「日中朝」成亞洲大倭帝國，爲倭人之歷史天命。爲完成這個幻夢般的使命，數百年來倭人已發動三次大規模的「亡華之戰」，第一次在明萬歷年間的「朝鮮七年之戰」，第二次是甲午之戰，第三次是我們的八年抗戰。其他小型的侵略戰爭不計其數，倭人帶給全國洲無盡苦難，光是因倭人入侵而死的人至少三億人，傷者不可計，故我在多處著作，主張廿一世紀的中國人，應以核武消滅倭人，收服該地成「中國扶桑省」。（註二）因武士民族的侵略性只會越來越可怕，倭人目前仍積極準備侵略四鄰，這是一個不該存在的物種，這個物種的存在，是中國人的大錯！

八年抗戰之前倭人已準備了三十年，打了二十年「緒戰」，一九三一年的「九一八」後，倭人開始大舉侵華，全體中國人起而抗日，洪門組織當然也投入救國行列。當時已是洪門成員的第二集團軍少將參議崔錫麟，聯絡眾友徐逸民等再開「五行山」，擴大洪門的抗日規模，他回憶開山大會經過，事前草擬檄文重點有：（註三）

嗚呼，九一八，一二八，我大好河山竟被日寇侵略，東北淪陷，滬江喋血，倭奴小鬼，儼同野獸，鯨吞我土地，劫掠我財富，殺害我同胞，姦淫我婦女。我無辜人民，白骨如山，血流成河。……是可忍也，孰不可忍也。石達開有言：「忍令上國衣冠，淪於夷虜；相率中原豪傑，還我河山。」我洪門哥弟皆炎黃之子孫，不能坐以待斃，爰創立「五行山」，高舉義旗，聯合中原之豪傑，聚合天下之英雄，誓掃東夷，還我河山。為此呼籲三山五岳之袍哥，協力同心，浴血奮戰，滅此朝食，痛飲黃龍，謹此東告。

他們決定在一九三五年農歷二月初二日夜晚，在上海租界內一個寺廟「開香堂」，他回憶徐逸民請汪禹臣、白玉山兩位大哥分頭邀請上海各洪門組織派代表參加「五行山」開山大會。以下的過程就是崔錫麟在〈我所知道的清洪幫〉所述。（註四）

在開會前五天，專門預定了旅館房間和飯館，由白玉山大哥專司招待任務，並準備了開山用的一些香燭紙馬和宣誓的雄雞白酒等等。

徐逸民又請託黃金榮大哥跟捕房打個招呼給予保護，實際請捕房不要來打擾我們開山的活動。黃金榮原是法租界巡捕房的前督察長，是我們清幫上海「仁社」的老同參弟兄，當時上海三大亨之一。在租界裡開山立堂，就不必像前清時代要派兄弟放哨幾十里，防範清兵偵捕。在上海只要跟租界巡捕房打個招呼就萬事大吉。上海是清、洪幫的世界，巡捕房裡的中國巡捕多數都是清、洪幫組織成員。

在舉行開山大會以前，徐逸民專門託縫衣匠人縫製六套明代服裝，方巾帽子，圓領長袍，都是黃色，以便正山主和五位副山主於開山時穿戴。

農歷二月初二日夜九時，參加成立大會的哥弟們從各方面陸續來到開山的寺廟（不用集團行動以防引人注意）。這天晚上「法巡捕房的便衣巡捕帶手槍在寺外流動巡邏，以防有人來搗亂。這四位便衣巡捕也是洪門某山頭外八堂的小兄弟。

大約到夜十一時，由汪禹臣老大哥宣布大會開始。此時汪大哥仍以普通袍哥身分出場，尚未穿新製的明朝裝——黃袍。黃華大哥擔任司儀，按成立大會秩序單宣讀。在宣布開會以前，神台上已供奉著彪、彲、彪、彪、彪（按：這是自撰之字）五祖之神位，牆上貼著「五行山」成立大會順序單：

一、淨面淨手：由預定的山主、副山主及內八堂大哥挨次進行。

二、燃燭焚香：淨面淨手燃燭等，均口唸詩句，司儀宣布淨面，山主第一個淨面時，司儀口唸「金盆打水亮鏜鏜，照見漢家日月長，反清復明來淨面，（此時山主將手巾在水面反覆一次）——恭迎五祖鑒忠腸。」以下司儀不再唸詩句，各人挨次淨面。燃燭詩由當家三爺燃燭時宣讀：「高燒紅燭照山堂，洪門義氣萬年長」中華兒女心如火，民族前途放異光。」

焚香詩由當家三爺焚香時宣讀：「五祖堂前萬載香，同心合力定家邦，凱歌高唱班師日，痛飲黃龍喜更狂。」據白玉山說：開山堂時，淨面淨手，燃燭焚香，以及燒紙馬送祖，洪門原有傳統詩句，這次本山爲適應抗日宗旨，由汪老山親自編寫，交當家三爺宣讀。

三、全體哥弟朝拜五祖，行三跪九叩首禮：跪！一叩首，再叩首，三叩首（凡三呼）。

四、擁護汪禹臣老拜兄榮任「五行山」山主。

五、擁護徐逸民、楊寶璜、范文藻、韋敬周、白玉山五位大哥榮任「五行山」副山主。在宣布正副山主以後，管家三爺當即將預製的黃袍、方巾給正副山主穿戴齊全。

六、全體哥弟向正副山主行祝賀禮：向五祖神位行跪禮，一跪三叩首，正副山主立神台前作揖還禮。

七、請汪山主封本山內外八堂各位大哥勳位。在封內外八堂哥弟前，汪山主指定徐逸民、楊寶璜、范文藻、韋敬周四位大哥爲今晚被封內外八堂勳位之大哥以及兄弟伙被提升成員，擔任恩承保荐四大盟兄（湖南洪門組織稱恩、盟、拜、證四大盟兄。洪門有些山主自兼坐堂，統稱恩兄，有單獨設坐堂者，都以坐堂爲本山恩兄。「五行山」以後吸收兄弟伙成員，都以坐堂大爺爲恩兄，大約在「七七」事變前，汪禹臣老山主病故後，即公推徐逸民大哥繼任山主兼坐堂大爺）。

八、司儀傳令稱：奉汪老山主命令，封副山主徐逸民大哥兼本山坐堂大爺；封副山主楊寶璜大哥兼本山陪堂大爺；封副山主范文藻大哥兼本山文堂大爺，加封崔叔仙大哥爲文堂大爺；封副山主白玉山大哥兼本山武堂大哥兼禮堂大爺；封副山主韋敬周大哥和韋頌冠大哥爲本山糧堂大爺；封邱漢平大哥爲本山刑堂大爺；封梁其田等大哥爲本山心腹大爺。

九、全體哥弟向內八堂各位大哥行祝賀禮，向五祖神位行跪拜禮，一跪三叩首。正副山主和內八堂各位大哥立神台前作揖還禮。

十、請山主封本山外八堂各位哥弟的勳位。由司儀傳令稱：奉汪老山主命令（根據預定名單，除心腹已封外）：

封某某等爲「五行山」三哥擔任當家三爺；

封某某等爲「五行山」五哥擔任紅旗五爺；

封某某等爲「五行山」六哥擔任□□六爺；

封某某等爲「五行山」八哥擔任□□八爺；

封某某等爲「五行山」九哥擔任□□九爺；

封某某等爲「五行山」十哥擔任執法么爺。

十一、全體山主，內外八堂兄弟行禮，向五祖報喜，行跪拜禮一跪三叩首。

十二、請山主宣讀本山頭的山、堂、香、水名稱。山主宣讀本山頭是「五行山、衛國堂、團結香、保家水」，並說明山、堂、香、水是本山最秘密的組織暗號，上不告父母，下不告妻兒，只作串連暗號。

十三、請坐堂大爺宣讀《五行山出山東》檄文。

十四、請刑堂大爺宣讀洪門紀律。十條十款如下：

十條：一、打倒日本小鬼；二、繼續反清復漢；三、收復東三省；四、消滅滿洲國；五、反對投降賣國；六、鏟除一切漢奸；七、反對外國侵略；八、不做外國奴隸；九、義氣團結，互相幫助；十、有福同享、有禍同擋。

十款：一、不准殺害無辜；二、不准奸盜偷竊；三、不准營私舞弊；四、不准扶強欺弱；五、不准出賣山堂；六、不准屈服投敵；七、不准私通敵偽；八、不准洩漏秘密；九、不准賣友求榮；十、不准私立山堂。

按照洪門五祖紀律，如有違犯本山十條十款者，「光棍犯法，自綁自殺。」這十條十款，並非《海底》的條文，而是邱漢平根據洪門紀律精神擬定的。

十五、歃血同盟。由紅旗五哥左手縛著雄雞，口中唸道：殺盡倭奴還我血，同心合力復河山。右手舉起鋼刀，將雄雞頭斬斷。雞血流入一大型瓦盆中，由五哥把雞血與白酒攪和，由山主汪大哥領頭排隊，由五哥舀起一碗血酒，各人挨次飲一口血酒，表示萬眾一心消滅日寇，恢復東北三省，痛飲黃龍。

十六、全山哥弟宣誓。由坐堂徐逸民大哥宣讀誓詞一句，全體哥弟同聲宣讀。誓詞曰：義氣團結，誓滅倭奴，如有違背本山紀律，甘願自裁，此誓。宣誓後，真是鴉雀無聲，異常嚴肅。

十七、請副山主白玉山大哥講洪門簡史，講全國洪門組織，講洪門串連暗號、碼頭接待規矩等等。這時已到深夜三時左右，白大哥講了一些以後，說時間來不及了，將來定期專講這一問題。

十八、坐堂徐逸民大哥宣布明天下午六時在某某餐館酒會，共慶本山勝利成立。我記得次日的酒會，有二十多桌。說明這次參加大會者約有二百多兄弟。

十九、全山兄弟團拜，慶賀「五行山」成立大會勝利完成。由山主、副山主、內外八堂全體哥弟分班列隊向五祖神位行跪拜禮，一跪三叩首，以示慶賀。

二十、恭送五祖。仍由山主、副山主、內外八堂全體哥弟分班列隊向五祖神位行跪拜禮，一跪三叩首。最後由汪禹臣山主捧著五祖神位放在紙馬上燃燒焚化，送祖回天，以免留下五祖遺跡，被空子利用。焚紙馬送祖時，山主口唸：「五祖神前盟誓願，洪門義氣萬年長，今天送祖回宮闕，全仗靈威復舊邦。」

大會結束已是日上三竿，大家陸續分散，以避免外人注意。這是我第一次親身參加洪門上海「五行山」開山立堂的經過。一九三七年八月十三日上海爆發抗日戰爭以後，我又在重慶參加創立洪門「皕華山」，那是我第二次親身參加洪門成立大典。

現代台灣地區洪門的開山大會（及第四篇）

不同的年代和地區，形式和內涵都產生巨變，或許不變的是洪門精神，始終代表著民族精神，爲中華民族的利益而存在發展。

在清代高舉反清大旗，民國參與抗日，到台灣的開山大會，從堂口設置、聘書、規約誓詞都不同了，如下圖照。（註五）誓詞中要加入「奉行三民主義」！

洪門成立組織稱「開山」，又稱開山堂，收新會員時舉行的儀式也稱開香堂。以往爲了保密，香堂都設在荒郊野外，今日台灣則都設在公寓裡。

洪門開立新的山堂，事先要獲頒字號，還要徵求執事人員，須作妥策劃，建立一個完整班底，然後由原屬山堂「打響片」通知各山昆仲齊襄盛舉。可是今天在台灣的山堂，不易擁有完整的內八堂，所以往往先爭取字號，在「扯旗掛帥」時，向山頭借將，培養自己幹部，有了班底再獨發展。台灣的山堂有四種：㈠山主從大陸來台，經過整頓，重新發展；㈡山主未來台，由內八堂大爺在台重新整理後復辦；㈢在台灣新建立的山堂，是土生土長的新「山」；㈣由不肖份子假洪門之名開立的山堂。

前兩種山堂大都在編制上保有原本的規制，但龍頭老大已不復過去威風。有部份龍頭在推展山務時，發現經費是一大支出，可是堂口只有固定會費，只得自掏腰包，久而久之，就陷入進退兩難之境。

這些山堂的成立，有的是緬懷過去在洪門的光榮，有的則想重整，伺機再度出發，所以在選戰時，所採取的態度與立場趨於保守，原則上以支持國民黨籍爲第一優先考慮，他們對於黨外以及其它青年黨、民社黨，較爲排斥，尤其討厭台獨黨派。

洪門香堂有大香堂、小香堂兩種。大香堂有較多人力財力，從香堂佈置、按步就位、請聖、安位、插香、開光、顯法規、獻刀、傳令到結束，都有一定詞令，（如後）。小香堂人少，一切從簡，叫「上香堂」，僅設聖位、上香、宣誓、斬香、封位，不傳令，台灣地區開山大都採用小香堂。

參加洪門，手續原本頗爲複雜，必須經過的程序有：由介紹人引進記名以備考察，塡寫紅單（立志願書），然後再定期入香堂，舉行儀式，按其資歷、學歷封贈步位。

接著由山主發給憑證。憑證稱票布，又稱腰憑或八卦或寶，是洪門會員的「身份證」，以前用白布印成黑字，現改用綢綾，內八堂用黃綾，外八堂用紅綾。

憑證上所印文字，是用連綴法將文字顚倒排置，或各句互相錯綜，外人難於理解。入會後，由山主龍頭頒給新貴人收執；若會員行爲不檢，或過世，立將「寶」追回。

洪門昆仲需繳「香規」，即會費，除香堂固定開支以外，剩下的以立「糧台」充作基金。被提升步位者必須付出提升費，這是規矩，不可以因交情而短少，也不得任意索取。可是現今洪門山堂中有人藉機斂財，就顧不了那麼多。

洪門爲了連絡，每年農歷五月十三日關聖帝君生日都要召開「單刀會」，每年農歷七月廿五日則召開紅花亭紀念聚會。

山堂在開會日子來到前，必先一一通知會員，各會員就帶香儀到會，禮拜聚餐。

除了大聚會外，開山或開香堂則稱小聚會，須選黃道吉日的晚上舉行，人數規定要在五十人以上，現今台灣山堂大都湊不足五十人就開香堂了。

特別聚會是遇到特別事故時，由少數山堂發起，通知各山堂聚集會議。如今台灣洪門各山各自爲政，已經很少召開這類特別聚會了。

註釋：

註一：張士杰、包穎、胡震亞，《青幫舉洪門大傳》（台北：周知文化出版，一九九四年九月），頁一一二—一一七。

註二：陳福成，《日本問題的終極處理》（台北：文史哲出版社，二〇一三年七月）。

註三：范紹增、何崇校，《幫會奇觀》（台北：新銳出版社，民國八十三年九月），頁二二一。

註四：同註③，頁二〇—六三。

註五：池宗憲，《夜壺》（台北：焦點出版社，民國七十四年九月），第一章。

●內八堂大爺行「拉拐子」禮，步位大爺按職等階級「掛牌」
●迎聖請位
●紅旗五爺向龍頭請令

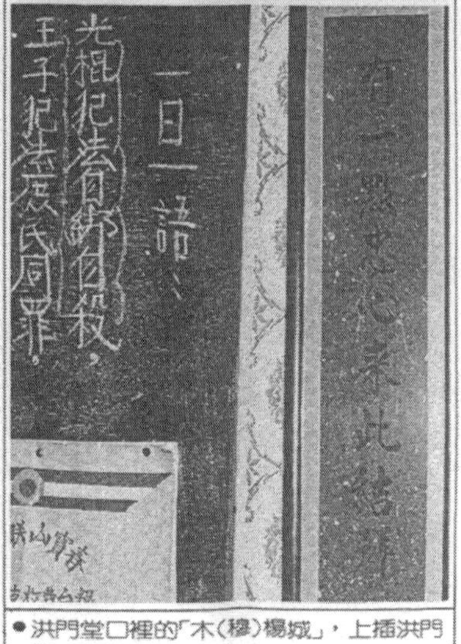

●洪門堂口裡的「木（穆）楊城」，上插洪門傳令的旗幟
●山堂內的佈置情形

十條規約

一、要忠事國家民族
二、要孝敬父母
三、要長幼有序
四、要和睦鄉鄰
五、要為人正直
六、要講仁講義
七、要叔嫂不要吵笑
八、要不得同穿綉鞋
九、要不得擾亂香規
十、要不得紅面制兄

十款規約

一、不准姦淫逞強暴
二、不准戲妹把嫂調
三、不准指洪當頭砲
四、不准越邊去拐逃
五、不准口角生風暴
六、不准洩露機密條
七、不准欺兄來反教
八、不准以上壓下以大來壓小
九、不准開花來鬬霸
十、不准引馬來上朝
更不准吞金勾掛，私自開差，反腳踢天，私賣梁山，瞞天過海，背叛拜兄

● 洪門紅旗管事扯紅旗傳令
● 開香堂、斬鳳凰(殺雞)，插血爲盟
● 新貴人向龍頭嗑頭，龍頭「拉拐子」回禮

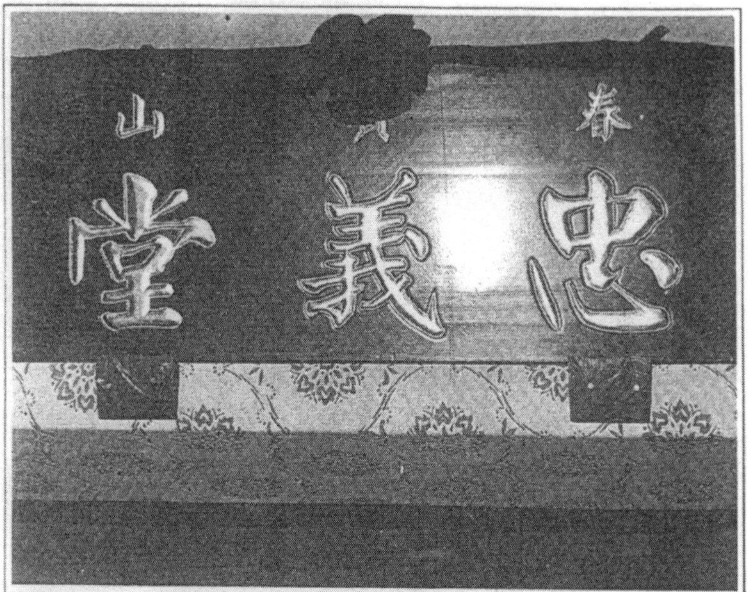

●洪門在台活動的堂口稱「忠義堂」，爲一切活動的起源地
●洪門的堂口

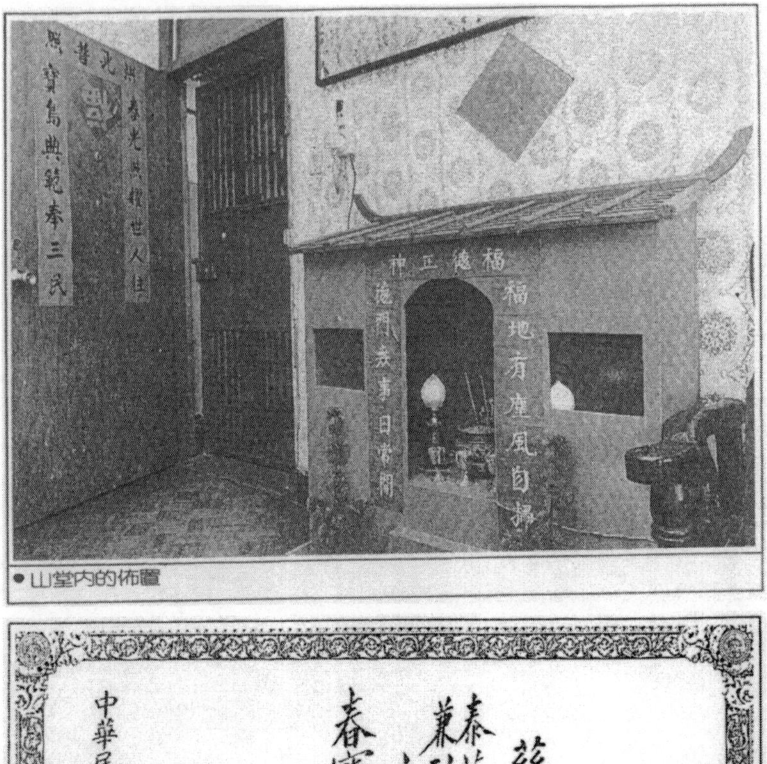

● 山堂內的佈置

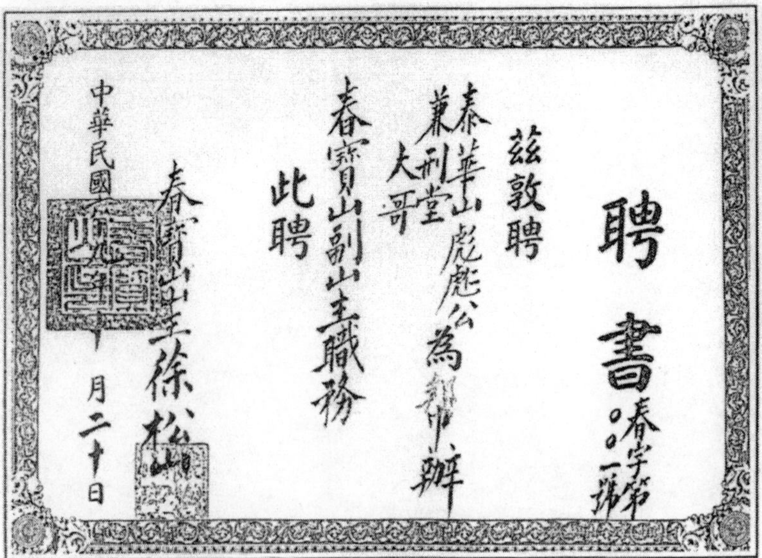

聘書 春字第○○一號

茲敦聘
春華山彪彪公為執事辦
兼刑堂大哥
春寶山副山主職務
此聘

春寶山山主孫松山

中華民國[illegible]年 月二十日

● 洪門聘書

●內八堂五色旗，寫有洪門獨創「漢留文字」，外界難懂字義

●洪門龍頭大哥合照

誓詞

余誓以至誠加入洪門奉行三民主義
及五祖遺訓遵守洪門法規結仁結義
互信互助精誠團結復興中華如有越
禮反教上不認兄、下不愛弟死於橫
刀之下何物為證紅香為證紅香已斷
人頭落地。

春寶山

●洪門的改良誓詞

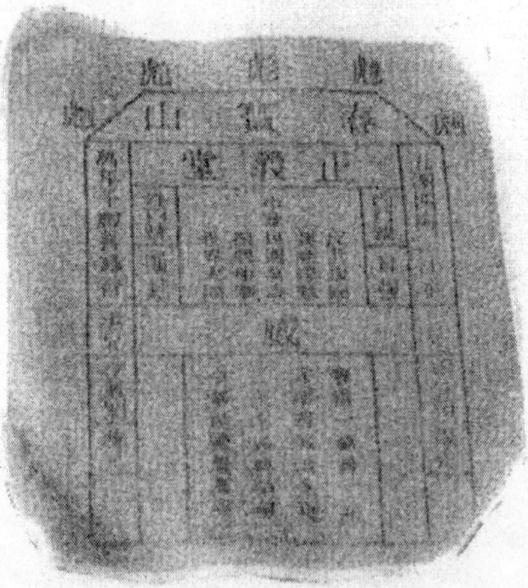

●洪門昆仲的「身份證」又稱「寶」(正面) ●羅漢圖(背面)

第九章 洪門的入會議式：開香堂、演戲

洪門的新人入會儀式，在每個年代、地區，差別很大且繁簡不一。在最早期的漢留、洪門、天地會時代（康熙、雍正以前），入會儀式最簡約，在某一荒山野嶺古寺舉行，跪拜天地、宣誓、刺破中指，滴血入酒共飲。

到乾隆中後期，儀式日漸繁複，要先設香案，供桌上的祭品有「金銀、香燭、清茶、荐盒、高錢等色。」接著通過鑽刀、立誓、歃血、傳授密訣等，始終爲兄弟，連父母妻子也不許告知。

到嘉慶年間，新人入會式越來越複雜。據姚大羔會簿《盤問兄弟》記載，入會者要從水路通過兩板橋才能進入盟誓現場叫木陽城。橋頭有關聖帝、觀音、土地牌位，掛有三副對聯，其中之一的關聖對是「爭天奪國一點紅、露出根機劍下亡」。到了木陽城，城門有四將把守，當門左右大對是「順天行道、川大車日（按：即順天轉明）」。進到

會場裡面有「五色旗號、五道長錢、雙飛寶劍、剪刀秤尺、紅絨絲線三十六面銅牌、左邊桃、右邊李、枯木兩把、白扇一把」。（註一）入會者經過重重關隘盤查，在刀光劍影考驗下，才在被視爲「明王紫金城」的木陽城歃血誓盟，成爲洪門天地會的一員。

另按對秘密會黨深有研究的莊政所述，根據洪門的秘語，新人的入會式叫「演戲」（作戲）或稱「放馬」，是日各會員集合一地「看戲」，通常須有五十人以上方得舉行。光緒廿九年（一九〇三年）十一月廿四日，檀香山致公堂爲孫中山先生舉行開香堂演戲，即一例證。洪門用演戲辦入會式，大約是晚清才發展出來的模式，其意義深俱保存民族精神的作用。（註二）

第一、反清復明乃基於民族精神，欲長期進行鮮明的政治鬥爭，須保存民族意識，最好的辦法是使民族意識和人民的生活方式結合。這道理同孔子的「禮失求之野」相同，漢人的戲劇不僅保存華夏衣冠，其忠爲節義也激發民族意識。洪門的戲碼分「桃園結義」、「橋邊相會」、「中堂教子」、「斬奸定國」四齣。

第二、戲劇屬文學的一種，有獨特的性質，不同於詩文欣賞的個人情境，戲劇是群眾性的，在舞台上吸引群眾才能展現生命力。綜合歌、舞、樂於一體的戲劇藝術，可以感動、教育群眾，洪門所期待的反滿意識、民族精神，因而得以代代流傳。

第三、往昔缺乏公共場所，爲行動保密的須要，入會式選在荒山寺廟。若人數眾多，極易引起注意，乃糾合眾人，在空曠地紮棚搭臺，演戲時鑼鼓喧天，入會者混雜其間，或者也是「瞞天過海」之計。及至曲終人散，已是午夜時分，乃赴早已預置之隱密處所，俾行盟誓儀式。

但洪門分佈太廣（世界各地），流傳近四百年了，其入會式必有許多花樣和改變，以上所說絕非全貌。按中國洪門五聖山山主劉會進先生的理解，在他的著作《見證洪門三百三十年》一書所列，應是一般性、有代表性的入會儀式說明。（註三）

入會儀式

洪門由天地會傳承而來，其招收新人的儀式叫做「開香堂」，一般都選在僻靜的寺院，於夜間舉行。寺中大殿掛上關公夜讀《春秋》像，兩旁設十二把交椅，盟誓入會的步驟和天地會差不多，儀式極爲繁瑣嚴肅，要考三大信條，即「忠誠救國」、「義氣團結」、「仗義鋤奸」等，不過具體的內容則分爲三十六誓、七十二例，考問通宵達旦，百問百答，準確無誤，才算合格，才能發給寶票，正式成爲洪門會員。

洪門入會手續頗多，對於參加者必須經過諸般考察，然後舉行入會儀式，爲的就是要讓成員心甘情願、毫無反悔的加入洪門。以下是入會的一般程序：

進門——由介紹人引進，先記名，又稱爲「登水牌」。

進步——塡寫紅單，又稱「立志願書」，擇期進入香堂舉行儀式，並封贈步位。

訓練——入會爲會員後，需對行動、語言、文字、法規、禮節等詳加研究。

提升——對於洪門有功苦勤勞者，或有「關邊」、「過道」大哥蒞臨，由本堂大哥代爲請求提升步位。

送寶——入會後所發證書通稱爲「寶」。

還寶——若行爲不端或是身家不清，一經察覺即將「寶」追回。

此外，洪門尚有四大盟兄的制度（又稱四柱），分別是「恩兄」，爲向投拜之人；「承兄」，爲傳授五祖遺教與一切法規之人；「保兄」，爲保證底事清白，舉放步位之人；「薦兄」，爲介紹入會之人。這項制度的設計源由於洪門過去是一個秘密組織，因此禁止自由入會，必須由介紹人引進，再由保人證明，投拜入門後，最後由傳人傳授會中規律。

開香堂

洪門招收新會員，所舉行的儀式稱爲「開香堂」，而組織成立之「開山」也稱爲「開香堂」。開香堂時必須設置「宗祖聖位」，頂禮膜拜，以示虔誠，尤其洪門的基本教義、開山宗旨都在開香堂的儀式中薪火相傳。洪門香堂的設置依傳統規定，過程謹慎、繁複，茲將步驟略述如下：

一、香堂佈置：由紅旗管事設置「五祖聖位」後，命「老么」佈置一切，各人進入香堂後，按照步位依次排列，若有新入會成員則稱爲「新貴人」，排列在下首，再由紅旗命老么打水，凡是在香堂中執事的人員均須依次洗手淨面，這道過程稱爲「開光」。

二、開香堂：紅旗「昇表」向空中「請聖」，再轉向聖前「安位」，就香爐「插香」，再向聖前「開光」後，行「獻刀」、「獻棍」等顯示法規的儀式，諸事完畢後請大哥（主香人）登位，此時在香堂中的昆仲紛紛就位，行禮相迎。

三、傳令：大哥登位後行禮參聖，並列於香堂上首，手持令旗，依次傳令，命人把守月宮門（或稱禁門），並按照新官人名單點名傳喚。

四、新官人斬香：當大哥傳喚新官人時，新官人即須應答有或到，然後走至月宮門前，此時把守禁門之人即與新官人進行下述問答：

（問）你來做什麼？　　　　（答）投奔梁山。

（問）投奔梁山做什麼？　　（答）結仁結義。

（問）人家勸你來的還是你願意來的？　（答）自己願意來的。

（問）有兕無兕？　（答）有兕。

應答完畢後，新官人便進入月宮門，向聖位行三叩首禮，此時執事人員點紅香一枝，交由新官人雙手捧持，跪在聖位之前，依照誓詞宣誓，然後用力將紅香一斬兩段，作爲證明。接著由大哥加封步位，新官人向大哥行三叩首禮，以表謝恩，然後起立向全堂兄弟一鞠躬後，依次列於香堂上首下邊，等到上香完畢後，大哥便傳令「交令歸班」而退出香堂。

五、香堂結束：大哥退出香堂後，紅旗焚化聖位以示「送聖」，再以「黃表」點燒「掃方」，眾人並且隨紅旗云「掃方歸畢」，象徵百事大吉。

洪門的入會儀式是組織制度重要一環，直接關係反清鬥爭的政治需要。所以，洪門的入會儀式也是招兵儀式。入會也等於取得身份證明，可以進一步了解，學習其他功課，如聯絡暗號、專用文字、隱語手勢、茶碗陣、禮儀等（後述）。

註釋：

註一：赫治清、吳兆清，《中國幫會史》（台北：文淨出版社，民國八十五年八月），第二章。

註二：莊政，《國父革命與洪門會黨》（台北：正中書局，民國七十年三月），第三章，第二節。

註三：劉會進，《見證洪門三百三十年》（台北：黎明文化事業公司，民國九十三年十二月），頁二〇八—二一二。

第十章 洪門的革命大業

回顧三百多年來洪門仲昆的奮鬥史，可以化約成幾個大宗旨（戰略目標、革命大業）。㈠在整個清代是反清復明；㈡晚清因孫中山加入洪門並成爲大哥（領導），很自然的洪門的宗旨修正成倒滿以建中華民國；㈢袁世凱稱帝時，洪門改組爲中華革命黨支部，進行倒袁護法；㈣日本侵華期間，洪門擴大開山立堂，成爲一支抗日有力的隊伍；㈤遷台時期（蔣中正時代）高舉「反攻大陸」義旗；㈥蔣經國時代則改成「三民主義統一中國」；㈦兩蔣走後至今，洪門的活動表現在捍衛國家民族的利益，宣揚中國民族主義，促成和平統一；㈧堅定的反台獨。

可見數百年來，洪門仲昆的革命大業，是和中華民族的生存發展掛在一起的，他們以中國人爲榮，以炎黃子孫爲永恆不變的基因傳承。洪門天地會的故事，以電影、電視、小說、戲劇、說書等各種文學表達，可謂汗牛充棟，數之不盡，非本書幾篇文章所能道出萬一，僅針對洪門參與孫中山的建國大業略述。

從洪門志士參與孫中山先生之國民革命運動，至中華民國的誕生，說洪門「建立中華民國」並不爲過。從興中會時代的會黨領袖如鄭士良、尤列、畢永年，到同盟會時代的革命志士和洪門仲昆幾乎完全結合；接著歷次起義，各地洪門無役不與，第三次到第八次起義都以洪門爲主力，第九次和第十次起義洪門爲助力。爲什麼海內外的洪門會黨可以成爲有力的建國生力軍？這得從孫中山先生加入洪門成爲大哥開始，重新又喚醒洪門的民族精神。

國父孫中山先生加入洪門，時在光緒廿九年（一九〇三年）十一月廿四日，檀香山致公堂爲國父「開香堂」演戲。但此時的洪門和多數秘密會黨，因年代久遠忘了本身宗旨，反被保皇黨所用。中山先生乃奔走宣傳，以期喚醒洪門的民族精神，因洪門成員佔旅美華僑多數，只以團體渙散，不能爲祖國革命之助，主張洪門會員總註冊，並親訂致公室新章如後。

致公堂重訂新章要義

原夫致公堂之設，由來已久，本愛國保種之心，立興漢復仇之志，聯盟結義，聲應氣求。民族主義賴之而昌，秘密社會因之日盛，早已遍布於十八省與及五洲各國，凡華人所到之地，莫不有之，而尤以美國爲隆盛，蓋居於平等自由之域，共和民政之邦，結會聯盟，皆無所禁，此洪門之發達，固其宜矣。惟是向章太舊，每多不合時宜；維持乏人，間有未愜眾意，故有散漫四方，未能聯絡一氣，以成一極強極大之團體，誠爲憾事。近且有背盟負義，趨入歧途，倒戈相向者，則更爲痛恨也。若不亟圖振作，發奮有爲，則洪門大義必將淪隳矣。有心人憂之，於是謀議改良，力圖進步，重訂新章，選舉賢能，以整頓堂務，而維繫人心。夫力分則弱，力合則強，眾志可以成城，此合羣團體之可貴也。我堂同人之在美國者，不下數萬餘人，向以散居各埠，人自爲謀，無所統一。故在平時則消息少通，有事則呼應不靈，以此之故，爲外人所藐所欺陵者，所在多有，此改良章程維持堂所宜急也。

且同人之旅居是邦，或工或商，各執其業，本可相安無事，但常以異鄉作客，人地生疏，言語不通，風俗不同，入國不知其禁，無心而偶干法紀者有之矣。又或天災橫禍，疾病顛連，無朋友親屬之可依，而流離失所者，亦有之矣。其餘種種意外危虞，筆難盡述。語有之曰：「人無千日好，花無百日紅。」若無同志來相維護，以相賙恤，一旦遇事，孤掌難鳴，束手無策，此時此境，情何以堪！此聯合大羣，團集大力，以捍禦禍害，賙恤同人，實爲本堂義務之不可缺者一也。

本堂人數既爲美洲華人社會之冠，則本堂之功業，亦當駕於羣眾，方足副本堂之名譽也。乃向皆泄泄沓沓，無大可爲，此又何也？以徒有可爲之資，而未有可爲之法，故雖欲振作而無由也。今幸遇愛國志士孫逸仙先生來遊美洲，本堂請同黃三德大佬往遊各埠，演說洪門宗旨，發揮中國時事。各埠同人始如大夢初覺，因知中國前途，吾黨實有其責。先生更代訂立章程，指示辦法，以爲津導，我旅美同人可以乘時而興矣。況當今爲競爭生存之時代，天下列強高倡帝國主義，莫不以開疆闢土爲心，五洲土地已盡爲白種所併吞，今所存者，僅亞東之日本與清國耳。而清國則世人已目之爲病夫矣，其國勢積弱，疆宇日蹙。今滿洲爲其祖宗發祥之地，陵寢所在之鄉，猶不能自保，而謂其能長有我中國乎？此必無之理也。我漢族四萬萬人豈甘長受滿人之羈軛乎？今之時代，不競爭則無以生存，此安南印度之所以滅也。惟競爭獨立，此美國日本之所以興也。當此清運已終之時，正漢人光復之候。近來各省風潮日漲，革命志士日多，則天意人心之所向，吾堂以順天行道爲念，今當應時而作，不可失此千載一時之機也。此聯合大羣，團集大力，以圖光復祖國，拯救同胞，實爲本堂義務之不可缺者二也。

中國之見滅於滿清，二百六十餘年，而莫能恢復者，初非滿人能滅之能有之也。因有漢奸以作虎倀，殘同胞而媚異種，始有吳三桂、洪承疇以作俑，繼有曾國藩、左宗棠以爲厲，今又有所謂倡維新談立憲之漢奸，以推波助瀾，專尊滿人而抑漢族，假公濟私，騙財肥己，官爵也，銀行也，鐵路也，礦務也，商務也，學堂也，皆所以餌人之具，自欺欺人者也。本堂洞悉其隱，不肯附和，遂大觸彼黨之忌，今值本堂舉行聯絡之初，彼便百端誣謗，含血噴人，蓋恐本堂聯絡一成，則彼黨自然瓦突解，而其所奉爲君父之滿賊，亦必然覆滅，則彼漢奸滿奴之職，無主可供也。其喪心病狂，罪大惡極，可勝誅哉。凡吾漢族同胞，非食其肉，寢其皮，何以伸此公憤，而挫茲敗類也。本堂雖疲駑，亦必當仁不讓，不使此謬流傳，遺害於漢族也。此聯合大羣，團集大力，以先清內奸而後除異種，實爲本堂義務之不可缺者三也。

今特聯絡團體，舉行新章，必當先行註冊，統計本堂人數之多少，以便公舉人員，接理堂務，必註冊者然後有公舉之權，有應享之利，此乃本堂苦心爲大眾謀公益起見，法至良，意至美。凡我同人，幸勿爲謠言所惑，遲疑觀望，自失其權利可也。今特將重訂新章，先行刊布，俾各埠週知參酌妥善，待至註冊告竣之日，然後隨各埠公舉議員，擇期在本大埠會議，決奪施行，望各埠堂友同心協力，踴躍向前，以成此舉，同人幸甚，漢人幸甚。

謹將重訂新章條款列呈覽

第一章　綱領

一、本堂名曰致公堂總堂，設在金山大埠，支堂分設各埠，前有名目不同者，今概改正，名曰致公堂，以昭劃一。

二、本堂以驅除韃虜，恢復中華，創立民國；平均地權爲宗旨。

三、本堂以協力助成祖國同志施行宗旨爲目的。

四、凡國人所立各會黨，其宗旨與本堂相同者，本堂當認作益友，互相提携；其宗旨與本堂相反者，本堂當視爲公敵，不得附和。

五、凡各埠堂友，須一律註冊報告於大埠總堂，方能享受總堂一切之權利。

六、凡新進堂友須遵守香主陳近南遺訓，行禮入闈。

七、所有堂友無論新舊，其有才德出眾者，皆能受眾公舉，以當本堂各職。

八、本堂公舉總理一名，協理一名，管銀一名，核數一名，議員若干名（以上百人公舉一名）。

九、本堂設立華文書記若干名，西文書記若干名，委員若干名，幹事若干名。以上各人，皆由總理委任，悉歸總理節制。

十、本堂設立公正判事員三名，公正陪審員二十名，皆由總理委任，但不受總理節制。

十一、總理協理以四年為一任，管銀核數一年為一任，議員由初舉時執籌，分作三班：第一班一年為一任，滿期照數選人補充，或再舉留任。第二班兩年為一任，滿期選補。第三班三年為一任，滿期補充；如是議員之中常有三分之二為熟手之人。

十二、判事員為長久之任，若非失職及自行告退，不能易人。判事陪員分兩班，第一班一年為一任，任滿由總理擇人充補；第二班兩年為一任，滿期擇人充補如之。

十三、各埠支堂當舉總理一名，書記一名，管銀一名，核數一名，值理若干名，皆由堂友公舉，呈名於總堂總理批准，方能任事。如所舉非人，總理有權廢之，堂友當另行再舉妥人。

十四、各埠支堂堂友可隨地所宜議立專規，以維持堂務，然必當先呈總堂議員鑒定，總理批准，方得施行。

十五、各埠新立香主，必經總堂議員議決，總理批准，方能領牌受職。該埠叔父職員等必先查明該新香主品行端正，堪為表率者，方可聯保。至領牌受職之後，凡放新丁一名，須繳回本堂底票銀二元。如未經議准領牌，竟欲開檯，該處叔父職員等切勿徇庇，並帶新丁入闈，如有不守堂規，或不領牌，或不繳交底銀，一經查出，定將名號革除，並追回票牌等件。

十六、凡公舉人員之期，皆以每年新正爲定。

十七、議員議事必要人數若干，方爲足額，乃能決事。若不滿一半之數，當即停議，以杜少數專擅之弊。（下略）

此新章程最後按「天運歲次甲辰吉日金山大埠致公堂啓」。

孫先生詗知致公堂內容複雜，堂內職員，除三數熱心者外，多半泥守舊習，又多跨黨，毫無遠大思想；而各分堂對於總堂的關係，大都陽奉陰違，有名無實，尤以美東各埠爲尤甚，欲恃其籌餉救國，實戛乎其難，乃向堂內各職員建議舉行全美會員總冊之策。致公堂職員對此項計劃，極爲贊成，遂推舉孫先生及黃三德二人，親赴全美南北各地勸導各分堂會員實行註冊，並宣傳洪門反清復明的宗旨。

凡註冊者發給證章一枚，上刻曲尺與圓規，與西人義興會之徽章相同。

「致公堂」是洪門在美洲的名號，故《新章》第六條規定遵守洪門香主陳近南遺訓，第二條是三民主義基本宗旨。

中山先生在一九一一年五月七日函告同志謝持，檢討「三二九」之役失敗，在於不能適時接濟款項，且零星集募，難以保密，人猶未集，而敵則嚴陣以待。（註二）不久，中山先生自加拿大赴美國，亦檢討舊金山洪門和同盟會不能合作，遂令同盟會員全部加入洪門。（註三）此舉，乃使洪門仲昆全部成爲革命黨，進而成立「洪門籌餉局」募集革命所需資金。革命元老馮自由詳述之。（註四）

特令同盟會員一律加入致公堂，以便共同籌餉救國。致公堂大佬黃三德，同盟會幹事李是男等均贊成之，決議設立洪門籌餉局。因對外關係，命名曰國民救濟局，局中職員由兩派選用。以黃三德爲監督；朱三進、羅敦怡爲總辦；李是男、黃傑廷爲會計；唐瓊昌、劉鞠可、黃伯耀爲中西文書記；黃魂蘇、張靄蘊、趙煜、黃富、許炯藜等爲遊埠籌餉員。辦事處附設於士波福街三十八號致公堂二樓。於六月二十六日宣告成立，總理復命籌餉之日至九月廣東光復之日止，共得捐款總數爲美金十四萬四千一百三十元四角一分。至十月初旬，復由駐美洪門籌餉局、致公堂、同盟會三團體，合舉馮自由爲美洲革命黨歸國參預組織共和政府總代表，並將籌餉局一切帳簿由馮攜歸繳呈革命政府銷號。時全美南北各埠設有致公分堂者百數十處，均一律奉總堂命分任籌餉事宜。（錄自馮自由著「中國革命運動廿六年組織史」中華民國三十七年一月商務印書館初版）

附錄一：洪門籌餉局緣起

茲當人心思漢，天意亡胡，所以各省義師，連年繼起。然尚未能一戰成功者，何也？豈以人才之不足，戰陣之無勇耶？皆不然也。試觀最近廣州一役，捨身赴義者，其人多文武兼長之士，出類拔萃之才。當其謀洩失敗，猶能以數十人，力戰而破督署，出重圍，以一當百，使敵喪膽，可知也。然人才既如此，英勇又如此，仍不免失敗者，其故安在？實財力不足，布置未周故也。內地同胞，久在苛政之下，橫征暴斂，剝皮及骨，遂至民窮財盡，固無從以集資，而爲萬全之佈置也。故輸財助餉，以補內地同胞之所逮，實爲我海外華僑之責任，義不能辭也。內地同胞捨命，海外同胞出財，各盡所長，互相爲用，則革命之成，可指日而定也。我洪門創設於美洲已數十年矣！本爲合大羣，集大力，以待時機，而圖光復也。所謂反清復明者此也。今時機已至，風雲亦急，失此不圖，則瓜分之禍立見矣。本總堂今承孫大哥指示，設立籌餉局於金山大埠，妥訂章程，務祈完善無弊，以收效果。捐冊寄到之日，初望各埠手足，竭力向前，踴躍捐資，以助成革命大業，則洪門幸甚，中國幸甚。

謹擬章程開列如左：

一、革命軍之宗旨，爲廢滅韃虜清朝，創立中華民國，實行民生主義，使同胞共享自由平等博愛之幸福。

一、凡我華人皆應供財出力，以助中華革命大業之速成。

一、凡事前曾捐助軍餉者，不論多少，皆得名爲優先國民。他日革命成功，概免軍政條件之約束，而入國籍。

一、凡事前未曾捐過軍餉之人，他日革命成功，須照軍政府之約束，而入國籍。

一、凡捐過軍餉五元以上者，當照革命軍籌餉約章獎勵條件辦理。

一、議在金山大埠致公總堂，設立籌餉局，由公眾公舉人員辦理，由孫大哥委人監督，各埠曾捐助軍餉者，皆可派一查數員，隨時到來查數。

一、籌餉局之組織，分爲兩部，一董事部，一辦事部。

董事部，以現任辦公職員，及捐款千元以上者當之，人員無定額。

辦事部，總辦一人，會計一人，在查一人，勸捐委員無定額，隨時由董事議定，由總辦擇人任使，監督一人。

一、凡局內之事，必須董事議決，然後辦事部方能執行。

一、所收捐款多少，除經費外，一概存入銀行，以備孫大哥隨時調用，他事不得提支。

一、議所收捐款，撥一成爲籌餉局經費，以支辦事人員車費、薪水、郵電、紙筆各費，如有盈餘，仍撥歸軍餉之用。

一、所有籌餉局經費，須要監督批准，方能動支。

一、所發捐冊，以寄到之日起，限期兩個月繳回清算，按名給發執照爲憑，其捐數五元以上者，另行雙倍給發中華民國金幣票收執。美洲金山大埠致公總堂特啓。

附錄二：革命軍籌約章

第一款：凡認任軍餉至美金五元以上者，發回中華民國金幣票雙倍之數收執，民國成立之日，作民國寶通用，交納課稅，兌換實銀。

第二款：認任軍餉至百元以上者，除照第一款辦法之外，另行每百元記功一次，每千元記大功一次，民國成立之日，照爲國立功之例與軍士一體論功賞。

第三款：凡得記大功者，於民國成立之日，可向民國政府請領一切實業優先利權。

第四款：以上約章祇行於革命軍未起事之前，至革命軍起事之後，所有報效軍餉者，須照因糧局章程辦理中華革命軍發起人孫文立（錄自「最近中國革命史」）

中山先生領導國民革命，多少革命同志和洪門昆仲抛頭顱、灑熱血，才使亞洲第一個民主共和國誕生。但不久被袁世凱竊據，眼看著才誕生不久的中華民國，就要在襁褓之中夭亡。洪門昆仲再度配合革命黨人，挽救這個「新生兒」，見孫中山先生〈通告洪

門改組爲中華革命黨支部函〉一文：（註五）

通告洪門改組爲中華革命黨支部函　**民國四年（公元一九一五年）**

逕啓者：當民國紀元前，我洪門以自由組織繼續活動，爲國艱辛，垂數百年。辛亥一役，建虜政權遂覆，種族目的完全已達，回顧秘密結社之時代，尙幸不負初衷，有志竟成，諸公偉力，誠不容沒也。詎未幾袁氏背約，竊國擁兵，帝制自雄，於是促成二次政治革命。不幸精神潰散，相繼失敗，一班趨時附勢之徒，平日附和革命者，盡行揭除面具，賊道戕義，爲民賊作倀，故同胞同志枉遭慘戮者，日不勝紀，謂非國家法律淪亡，是非黑暗，當時未設保障人權之道乎？茲袁氏天怒人怨，舉國公認，文以天職所在，爰集合同志組織中華革命黨。閱年以來，機關既備，進行亦有端倪。惟是此次組織與前不同，前此根本未備之經驗，今必須防其覆轍，故總章十二條所載，首義黨員悉隸爲元勳公民，得參政執政之優先權利，純爲保障真正革命黨而設，且足以鼓勵當時之勇進，而表率後來之平準。渺微意義，幸海內外同胞均能一律鑒及。故新進黨員大率類以千萬計。我洪門當日主義，既已昭然若揭，而後此再接再厲，猶應協力並圖。況政治革命與種族革命，性質既殊，難以自判。種族革命無妨多立秘密機關，以爲分頭並進之活動；政治革命則仗義執言，非以堂堂之陣，正正之旗，不足以聳國民之觀聽，而避外鄰之干涉。

今日無論各種團體，均已一體改併，萬流匯源，實此意也。文忝屬洪門一份子，以密切關係所在，意欲各埠洪門團體急起直追，共圖革命事業，並全部塡寫誓約，加入中華革命黨。其所存機關，對外無論懸示何種通信名義，不妨悉仍其舊；其內部則一律援照總章、通則，改組中華革命黨支部，以免消息隔閡，而收指臂相助之妙用。望諸公極力提倡國家主義，而破除門戶各立之微嫌，迅速籌辦致復，以便正式委任。倘天佑民國，完全之目的能達，則洪門之名譽事功，將來益垂無窮矣。書不盡意，專此奉達。孫文謹啓。

註釋：

註一：劉伯驥，《美國華僑史》（台北：行政院僑務委員會，民國六十五年六月），頁四三二—四三七。

註二：莊政，《國父革命與洪門會黨》（台北：正中書局，民國七十年三月），頁一九四。

註三：同註二。

註四：蔣永敬，《華僑開國革命史料》（台北：正中書局，民國六十六年十一月），頁一六〇—一六三。

註五：池宗憲，《夜壺》（台北：焦點出版社，民國七十四年九月），頁四；另見《國父全集》。

第十一章 洪門的誓約、會規、律法

所謂「國有國法、家有家規」，眾多秘密會黨也是，今只以洪門的誓約、會規、律法述其大要。但數百年來分佈世界各地，必然產生各種版本。

追本溯源回到最早的洪門歃血結盟儀式，已有簡單的誓詞，內容規定了結盟宗旨（反清復明），入會後的道德規範、必須遵守的紀律、違背時的嚴懲等。乾隆五十二年（一七八七年），清軍在鎮壓林爽文事件過程中，搜獲一份天地會領袖萬提喜系統通用誓詞殘稿，其主要大意內容如下：（註一）

> 今因廣東省鳳花亭、高溪庵、馬溪廟明主傳宗，今夜歃血拜盟，結為同胞兄弟，永無二心。…本原異姓締結，同洪生不共父，義勝同胞共乳，似管、鮑之忠，劉、關、張為義，…視同一家。今夜傳教汝手路密約，上不傳父母，…如有漏根機，含

血噴天，全家滅亡。自今既盟之後，前有私仇挾恨，盡瀉於江海之中，更加和好。有善相勸，有過相規，緩急相濟，患難相扶。我等兄弟須當循規守法，不可借勢冒為，恃強欺弱，橫兇作歹，故違誓約。自作自當，不得累眾人，若不忠義∶∶

劉、關、張桃園結義，是中國民間了不起的結拜典範，後世許多小說如水滸傳、明清會黨都以此爲學習模式。到嘉慶年間，盧盛海天地會系統的誓詞∶（註二）

自古稱忠義兼全，未有過於關聖帝君也。溯其桃園結義以來，兄弟不啻同胞，患難相顧，疾病相扶，芳名耿耿，至今不棄。∶∶自盟之後，兄弟情同骨肉，勝似同胞，吉凶則彼此相應，貴賤則甘苦同情，是非則神靈默佑，愈久愈昌，不敢口吐詩句，不敢以大欺小，以強凌弱，不敢欺騙兄弟財產，好淫義嫂，不敢臨身退縮，借公挾私。不照狀書施行，諸神共誅。

大約到嘉道年間，天地會發展蓬勃，大批游民加入爲會員，加強組織約束成爲重要的管理工作。於是，有智之士參考一些實踐經驗和實際須要，整理出禁約條款，遂漸產生《洪門三十六誓》、《廿一則》、《十禁》、《十刑》等。這些誓約會規，對洪門發展有過重要作用，對其他會黨也有一定影響，乃至早期興中會、光復會、華興會等革命團體也有重大影響。

研究洪門會規律法以「立誓」爲首要，其對新入會者，須由老會員引進、保舉、而入香堂立誓，並須「斬香」（斬紅香，又叫「砍條」）爲證。歷來洪門所用誓詞有四種之多。（註三）

㈠根本誓詞：宋代梁山泊宋江等所立。

㈡規定誓詞：根本誓詞衍生而來，惟加注反清復明宗旨及三十六誓，對同門兄弟約束綦嚴。

㈢通用誓詞：洪門會黨各山堂所議。

㈣民國以來各山堂的改進誓詞。

晚清時洪門的入會規則，新會員入會要塡寫志願書（紅單），以備查考，其規格內容如下。（註四）

立志願書人某某某（前蒙某某山大哥栽培某某步位），今由某某介紹，志願參加洪門組織，在某某大哥領導下，服從指揮，並遵行五祖遺教，及一切法規，絕無反悔，立此志願書為證。

附開

年齡　籍貫　出身　經歷　職業

住址

立志願書人（親筆簽署）

介　紹　人（親筆簽署）

洪門入會必須有介紹人，旨在防止浮濫，恐其身家不清。按洪門規則，下九流（如戲子、吹鼓手、剃頭、修腳等）不得入會。但民國以後觀念大改，如戲子、剃頭等，如今成了「藝術家」，也就不可同日而語。以下列出若干洪門的會規、律法。（註五）

反清復明時期的三十六誓：

一、自入洪門之後，爾父母即我之父母，爾兄弟姊妹即我之兄弟姊妹，爾妻我之嫂，爾子我之姪，如有違背，五雷誅滅。

二、倘有父母兄弟，百年歸壽，無錢埋葬，一遇白綾飛到，以求相助者，當即轉知有錢出錢，無錢出力，如有詐作不知，五雷誅滅。

三、各省外洋洪家兄弟，不論士農工商，以及江湖之客到來，必要留住一宿兩餐，如有詐作不知，以外人看待，死在萬刀之下。

四、洪家兄弟，雖不相識，遇有掛外牌號，說起投機，而不相認，死在萬刀之下。

五、洪家之事，父子兄弟，以及六親四眷，一概不得講說私傳，如有將衫仔腰平與本底，私教私授，以及貪人錢財，死在萬刀之下。

六、洪家兄弟，不得私做眼線，捉拿自己人，即有舊仇宿恨，當傳齊眾兄弟，判斷曲直，決不得記恨在心，萬一誤會捉拿，應立即放走，如有違背，五雷誅滅。

七、遇有兄弟困難，必要相助，錢銀水腳，不拘多少，各盡其力，如有不加顧念，五雷誅滅。

八、如有捏造兄弟歪倫，謀害香主，行刺殺人者，死在萬刀下。

九、如有姦淫兄弟妻女姊妹者，五雷誅滅。

十、如有私自侵吞兄弟錢財雜物，或託帶不交者，死在萬刀之下。

十一、如兄弟寄妻子兒女，或重要事件，不盡心竭力者，五雷誅滅。

十二、今晚加入洪門者，年庚八字，如有假報瞞騙，五雷誅滅。

十三、今晚加入洪門之後，不得懊悔歎息，如有此心者，死在萬刀下。

十四、如有暗助外人，或私劫兄弟財物者，五雷誅滅。

十五、兄弟貨物，不得強買爭賣，如有恃強欺弱者，死在萬刀之下。

十六、兄弟錢財物件，須有借有還，如有存心吞沒，五雷誅滅。

十七、遇有搶劫，取錯兄弟財物，立即送還，如有存心吞沒，死在萬刀之下。

十八、倘自己被官捉獲，身做身當，不得以私仇攀害兄弟，如有違背，五雷誅滅。

十九、遇有兄弟被害捉拿，或出外日久，所留下妻子兒女，無人倚靠，必須設法幫助，如有詐作不知，五雷誅滅。

二十、遇見兄弟被人打罵，必須向前，有理相幫，無理相勸，如屢次被人欺侮者，即代傳知眾兄弟，商議辦法，或各出錢財，代爲爭氣，無錢出力，不得詐作不知，如有違背，五雷誅滅。

二十一、各省外洋兄弟，如聞有其有官家緝拿，立時通知，俾早脫逃，如有詐作不知，死在萬刀之下。

二十二、賭博場中，不得串同外人，騙吞兄弟錢財，如有明知故犯，死在萬刀之下。

二十三、不得捏造是非，或增減言語，離間兄弟，如有違背，死在萬刀之下。

二十四、不得私做香主，入洪門三年爲服滿，果係忠心義氣，由香主傳授文章，或前傳後教，或三及第保舉，以晉升爲香主，如有私自行爲，五雷誅滅。

二十五、自入洪門之後，兄弟間之前仇舊恨，須各消除，如有違背，五雷誅滅。

二十六、遇有親兄弟與洪家兄弟，相爭或官訟，必須勸解，不得幫助一方，如有違背，五雷誅滅。

二十七、兄弟據守之地，不得藉故侵犯，如有詐作不知，使受危害，五雷誅滅。

二十八、兄弟所得財物，不得眼紅，或圖分潤，如心懷意念，五雷誅滅。

二十九、兄弟發財，不得洩漏機關，或存心不良，如有違背，五雷誅滅。

三十、不得庇護外人，欺壓洪家兄弟，如有違背，死在萬刀之下。

三十一、不得以洪家兄弟眾多，仗勢欺人，更不得行凶稱霸，須各安分守己，如有違背，死在萬刀之下。

三十二、不得因借錢不遂，懷恨兄弟，如有違背，五雷誅滅。

三十三、如姦淫洪家兄弟之幼童少女，五雷誅滅。

三十四、不得收買洪家兄弟妻妾爲室，亦不得與之通姦，如有明知故犯，死在萬刀之下。

三十五、對外人須謹慎言語，不得亂講洪家書句，及內中秘密，免被外人識破，招引是非，如有違背，死在萬刀之下。

三十六、士農工商，各執一藝，既入洪門，必以忠心義氣爲先，交結四海兄弟，日後起義，須同心協力，殺滅清朝，早保汨主回復，以報五祖火燒之仇，如遇事三心兩意，避不出力，死在萬刀之下。

改進誓詞：

原本洪門的誓詞古今一貫，但在環境變遷之下，也隨著時代轉變而有所修正，下列即爲今日各山堂所通行之誓詞：

余誓以至誠，加入洪門，奉行五祖遺教，遵守洪門法規，服從大哥命令，互信互助，精誠團結，復興民族，振興中華、擁護政府政策，如有越禮反教，願受嚴懲，並敬砍紅香為證，此誓。

戒律

洪門有嚴密的組織，門規禁律也特別多，除了和天地會一樣的《二十一則》、《十禁》、《十行》外，還有十大門規、四條誓約、八條處罰等等。洪門在早期是不承認滿清政府的，更不認同滿清的法律，自認是明朝人士，所以洪門內有自己的法律，且條條驚人。洪門有個刑堂，是掌管洪門法律的地方，也有功勞簿，記錄對洪門的貢獻，假以時日，加以提升。

洪門十條

一、盡忠報國
二、孝順父母
三、要分大小
四、和睦鄉親
五、互信互助
六、講仁結義
七、遵守香規
八、姊妹慎行
九、團結奮鬥
十、兄寬弟忍

洪門十款

一、不許姦淫逞暴
六、不許洩漏機密

二、不許戲妹調嫂
三、不許藉洪招搖
四、不許誘拐私逃
五、不許口角生風
七、不許越禮反教
八、不許香堂混擾
九、不許欺兄壓弟
十、不許海湖鬥霸

洪門十大門規

一、不准洩露門務
二、不准同門相殘
三、不准私下搶劫
四、不准違犯門規
五、不准引進匪類
六、不准調戲同門婦女
七、不准扒灰倒籠
八、不准私吞財貨
九、不准違抗調遣
十、一旦進門，不得出門

洪門的門規禁律實在繁多，在此不一一臚列，僅以上述爲代表。在過去，洪門對於違反戒律者有「五刑」的規定，包括極刑，如凌遲、重刊，如挖坑活埋、輕刑，如三刀六眼、四十紅棍、降刑，如降級、以及謫刑，如永不復用等，可謂賞罰分明。當然現在是民主時代了，洪門的家法雖然還存在，但是已經很少使用，除非其人已經惡劣到了極點，不得已才會動用家法，另一方面，其刑也不可能像早期一樣，有誰犯錯就以亂刀砍死，最多將之掛黑掛，遂出山堂，永不復用，並將此人的罪行告知其他山堂，這已經是洪門目前最重的刑罰了。

洪門二十一則

一、犯罪波及他會員者，捕之處以死刑，輕者刵其兩耳。

二、姦淫兄弟妻室，或與兄弟子女私通者，處以死刑，決不寬貸。

三、誘拐兄弟至國外者，刵其兩耳。

四、因圖懸賞捕縛兄弟者，處以死刑。

五、詐稱香主，爲一切事件之指導者，處以死刑。

六、示外人以儀式書，及會員之憑證者，刵其兩耳。且加笞刑百八十下。

七、新會員有僭越行爲者，刵其一耳。

八、報告會中事件於外人者，刵其兩耳，加笞刑百八十下。

九、以惡言語道其兩親之事者，刵其兩耳。

十、恃強欺弱以及持大侮小者，皆刵兩耳。

十一、私行毀壞香主之名聲，或對香主作邪曲之言語者，刵其兩耳。
十二、在兄弟起義時，隱身不出者，刵其兩耳。
十三、可救兄弟之時不救助，或詐作不知者，刵其兩耳，並加笞刑百八十下。
十四、盜劫兄弟財產，不肯返還者，刵其兩耳。
十五、私自毀傷兄弟，或浪費其錢財者，刵其一耳。
十六、他省有召募兄弟之文書到來，匿不應召者，處以死刑。
十七、爲外所嘲笑，或因語誘惑而即告以會情者，刵其兩耳，並加笞刑七十二下。
十八、管理事件，有過情之舉，或任意消費會中之資財者，刵其兩耳並加笞刑八十下。
十九、入會後一月內不納會費者，刵其兩耳，並加笞七十二下。
二十、強迫兄弟隨己胡爲或欺虐者，刵其兩耳。
廿一、破壞規則，抗拒定刑或歸罪於他人者，刵其兩耳。

洪門十禁

一禁：兄弟之妻室必須端正，兄弟本身亦不宜貪色。凡妻室不正者，刵其兩耳。兄弟貪色，處以死刑。

二禁：兄弟之父母死後，無力埋葬，告貸於兄弟者，無論何人，不能抗拒；抗拒者，刵其兩耳。再抗拒者，加重刑。

三禁：兄弟訴說窮乏而有借貸者，不能拒絕，有侮辱之，或嚴拒之者，刵其兩耳。再拒則加重刑。

四禁：兄弟至賭博場，不可故令輸財或設法騙取之。犯者處笞刑百八十下。

五禁：自入洪門之後，不可私授外人以會章，犯者處以死刑。

六禁：兄弟營謀事業，或有營運於國外，因而封寄錢財托寄文書者，不可私用或騙取之，犯者刵其兩耳。

七禁：兄弟與外人爭鬥而來告知，必當赴援。詐推有病有事而不赴援者，處笞刑百八十下。

八禁：入洪門之後，恃己之尊貴侮蔑賤者，恃己之強盛凌虐弱者，刵其兩耳，加笞刑七十二下。

九禁：兄弟遭遇困厄，必當貸以金錢，借者亦不可不還。凡恃強硬借及不歸還者，處笞刑百八十下。

十禁：兄弟危急時，或遭官吏之懸賞而被捕縛，告知後不可不救。或詐託不知而規避，違此規則者，處笞刑百八十下。

洪門十刑

一、凡不孝敬父母者，笞一百八。
二、漏洩緊要事件者，笞一百八。
三、無事詐爲有事者，笞一百八。
四、愚弄兄弟者，笞一百八。
五、結識外人侮辱兄弟者，笞一百八。
六、經理兄弟錢財而濫費之者，笞一百八。
七、昏醉爭鬥而起葛藤者，笞七十二。
八、隱匿兄弟寄託之財，沒入私囊者，酌量加刑。
九、違反兄弟之情，與其親戚爭鬥者，笞七十二。
十、爲欺人之賭博者，笞七十二。

以上各種洪門會規、律法，其內容也傳到其他會黨，廣爲修訂以適應各年代和地區。

這些有部份現代眼光看都是不合法的「私刑」，吾人千萬不可如是想，此乃數百年前的秘密會黨，有他的背景須要。何況，絕大多數仍是正面之價值，合乎中國文化的精神，如十條、十款、十大門規，正是洪門在廿一世紀發展所須要。

註釋：

註一：赫治清、吳兆清，《中國幫會史》（台北：文津出版社，民國八十五年八月），第二章。

註二：同註一。

註三：莊政，《國父革命與洪門會黨》（台北：正中書局，民國七十年三月），頁八六。

註四：同註三，頁八七－八八。

註五：劉會進，《見證洪門三百三十年》（台北：黎明文化出版，民國九十三年十二月），頁二一三－二二一。

第十二章　洪門的江湖技術

——暗語、禮節、手勢與茶碗陣

洪門、天地會最流行的暗號，當推「開口不離本、出手不離三」十字，以及三八二十一或五點二十一洪字暗號。愈往後發展，會內各種暗語、禮節、手勢、喝茶飲酒的秘密聯絡方式愈多，不勝枚舉。據研究光是隱語（密語、黑話），至少有五千個詞彙以上。（註一）酒樓、茶館等各類「特種營業」場所，更是洪門兄弟經常秘密聚會的聯絡點，爲適應這些地方須要，又要確保會內活動順利安全，又編製出各種手勢、暗號、茶碗陣等。基本上，這已是江湖人士必須要會運用的「江湖技術」，不懂表示你不是洪門中人，也就混不下去了。當然，這些江湖技術傳佈到其他各地區會黨，如青幫、哥老會，乃至洪門系統（如美洲的致公堂、南洋的公司、會館），也有不同的變化，本文大致針對洪門略說。

洪門圈內兄弟有一套相處規矩，形成一種禮節、儀式通稱「拐子」，兄弟依這些禮儀行之叫「拉拐子」。所有新進成員都由「管事五爺」負責教育訓練，傳授一切洪門會內所用的儀式和禮節。以下舉部份常用者。（註二）各個「步位」的角色，「拉拐子」都不一樣。

一、山主——先將兩手附於胸前合抱，向左右分開，左手的拇指蹺起直豎，剩下的四指屈附手心，右手向前直伸，上下三起落，這就是「鳳凰三點頭」；左手向後過頭不動，但右腿向前彎曲、左腿向後直伸，這就是「前弓後箭」。行禮之後右手隨右腿收回，右腿與左腿並立，兩手過左肩合攏後再放下。（圖一）

二、副山主——主動作與前面相同，不過左手平豎的拇指要平頭。

三、坐堂——動作與前面相同，不過左手平豎的拇指要平上耳邊。

四、陪堂動作與前面相同，不過左手平豎的拇指要平中耳邊。

五、香長、盟證、管堂至刑堂等——動作與

圖一

前面相同，不過左手平豎的拇指由平上耳邊，依次向下至與肩平齊。

六、心腹——動作與前面相同，不過右手的拇指不直豎，曲附食指上，左手拇指直伸，食指彎曲，剩下的三指直伸，這就是「三把半香」，但直伸的三指尖向內附於左胸前。（圖二）

七、聖賢——動作與前面相同，不過是以左手成三把半香並向內附於右胸前。

八、么滿十牌以上至當家——動作與前述相同，不過左右手握成拳狀，以左拳底置於右拳之上，這是大老么的動作；手成三把半香，直伸三指尖，向內附於右手的拇指指甲上，此爲么滿；若以三指尖向後移至屈骨後，此爲江口老九；移至手腕後則爲賢牌老八；向後移至肱上爲巡風老六；移至膀灣上爲當家老三。行禮後兩手併攏，向左邊合掌靠胸收放。（圖三）

圖二

圖三

九、管事大禮——以左右手成三把半香形，手心向上，分別附於左右腰際前，這個動作稱爲「懷中抱月」，又有向左斜向地三個滾翻稱爲「滾龍禮」。

十、獨占四大爺——兩腳並立，左右兩手成三把半香形，兩手心向上平附胸前，這個動作也是懷中抱月，再將左手左腳向前，右手隨附右腿在後，右手成三把半香形，手心向上，平距腰後方，而左手五指直伸，以拇指背迎至鼻中，分別向左、右、中間方向擺動三次，這個動作稱爲「龍頭鳳尾」。行禮後雙手由正中合掌收放。

十一、左右手成三把半香形，手心向上，向前與右手交叉平附胸前，左腿向前與右腿交叉，但交叉的手向左、右、中三個方向擺動三次後，雙手亦由正中合掌收放。（圖四）

十二、左右手交叉平附腰際，左右腿的動作與金鳳老四相同，但必須注意右手與右腿需向前交叉。（圖五）

提到洪門的暗號、手勢，真有其趣之處，我們從一個人的手勢中，就可以得知此人是否爲洪門昆仲，或此人在洪門步位的高低。又如把筷子

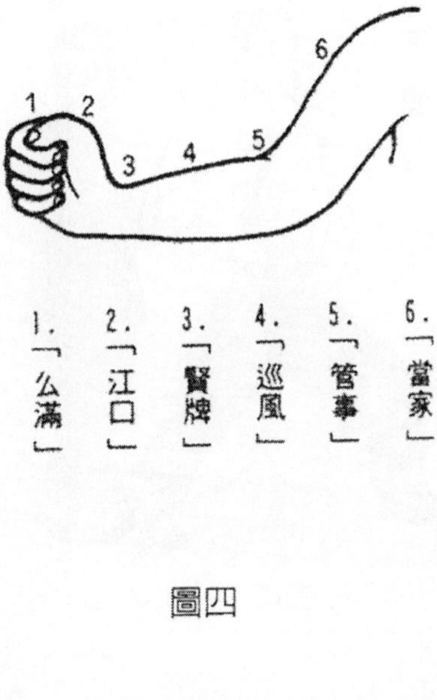

圖四

放在盤子上且指向你，這就暗示其他兄弟待會要修理你（此爲架炮），有時不用言語，洪門昆仲即能意會此一舉動，又如我的筷子原本放在右邊，後來改放在左手邊，就表示待會我出去，就不再回來了。暗語更是多種，其實現在流行的俚語，很多都是來自洪門的暗語，比如說把「罩子」放亮點，這「罩子」就是眼睛，稱女孩子爲「馬子」等等，都是洪門的暗語。

洪門的昆仲來到某地，由於洪門在地都會有餐廳，以便接待往來賓客，當然餐廳不會掛著洪門的招牌，就如會堂之前有個野店，那就是洪門招待客人的地方了。餐廳內，跑堂的、掌櫃都會注意來往客人的動態，客人一坐下，他看你筷子怎麼擺，帽子怎麼掛，衣服怎麼拿，甚至進門是左腳先或右腳先，一看便知道是否爲洪門中人，然後跟你打招呼，打招呼也有特別用語，如果對方能對答如流，才真正確定爲自家兄弟，而後引薦幹部見面，見面後又是茶碗陣。

以前洪門行事極爲慎重，因爲身份絕對不能被發現，所以才會一再盤底，深怕是敵

圖五

人前來臥底，當身份確認後，才會正式談論事情，其中若有要事，還得入堂請示上級，請示出來又是以暗號作答，成與不成都看茶碗陣中的指示。當時的情形就是這樣，行事非常小心而秘密，因爲只要稍有不慎，後果不堪設想，所以洪門的暗語、暗號、動作，乃是因應環境需要而產生，此非故弄玄虛也！

洪門的隱語，即所謂『術語』，乃用以避免當時的仇嫉，稱爲『春典』，以下略述以供參考。（註三）

一、會所用語

【會　所】稱「公所」、「紅花亭」，或「松柏林」。

【入　會】稱「入圈」、「拜正」，有稱「出世」，或稱「歸標」。

【集會地】稱「忠義堂」。

【執　事】稱「辦差事」，或稱「站班護衛」。

【洗　面】稱「開光」。

【會　員】稱「香」、「洪英」，或稱「豪傑」。

【新會員】稱「新丁」、「新貴人」，又稱「堂」。

【法　棍】稱「洪棍」。

【法　刀】稱「小寶」。
【線　香】稱「桂枝」。
【令　旗】稱「飄風子」。
【香主入位】稱「登山」。
【站　起】稱「升起」，又稱「獨起」。
【發　誓】稱「宣誓」，又稱「抖海式」。
【條　香】稱「紅香」。
【辦會員】稱「辦采堂」，又稱「采紅堂」。
【行　禮】稱「拉拐子」、「丟拐子」。
【香主問訊】稱「坐大堂」。
【處　刑】稱「執法」。
【印　信】稱「翻天子」。
【會員證書】稱「腰平」、「八角招牌」、「八掛」、「羅漢頭」，又稱「寶」。
【印　版】稱「天花子」。

二、服裝用語

【明朝服裝】稱「架裟」。
【鞋　子】稱「踢土子」。
【背　心】稱「穿心子」。
【圍　巾】稱「盤龍子」。
【短　襖】稱「球龍子」。
【長　衫】稱「大篷子」，又稱「掃把子」。
【馬　褂】稱「蝴蝶子」。
【褲　子】稱「叉兒」，又稱「兜把子」。
【套　褲】稱「菱角」，又稱「扯把子」。
【襪　子】稱「籤筒子」。

三、飲食用語

【飲　茶】稱「收青子」，又稱「收黃楊子」。
【吃　飯】稱「收粉子」，又稱「耕沙子」。
【吸香煙】稱「收燻條子」。

【豬】稱「毛瓜」。

【魚】稱「穿浪」，又稱「擺尾」。

【鴨】稱「琵琶子」，又稱「扁嘴」。

【米】稱「沙」，又稱「八木子」。

【飲酒】稱「收玉子」，又稱「收紅花雨子」。

【吸煙】稱「收燻子」。

【火】稱「光明子」。

【豬肉】稱「白瓜」。

【雞】稱「鳳凰」。

【牛肉】稱「大菜」。

【狗】稱「蚊」，又稱「皮條子」。

【飯】稱「粉子」。

四、物件用語

【扇子】稱「搖風子」，又稱「灣月」。

【酒盅】稱「蓮米子」。

【大碗】稱「大蓮花子」。
【筷】稱「玉箸」，又稱「篙子」。
【茶碗】稱「蓮芷」。
【飯碗】稱「蓮花子」。
【條羹】稱「飄婆子」。
【眼鏡】稱「照珠子」。
【鈔票】稱「花花子」，又稱「花葉子」。
【行李】稱「捲子」。
【荷包】稱「去風子」。
【錶】稱「葉子」，又稱「叫油子」。
【鑰匙】稱「把子」。

五、人體用語

【頭】稱「帥拂子」，又稱「張點子」。
【臉】稱「扇面子」。
【髮】稱「青絲子」，又稱「烏雲」。

【眼】稱「罩子」，又稱「玲瓏子」。

【鼻】稱「氣筒子」。

【耳】稱「順風子」。

【心】稱「定盤子」。

【口】稱「櫻桃子」，又稱「鉗子」。

【舌】稱「口條子」。

【手】稱「雞爪子」。

【腳】稱「踢頭子」。

暗號應用方法舉例

洪門昆仲見面，雖不相識，除用言語探詢外，尚有「暗號」表示，如見面「行禮」、「倒茶」等，視對方的應答動作，便知究竟，此亦爲「訪友」的法門。

一、行禮——見人即用「左右手」，各以「姆指」伸直，「食指」即「第二指」彎曲，餘各「三指尖」直伸，即所謂「三把半香」。各以直伸「三尖指」向上附貼胸前腰際，行禮鞠躬，如面對爲自己人，即作同樣回答，便可與之談敘。

二、倒茶——向人倒茶，如接茶人以「右手」的「姆指」置茶杯邊，「食指」置茶杯底，向倒茶人相迎，而以「左手」或「三把半香」形，直伸「三指尖」附茶杯或向下附於「右手」，由「姆指」上面起至肩膀的任何一部（以其在洪門的步位放置），便知其爲自己人，並知其在洪門所站的步位（但倒茶後，將茶壺嘴向自己懷面放置）。

三、取物——如以物件「三件」請取時，必須取中間「一件」，謂之「忠臣」。

四、三法連演——「三法」取「天地人」之意。以左右手各成「三把半香」形，各以其餘直伸的「三指尖」向內按附「胸前」，以表「天」，此第一法也；將「右手」的「姆指」與「食指」及「中指」直伸，其他「二指」屈曲，「左手」亦然，同前按附「胸前」，以表「地」，此第二法也；以「右手」的「拇指」與「小指」直伸，餘「三指」屈曲，成爲表示數碼「六」的形勢，「左手」亦然，同前按附「胸前」以表「人」，謂之「龍頭鳳尾」，此第三法也。如法「三法」連演，以表示爲「三合會」的遺留。

五、告急——遇有緊急事件發生，如在夏季帶用「白紙扇」，當場以「白紙扇」慢搖三四次，爲召集附近的昆仲，若「過頭」輕搖三次者，即暗示昆仲與人鬥爭。

六、停止鬥爭——昆仲與外人鬥爭，在場者以「手掌」向外人，「手背」向內人，即示以停止鬥爭。

七、唆使鬥爭——雙方鬥爭時，見對方不肯讓步，在場者以「兩手掌」向外，連呼「勿要鬥爭」，佯爲勸解，實則唆使鬥爭。如對方爲自己人，因所鬥爭者不知，在場者，將「兩手掌」向內，連呼「勿要鬥爭」，即爲「當場勸解」，此爲「陰陽法」。

八、求援——鬥爭時，自知力量不敵，向自己人求援，即以「右手」的「姆指」與「食指」及「中指」直伸，餘「二指」屈曲，臂膀直伸向前，又以「左手」同樣作勢，置於「右手」的「肱骨」上（手腕之上，胯彎之下）爲「求援」表示，謂之「三角法」。

九、求援二法——如以「右手」的「四指」屈指於「手掌」，「姆指」附於「四指」外，成爲「拳形」，置於頭上此爲「拳形」，置於頭上此爲「求援」，第一法也；以「右手」掌向外伸出，「左手」成「三把半香」形，所直伸之「三指尖」向內附於「胸前」，此爲「求援」第二法也。如「左右手」作第二法的同樣姿勢，先後移動位置表示，即爲「停止鬥爭」。

十、路中探詢——路中探詢：行路時，遇人探詢，則問「你是瞎子嗎？」如答稱「我不是瞎子」，繼稱「我的眼睛比你大」，即知自己人，便可與之對談。

十一——外國昆仲表示：從前有葡萄牙人及馬來人入會，以絹製手帕捲於頸項，並於胸前作「結」下垂，此即表示爲福建「義興公」的會員。

十二——住宅表示：「三合會」起事時，有保護「會員家族」的辦法，凡會員住宅的門上貼一「方形紅巾」，外面寫一「洪」字，內面寫一「英」字，屋內「四角」豎立「三尺六寸」長的「綠竹竿」，以爲表示洪門中人，即可避免危難。

茶碗陣

茶碗陣之所以叫「陣」，基本上和兵法、戰鬥乃至洪門兄弟陷於任何危難必須請求救援有關，其次才是江湖交誼的象徵。

茶碗陣是洪門文化的精髓之一，茶陣分爲「佈陣」、「破陣」兩部份，藉由茶碗與茶壺的排列，象徵不同演義故事；破陣後所吟的飲茶詩，更將文學融入茶藝文化中。

茶碗陣是洪門暗號隱語文化的精髓，平常設於茶舖酒肆之中，藉以避免政府的追緝，用以連絡同志、傳遞訊息。「茶陣」的構成要素相當簡單，一只茶壺、數只茶杯，便能變化出不同的陣形。有時還會運用煙斗、摺扇、蠟燭、筷子等物，象徵不同的意義。「茶陣」的種類繁多，就文獻所載，約有百種之譜，各有其代表意義，不可不謂驚人。它流行的時間約自明末清初至民國初年，隨著洪門而傳播。

茶碗陣主要功能有四種：試探、求援、訪友、鬥法等。「試探」乃是以茶陣考驗對方是否爲洪門昆仲；「求援」則是以茶陣暗示己身有危難，需要同志相助；「訪友」是在登門拜訪同志時，藉茶陣的擺設以探知對方在家與否；「鬥法」則有互相較勁之意。施行時，「茶碗陣」分成三階段：佈陣、破陣、吟詩。第一階段「佈陣」，將茶陣擺出。第二階段「破陣」，由對方破解，通常經由茶杯的移動、茶水的傾倒，以達到破陣的效果，如果對方能夠破陣，就可能是洪門昆仲。第三階段的「吟詩」，則是在破陣以後，由破陣一方吟出所破茶陣的對應詩句，達到雙重確認身份的效果。

在洪門文化中，特別重視《三國演義》、《水滸傳》、《說唐演義》等數部歷史古典小說，這些小說普及於民間，爲一般民眾所熟悉，其中的英雄人物，更是洪門傚仿嚮往的典範。故在茶陣之中，常常可見「桃園」、「梁山」、「瓦崗」等相關陣形，破陣吟詩亦常應用典故，可以反映出這些歷史小說在洪門文化中的重要地位。

飲茶總詩：「清蓮心茶」云：「清朝天下轉明朝，蓮（連）盟結拜把兵招，心中要把清朝滅，茶（查）出奸臣定不饒。」洪門的隱語文化中，常有利用諧音字暗喻的方式，飲茶總詩便是以「清蓮心茶」四字貫串洪門宗旨。

茶碗陣擺陣舉例

茶碗陣做爲洪門中人的「兵法」，用於作戰、連絡、求援、通訊的「江湖技術」，種類繁多，陣式複雜。如單鞭陣、順逆陣、雙龍爭玉陣、忠義陣、爭鬥陣、品字陣、關公守荊州陣、劉秀過關陣、四忠臣陣、四偶陣、英雄入柵陣、趙雲加盟陣、復明陣、趙雲救阿斗陣、患難相扶陣、五虎將軍陣、六國陣、蘇秦相六國陣、六子守三關陣、七神女下降陣、太陰陣、仁義陣、桃園結義陣、五瓣梅花陣、一龍陣、雙龍陣、龍宮陣、生尅陣、木楊陣、絕清陣、龍鳳陣、五將會四賢陣、忠心爲本陣、清轉明茶陣。（註四）略舉部份「佈陣」和「破陣」如下。

一、單鞭陣（求援陣）

【佈陣】以茶滿杯，將壺嘴對杯。

【破陣】如能援助，即飲杯中茶，如不能，即倒去杯中的茶，再倒飲之。

二、順逆陣

【佈陣】以茶兩杯，滿杯為孫臏，半杯為龐涓。

【破陣】將兩杯茶，同倒入壺內，再倒飲之。

三、雙龍爭玉陣

【佈陣】以滿茶兩杯，外置蠟燭兩支。

【破陣】先將蠟燭移開，再將兩杯茶擺齊，然後飲之。

四、上下陣

【佈陣】以滿茶兩杯，分列上下。

【破陣】將下邊的杯，移與上邊

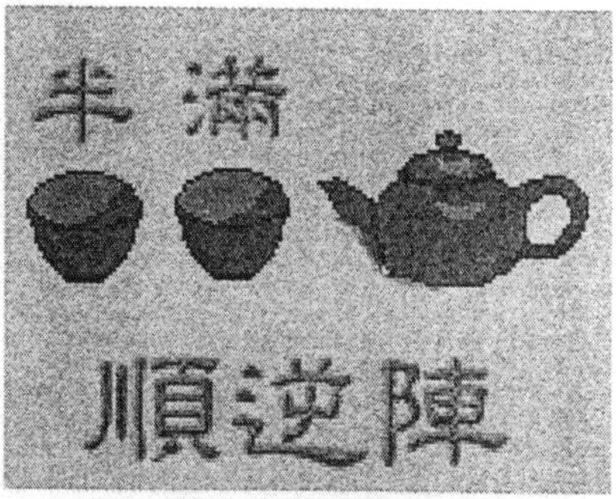

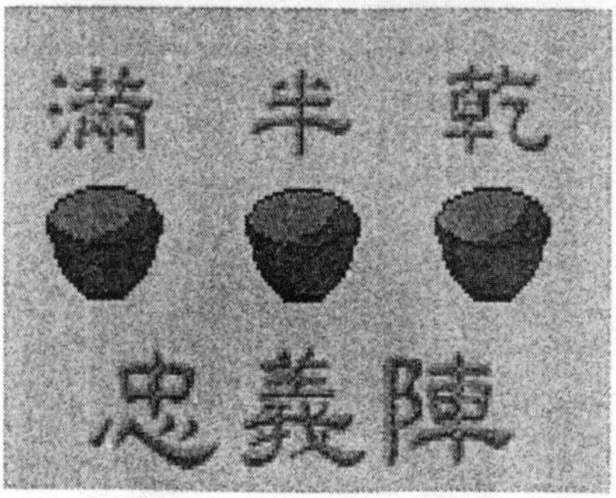

的杯分開平列，然後飲之。

五、忠義陣

【佈陣】不用茶壺，僅以滿茶三杯，平列或分次列。

【破陣】取中間一杯飲之。

六、鬥爭陣

【佈陣】以茶壺對嘴，對平列三滿杯，示請鬥爭。

【破陣】如不應請，即取當中一杯飲之，如應請，即取三杯飲之。

七、品字陣

【佈陣】以滿茶三杯，列分「品字式」。

【破陣】將下列兩杯，移與上杯並列，然後取飲之。

八、關公荊州陣

【佈陣】以一滿杯，置於壺上，二滿杯平列壺旁。

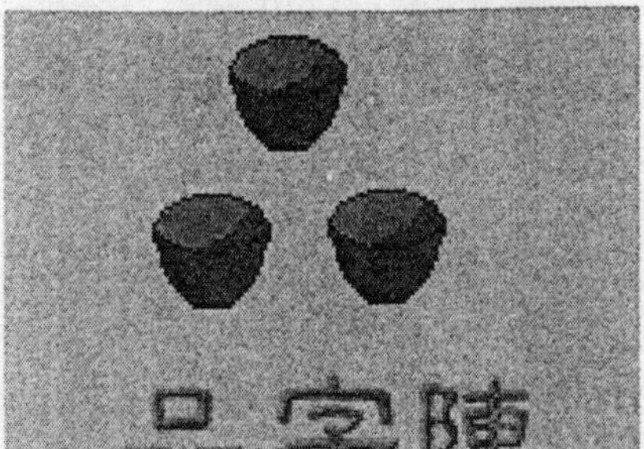

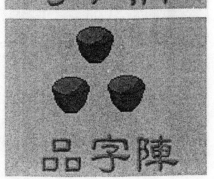

【破陣】將壺上的杯取下，與壺下的二杯擺作「品字式」，然後飲之。

九、劉秀過關陣

【佈陣】以壺嘴對橫列的三滿杯，另置一滿杯後。

【破陣】取另一杯，與三杯並列，口稱「劉關張血誓，不可不作一列」，如原置四杯爲一列，則有「求援助」之意，不能援助者，即按照第一陣「單鞭陣」破之。

十、英雄入柵陣

【佈陣】以四滿杯分爲兩列。

【破陣】取下列兩杯飲之，如遇

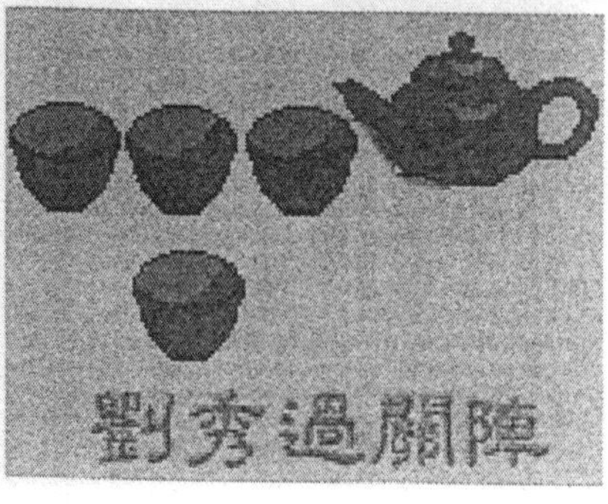

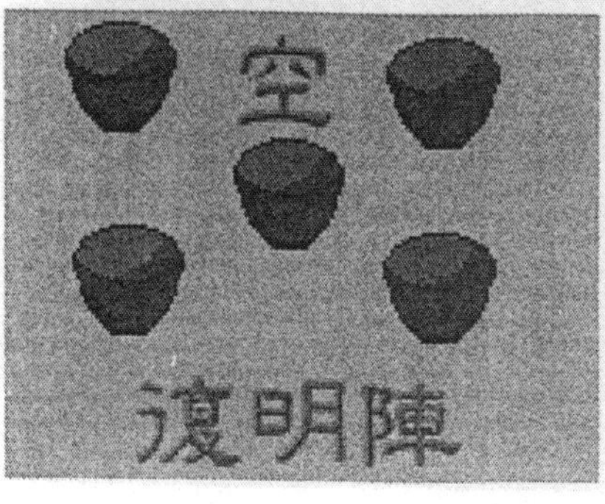

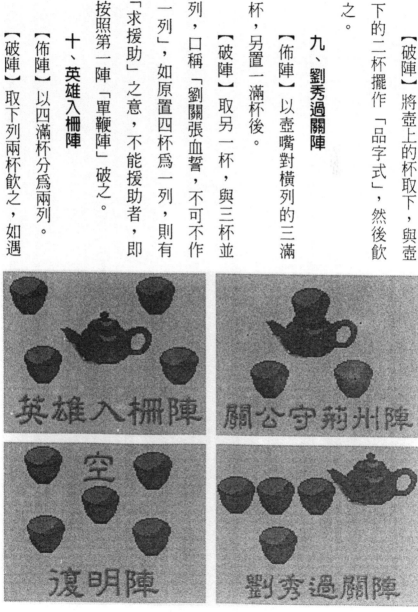

對方移置，則自己即移置後方飲之，如對方移置後方，則自己即移取飲之。

十一、復明陣

【佈陣】以四滿杯分置於四角，當中置一空杯。

【破陣】取當中的空杯倒茶飲之。

十二、反清陣

【佈陣】以左右邊前後分置兩空杯，當中至一滿杯。

【破陣】任取一空杯倒茶飲之。

十三、患難相扶陣

【佈陣】以壺嘴對一滿杯，另置四滿杯於盤中。

【破陣】將盤外的杯，至於盤內的四杯當中，再取飲之。

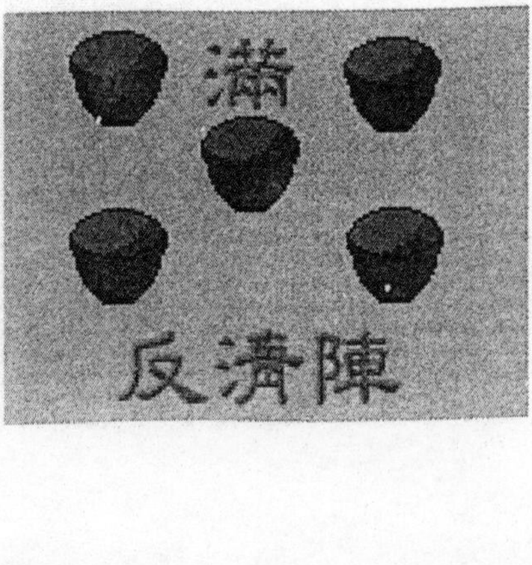

茶碗陣吟詩舉例

一、木楊陣（試探用）

【佈陣】茶壺與一茶碗放置茶盤中，另一碗置於盤外，用以試探是否爲昆仲。

【破陣】將盤外茶碗移入盤中，再捧起相請。

詩曰：

木楊城内是乾坤
義氣全憑一點洪
今日義兄來考問
莫把洪英當外人

二、單刀獨馬陣（求救用）

【佈陣】一茶壺一茶碗，壺口對碗。

【破陣】能救助對方者，逕飲其茶；不能救者，棄其茶

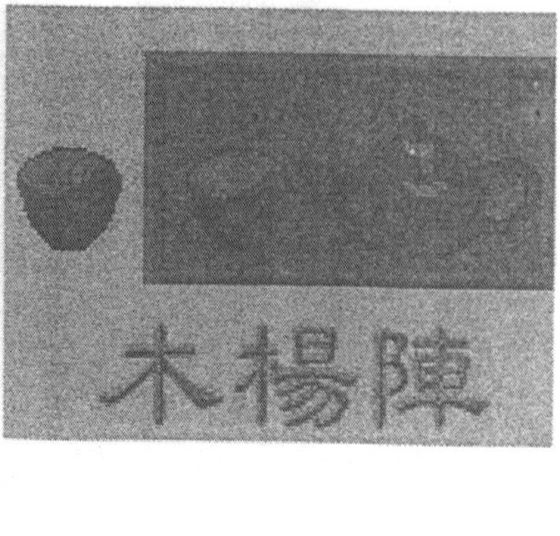

再傾茶飲之。

詩曰：

單刀獨馬走天涯
受盡塵埃到此來
變化金龍逢太吉
保主登基坐禪台

三、桃園結義陣

【佈陣】如圖，一壺三杯。

【破陣】取中心一杯，移開旁二杯而飲。

詩曰：

桃園結義劉關張
兄忠弟義姓名揚
不信曹公忠義將
萬古流傳世無雙

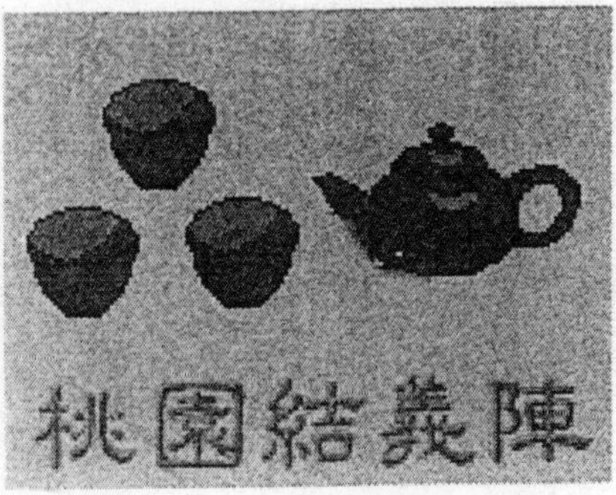

四、四忠臣陣（求援用）

【佈陣】茶壺一只，茶杯四只橫置於壺左。左方第一杯代表寄託妻子，左方第二杯代表借錢，第三杯代表援救兄弟之命，第四杯代表救免兄弟危難。

【破陣】如應允其請求，根據求援之事，飲其相對之茶。如力有不逮，則亂茶杯位置而飲之。

詩曰：

韓明因妻惹禍殃
韓福替死枉忠良
鄭出打救英才子
李昌食妻狀元郎

五、忠義陣

【佈陣】三個茶杯，一滿一半一乾。

【破陣】拿起半杯之茶飲之。

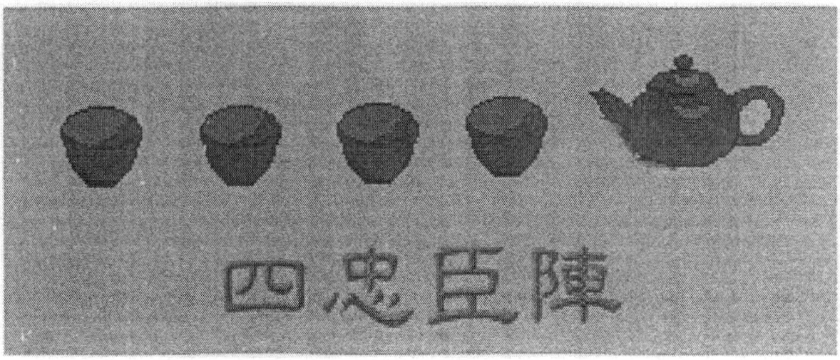

詩曰：

我亦不就乾
我主不就滿
我本中心漢
持起飲杯盞

六、五瓣梅花陣

【佈陣】如圖，五茶杯。

【破陣】中心一杯萬不可飲，其餘可飲。

詩曰：

梅花吐蕊在桌中
五虎大將會英雄
三姓桃園還有號
要會常山趙子龍

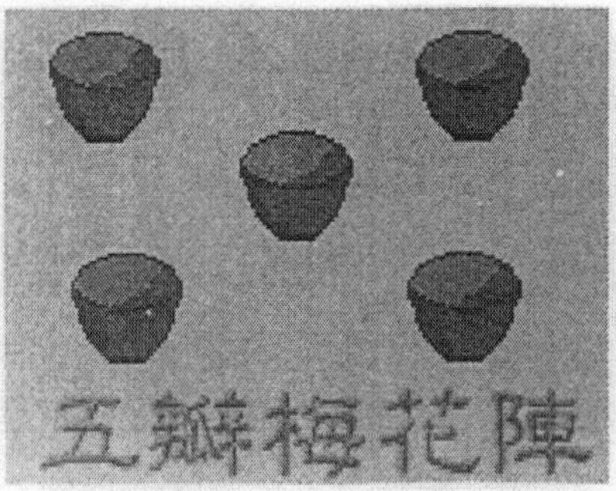

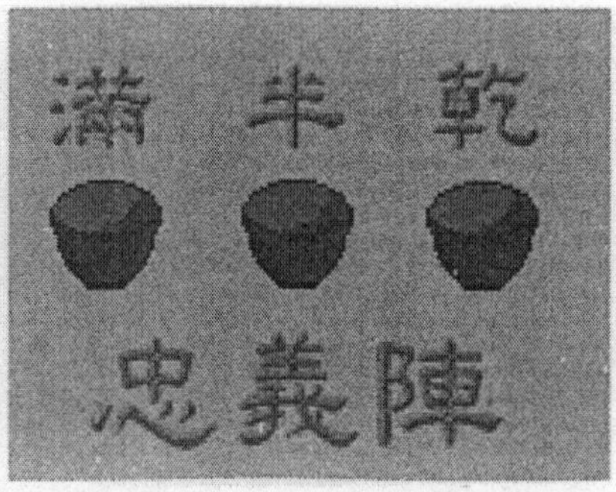

七、五魁茶（試探用）

【佈陣】五茶杯，左三直、右二直。

【破陣】將左之最下杯移往右下方，使其成「明」字形。

詩曰：

反斗窮原蓋舊時
清人強占我京畿
復回天下尊師順
明月中興起義人

八、帶嫂入城陣

【佈陣】一壺六杯，四只在茶盤內，兩只在茶盤外。

【破陣】將兩杯放入茶盤中，並說：「帶忠心義氣入城」。

詩云：

義氣傳名劉關張

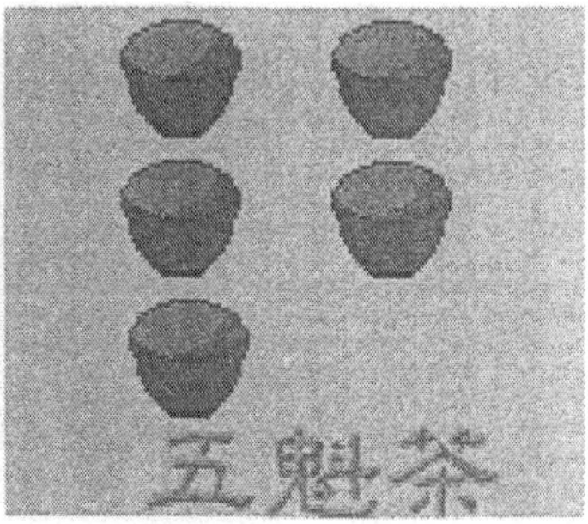

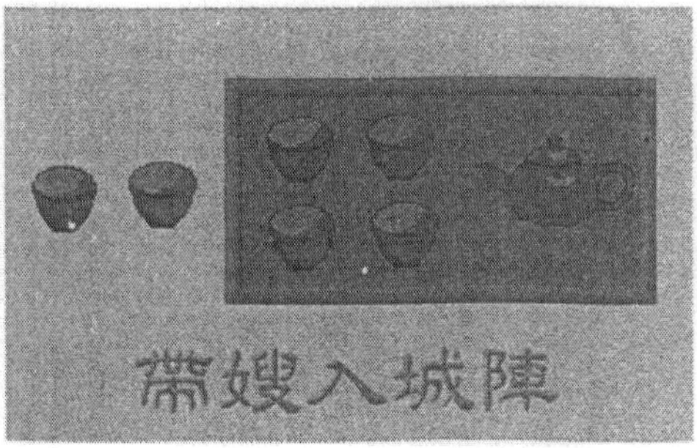

關羽帶刀保娘娘
過了五關誅六將
樊城寄歇再商量

九、梁山陣

【佈陣】以上橫列三滿杯，中橫列五滿杯，下橫列二滿杯，再下分「八字式」左右各列七滿杯。

【破陣】任邊取一杯飲之。

詩云：

頭頂梁山忠義本
才取木楊是豪強
三八二一分得清
可算海胡一能人
腳踏瓦崗充英雄
仁義大哥振威風

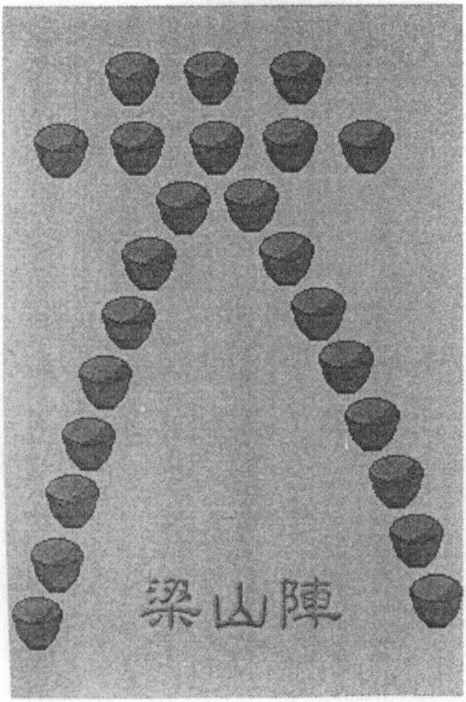

何謂天地人？

◎天地人即是我是天地會（三合會）的人的意思，爲什麼採用彎曲小指、無名指，伸直中指、食指及拇指的手勢即表示天字呢？

◎假如把陰陽比做五個手指，那麼拇指就相當於陽，即天的意思，小指就相當於陰，即地的意思，因此將靠拇指一邊的三個指頭伸直就表示天字，將小指一邊的三個手指伸直就表示地字，最後的人字，是將大拇指、食指伸直就成了人字的形狀。

天

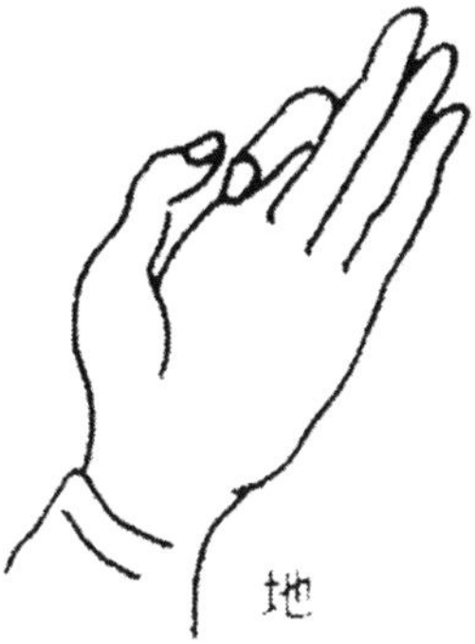

地

人

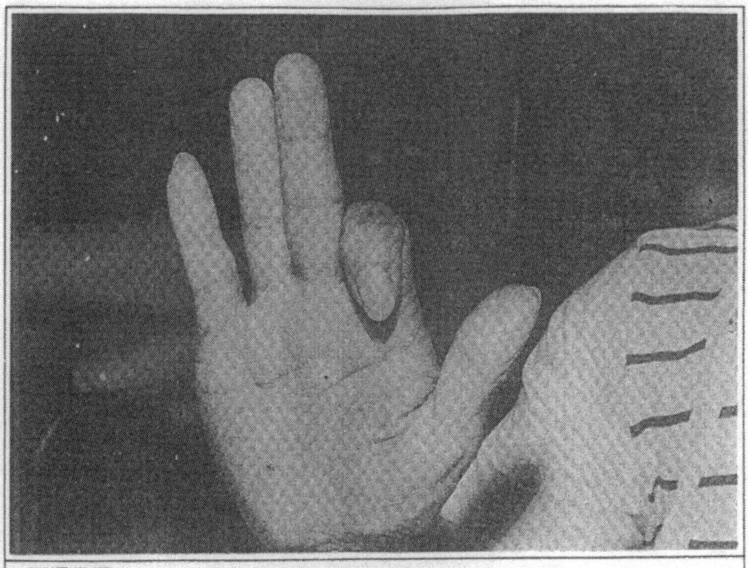
●三把半香

三把半香詞

頭把香是信義香，周朝時有二大賢，羊角哀與左伯桃，二人結拜生死交，角哀求官楚國去，伯桃凍死空柳中，角哀受爵返齊國，金旗金表祭伯桃，道旁有個荊軻墓，欺他孤魂苦零凋，角哀捨命全仁義，留下美名萬古標。

二把香是仁義香，漢朝時有劉關張，桃園結拜義氣重，三人同心一爐香，烏牛白馬祭天地，剿滅黃巾共苦勞，千里單騎保皇嫂，張飛嚇斷當陽橋，四弟子龍威風將，長板坡前殺氣高，赤心保兄西川坐，諸葛先生妙算高。

三把香是忠義香，宋朝水滸梁山崗，眾人結拜同生死，有仁有義是宋江，高俅奸賊掌朝政，因此祭主在山崗，高扯替天行道旗，一百八將等招安，俱是天罡地煞將，天罡地煞結拜香。

半把香是威風香，隋煬無道亂朝綱，此香本來不算香，弟兄結拜在瓦崗，混世魔王三年正，氣數已滿各一方，大眾英雄保唐王，惟有雄信保世充，唐王既把世充滅，雄信捨死不投降，受刑吃劍心堅硬，羅成背盟亂箭亡，雖說瓦崗威不大，秦瓊哭回半把香。

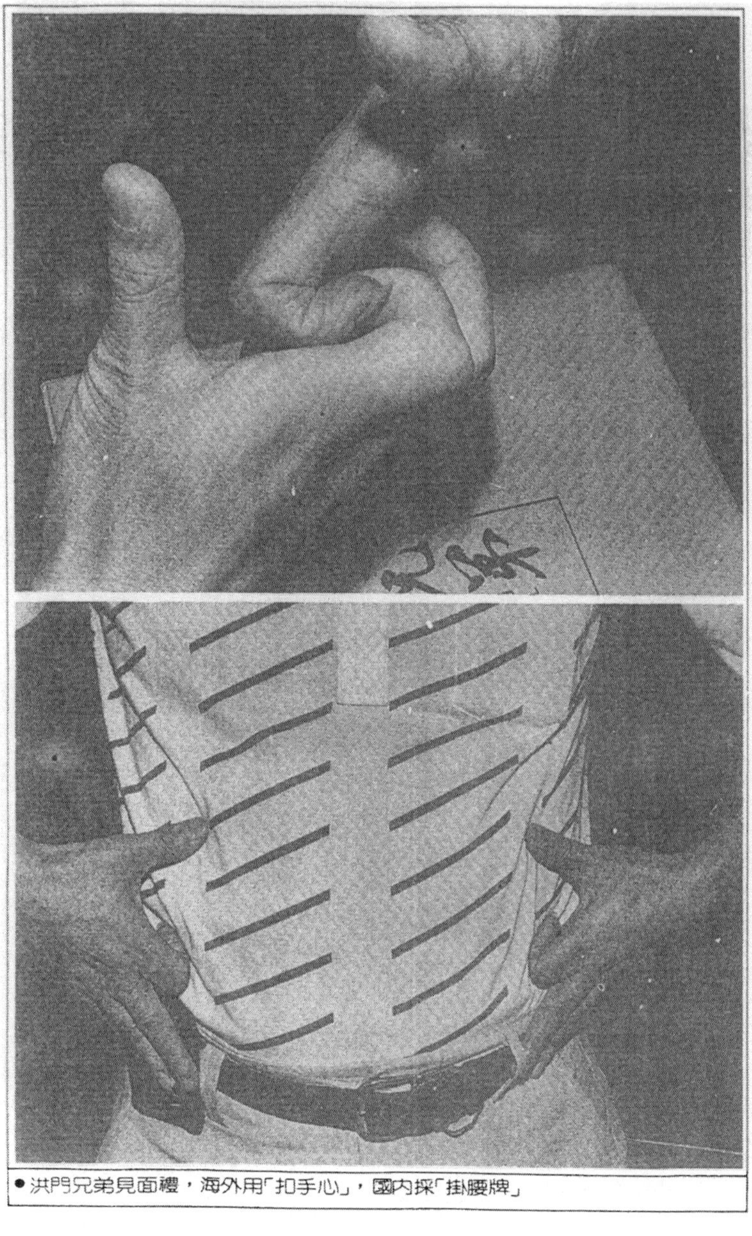

● 洪門兄弟見面禮，海外用「扣手心」，國內採「掛腰牌」

洪門隱語

名稱	隱語
洪門	袍哥、滾龍、漢留、海湖
會所	紅花亭、松柏林、公所
入會	入圈、拜正、出世、歸標
投拜	受栽培、領香
集會	開抬、放馬、開山
集會地	忠義堂
執事	辦差事、站班護衛
洗面	開光
會員	香、洪英、豪傑
新會員	新貴人、新丁
法棍	紅棍
木斗	木揚城（穆楊城）
令旗	飄風子
跪下	矮倒
殺雞	斬鳳凰
斬香	砍條
行禮	拉拐子、丟拐子
印信	翻天子
事不成	滑邊、走油
說壞話	吐臭
做事爽快	漂亮
主使	撐腰
勾結	連黨
防守	望風
法刀	小寶
條香	紅香
出槍	出窠
小刀	小片子、小青子、獅子
火藥	狗糞、粉子
子彈	釘子、種子
手槍	噴筒子、牲口
開槍	開口、張口
機槍	麻蜂窩、快上快
棍棒	蟠龍
劍	橋板、綿紗
出門	開碼頭
有事不到	桂號
同患難	同稻草鋪
耍光棍	混人、跑江湖
有意見	難過、多心
辦交涉	上槍、上班
約地方	擺地點
監守	下卡
跟隨	釘梢
出事	失風
負傷	帶彩、帶花
吃官司	下水
看人	照相
顯威風	擺華容道
多帶人	擺炮
說理	竹事
威嚇	放炮
讓步	落蓬
遇對頭	碰僵
當場難堪	出挺
報仇	報赤壁
自己人	老朋友、腳碰腳
幫忙	抱腰
出辦法	開路
爭吵	張事
爭執	蹺角
解決	落角
被逼迫	看相
相持不下	逼苗頭
缺理	吃壁
負責	肩胛
逃走	避風
陷害同門	洒口水
無法逃避	硬挺
報告	放籠
被捕	跌進
使眼色	劃鈴子

註釋：

註一：赫治清、吳兆清，《中國幫會史》（台北：文津出版社，民國八十五年八月），頁四七—四八。

註二：這些禮儀在洪門各種研究專書大同小異，本文所舉例：劉會進，《見證洪門三百三十年》（台北：黎明文化出版，民國九十三年十二月），禮儀篇，第四章。

註三：同註二，可另參：池宗憲，《夜壺》（台北：焦點出版社，民國七十四年九月）；或：張士杰、包穎、胡震亞，《青幫與洪門大傳》（台北：周知文化出版，一九九四年九月），本文以劉會進為主。

註四：同註三，張士杰等著，第二篇。

第三篇　青幫、哥老會與洪門

三十年代上海青幫老大杜月笙，曾為國民革命盡過心力。

杜月笙開祠堂，成為當年的社會珍聞，連蔣介石亦為之題詞送匾。

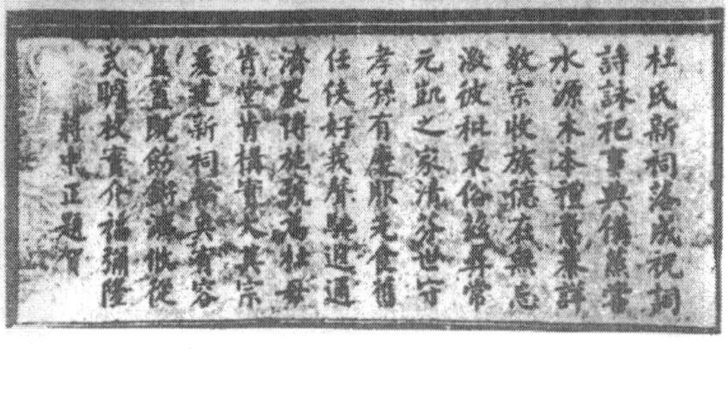

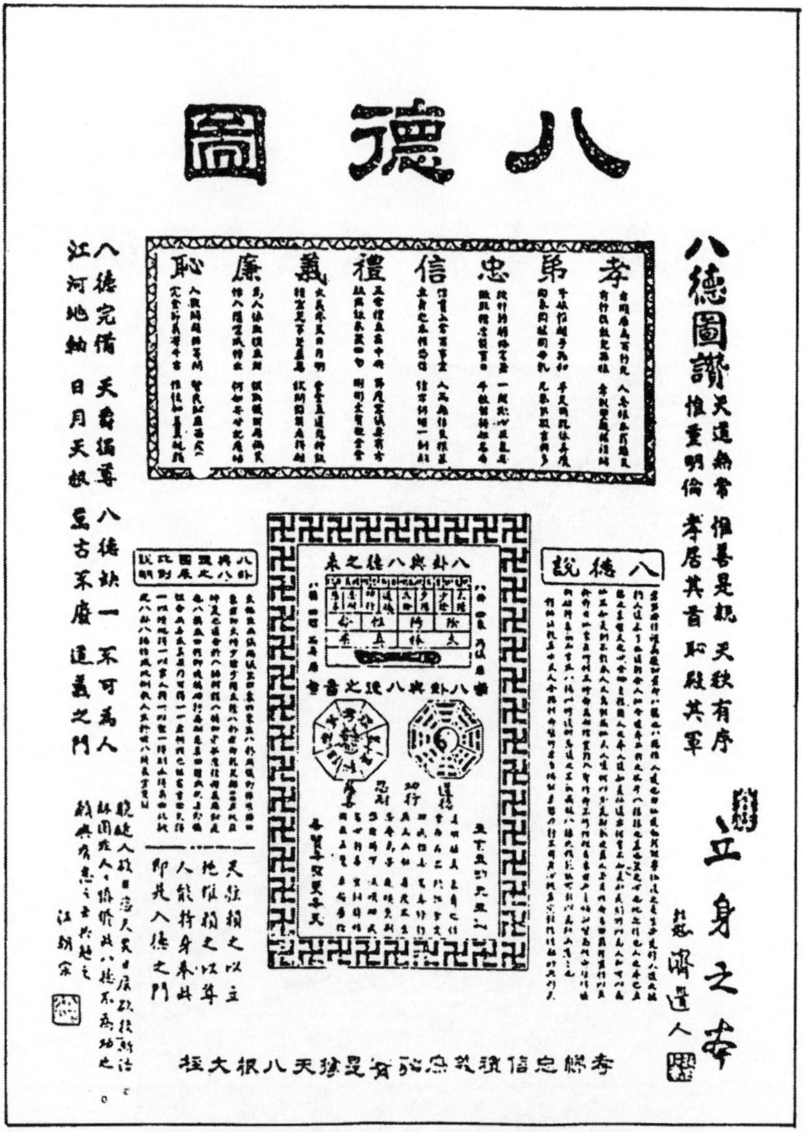

清幫之內，以安理八大守則來督管轄下門衆。此爲八大守則的“八德圖”。（影印自幫內笈本）

第十三章　青幫的起源、前三祖和後三祖

洪門和青幫向來被史家認爲是清代兩大秘密會黨，二者都有反滿意識，惟青幫的政治意識時強時弱，有時又似乎成了滿清的順民。歷來對青幫起源的研究，部份認爲是洪門的分支發展出來，有的學者從系統運作的獨立性觀察，認爲是不同於洪門的組織，另有其特殊環境的起源，本章從兩種不同視角切入研究，重新檢視青幫的起源。

青幫是否為洪門的分支？

中山先生曾對海外洪門昆仲說：「你們都是老革命黨。」（註一）這實因洪門會黨是近代中國最大的革命集團，且是「壽命」最長的革命政黨，從現代政黨理論量衡之，並未過譽。與洪門同是清代兩大秘密會黨的青幫，同俱反滿意識，在各種文獻中顯示亦與洪門如同一家人之說，各會黨或民間也有「青洪一家」的說法。莊政對清代秘密會黨

素有研究，他在著作中說：（註二）

> 洪門會黨，俗稱紅幫，向為會黨之正宗，乃秘密革命團體，矢志反清復明，標榜忠義精神，會規甚嚴，執法如山；青幫為其分枝，其為師弟相傳，輩分分明，多係私販鹽梟出身，會員間患難相扶之俠義精神，較諸洪門容或過之，而政治意識則遠不及。

莊政這段話，認爲青幫是洪門分枝，這當然要有所本（後述），但說青幫「政治意識則遠不及」有待商榷，因爲這有年代性，青幫的存在也大約有近四百年了，反滿意識時強時弱，有時曾爲滿清「順民」，洪門亦曾如是，數百年間只有一時之誤，就用來解釋「全局」。如同今之國民黨，出現一個李登輝當漢奸、搞台獨，成爲炎黃的敗家子，成爲中國人之恥。這是一個千古少有的「個案」，不能用來解釋國民黨全局。

莊政所述青幫是洪門的分枝應有所本，根據史料所呈現，青幫有諸多名稱如：清幫、糧米幫、糧幫、安清幫、慶幫、清門等。由於青幫爲清廷護運漕糧，所以一般人以爲青幫是不反清的，其實青幫原是洪門一分支，與洪門互爲表裡反清復明，只是不如洪門的公開，而是秘密的。（註三）裡外配合，共圖復明大業。

至於青幫這一支如何分出來的，康熙三十七年（一六九八年），洪門領袖天佑洪（威宗）指派翁岩（巖）、錢堅、潘清（或慶）三人，另立一表面附清廷的組織。三人領命後，在河南開封召集天地會骨幹會議，陳述天佑洪交待的計畫，說明以裡應外合謀略進行反清復明大業，於是組成「道友會」，公推翁、錢、潘三人爲首領。至雍正三年（一七二五年），清廷招賢辦理漕運，三人見機向官府提出整頓漕運辦法，獲清廷批准。三人遂將「道友會」改成「安清道友會」，並開始大開香堂，廣收門徒。

三人按七十二地煞之數共收徒七十二人，其中翁岩設「翁佑堂」，按八仙數收徒八人；錢堅設「錢保堂」，按二十八宿數收徒二十八人；潘清設「潘安堂」，按三十六天罡數收徒三十六人，眾徒又收徒，清幫遂立。在青幫發展史上，翁、錢、潘被稱「後三祖」，有後三祖就有「前三祖」。

在清幫各秘籍一律說後三祖有一個師傅叫陸逵，陸逵的師傅是羅清，羅清的師傅叫金幼孜，他們是清門始祖，又把最早淵源追溯到佛教禪宗鼻祖達摩。（註四）以上前、後三祖之說，翁、錢、潘三人是洪門領袖派出，可解釋青幫是洪門分支的說法，但前三祖說是洪門分支，就顯得不通又不合情理。

但在洪門的歷史中也另有說法，洪門曾派出一個叫「翁乾潘」的人到清廷內部打探消息，翁爲清廷捕獲，意志不堅乃投降滿清，並另組成「安清幫」。（註五）這個「翁乾潘」，應是前面「翁、錢、潘」三人，年代久遠，口耳相傳而抄誤。所以，也可能洪門派出這三人，全投降了滿清。

因有了這段背叛故事，洪門視清幫爲叛徒，碰見糧船就打。後經妥協，糧船碰到洪門就將船尾放下，表示卸尾而過。太平天國動亂時，清幫被洪門殺了五十六個碼頭官，剩下七十二幫半。海禁開通後，糧食由輪船承運，運河失去作用，清幫失去經濟基礎，有些又投入反清運動，清洪的敵對關係，遂漸消失無形。洪門諺語有一句：「由清轉洪，披紅掛彩；由洪轉清，抽筋剝皮。」似也證明，背叛事件的真實性。另一說「清轉洪，一條龍。」「洪轉清，剝皮抽筋。」理由是清幫會員轉爲洪門會員很自然，因爲青（同清音）色的果子成熟後，自然轉紅（同洪音）色，這是正常的；反之，紅（洪門會員）轉青（清幫會員），當然就是不正常的。

在大部份青幫視爲洪門一支者，都是從翁、錢、潘三人開始，不論背叛或無背叛，這三人是分支的起點。就事論事，說青幫是洪門一支有其時代性，等到青幫出現獨立運作系統便不是洪門的分支。舉一實例，當代中國兩岸各政黨，如共產黨、民進黨、親民黨、新黨、台聯黨，那個黨不是從國民黨人馬（不滿份子、野心家、背叛者），分出後組織再發展而成，若因而說他們是國民黨的分支，也是不通！

青幫是否為獨立形成的秘密會黨？

有不少研究認爲青幫是完全不同於洪門的獨立秘密會黨，如當代中國洪門五聖山山主劉會進說，「清幫源出無爲教，爲羅祖所創，故又稱羅教或羅祖教。」（註六）按劉山主所述，清幫本名安清會，「安清」由「庵親」轉音而來，意思是「庵堂之道親」，有「安清道友」之稱。此教成立於康熙年間，初期安清弟子都是糧船水手，因供奉羅清而成幫，故稱「清幫」。

按劉山主理解，青幫到雍正時期和洪門發生了關係，前面提到洪門的翁、錢、潘進入漕運系統，組成安慶會，因成員以青布紮頭，改叫「青幫」，有時稱「漕幫」，青幫的組織、幫規之建立，就是這三人開始的。

赫治清、吳兆清著《中國幫會史》一書，說青幫是從清代漕運水手的行幫組織脫胎出來的秘密結社，關於它的起源，在青幫內部流傳著一類「通草」秘籍，充滿神奇傳說。據傳，第一代祖師是金碧峯，第二代祖師羅清，第三代祖師陸逵，後來陸逵又收翁、錢、潘三徒。（註七）這些各種青幫起源傳說中，並未提到洪門、天地會的關係。

爲何青幫也叫「漕幫」？還是和地緣、環境有關。在較多的記載說，起初叫「安清幫」是要讓滿清朝廷「安心」，好秘密從事反清復明工作，開始成員都是運糧船上的執事、水手和縴夫等。（註八）清皇室和政府，及黃河以北的八旗駐軍所需大宗米糧，完全取自南方，尤其長江下游。有數千艘船員負責在大運河，由杭州到天津向北運輸，所以這條大河也叫「漕河」。清廷設專職重臣「漕河總督」負運糧重責，可見這條河是清廷「生命線」（想必各朝代都是）。是故漕運幫會組織應是滿清之前，早已存在很久，只是之前沒有反清復明意識。

到了國破家亡後，各種反清復明會黨才出現，單純的漕運幫會注入政治意識，很快「質變」成秘密的反清會黨，選擇在漕運內建立組織，目的在一旦發難就切斷清廷生命線，漕運船上也適合大開香堂大收徒子徒孫。

但「紙包不住火」，清廷很快得知情報，敕令漕督查辦。但漕督知道幫會勢力已蔓延到全線所有糧船上，貿然查辦會激起全面反抗。於是，召集各首領，曉以利害，力勸不可有所舉動，回奏朝廷「安清」之意，風波平息了，久之反清意識也淡了，再久原來的宗旨也無人知曉。

有對於「安慶幫」改成「安清幫」的緣由，青幫內部另有一段記載。原來滿清入主中國後，積極進行消滅中國民族主義以利其統治漢民族，康熙、雍正、乾隆都曾爲此大興文字獄。乾隆下江南就是爲秘密考察會黨中的民族思想是否完全消滅？乾隆帝和近臣和坤改裝平民，參加安慶幫，及到投帖拜師時，想到帝王之身焉能向平民下跪？乃表明是當朝皇帝身份，一時幫眾驚駭萬分。反而是乾隆帝溫言撫慰，並提議把安慶幫改成「安清幫」，以爲清廷安幫定國之意，眾皆願爲漕運效勞，也就接受了。（註九）從此以後乃公開收徒開香堂，並規定由駐防旗營派人參加，青幫無奈，對外稱「安清幫」，對內改叫「安親幫」，簡稱「清門」，日久也叫「青門」，以和洪門相對稱。

從青幫起源、環境、背景來考察，應屬不同於洪門的獨立系統，其起源和後來的發展雖和洪門有些關係，但並非洪門的分支。至於說「青幫是滿清的順民」，這句話充滿著問題，因爲欠缺「時間副詞」之規範。青幫、洪門在三百多年歷史中，都曾「忘了我是誰？」被滿清利用，但都止於某一階段的短時間，不久又「醒了」！

青幫的前三祖、後三祖（註一〇）

在青幫起源的各種記載，都講到前三祖、後三祖，還把歷史淵流上溯到明朝，以明永樂時的文淵閣大學士金幼孜爲第一代祖。其各代祖源都和佛教拉上關係，簡說之。

青幫的前三祖及其與佛教的關係

金幼孜號碧峰，祖籍應天府（南京）麒麟門外三十里金家堡，生於元順帝至正六年（西元一三四六年），明洪武時中進士。先在北京燕王朱棣前任職，後隨軍南下，負責都督糧台。燕王在南京正位後，任工部左侍郎，永樂間遷都北京，改任文淵閣大學士。及成祖親徵遼東，金奉命都督糧運，不久遼東平定，隨成祖凱旋回朝。當時他看到仕途險惡，厭棄紅塵，衷心仰慕達摩，因此上表辭官，隱居棲霞山紫雲洞修煉。後又轉至五台山求戒，拜佛門禪宗臨濟派三十六傳鵝頭禪師爲師，取名清源。從此在紫霞洞隱修，數年後去世。這就是青幫以達摩爲始祖，把金幼孜尊爲第一代祖師的來歷。

第二代祖師是羅清，號淨清，甘肅蘭州府渭清縣東鄉羅家莊人。十七歲時考中明嘉靖恩科舉人，後賜進士出身，擢任監察御史及戶部侍郎。吐魯番犯邊時，嘉靖帝任爲關外都督，領兵直抵番邊。傳說血戰後不幸被困於兩狼山下，糧盡三天，殺馬充飢。忽來一和尚相告，寺後石崖下有本朝清源禪師北徵時所儲藏的糧食，往取果如其言。全軍飽餐後次日出擊番營，斬了番將，一直追到番都。番主出降，表示以後永不叛明。羅接受降書，大獲全勝而回。歸途中經過五台山，訪求清源禪師遺迹，由北寺方丈恨修禪師指引，從佛龕中取出金幼孜的經典遺物，並悉嘉靖曾封金爲護國禪師。羅深受感動，即由恨修領至金的塔下，拜金爲師，後人在師父死後拜師，稱爲「靈前孝祖」就是起源於此。後來羅被嚴嵩父子暗害，入獄十二年，萬曆年間由於邊事需要，把他釋放，但他立了功不願受祿，乃至棲霞山紫雲洞金幼孜修煉處修道，在那裡終了一生。

第三代祖師陸逵，號道元，江蘇鎭江府丹徒人，自幼學武，精於技擊，當過江右總兵。明亡後隱居茅山。後慕羅清徵番定回之功及其能通滿、蒙、回、藏語言文字之能，又爲佛教禪宗嫡系，因此到五台山求道。清初雲遊到新疆、甘肅一帶，看到回民與漢人由於宗教不同而爭執械鬥，就向清廷條陳用宗教感化之策，爲康熙嘉納，授以西北宣化法師名號，赴西北宣化，訂立「回漢約法」，規定回漢人民互相尊重風俗習慣，各守其制，兩不相犯。回京覆命後，康熙大喜，議授以官，他卻乞歸學道，就封他爲靖國尊人，並加封其師羅清爲一清佛祖。晚年陸在杭州武林門外寶華山劉氏庵內講經說法，聽者甚眾，歿於雍正七年（西元一七二九年）。

以上金、羅、陸三人，幫中人奉爲「前三祖」，都與佛教禪宗有淵源，所以後來的青幫組織帶有一定的宗教色彩。

青幫的後三祖及其與漕運的關係

青幫的真正祖師，起自陸逵的徒弟翁岩、錢堅、潘清三人，即所謂「後三祖」。

翁岩字福亭，號德慧，江蘇常熟人，祖居山東東昌府聊城縣，其後遷居河南南陽府。出身秀才，後棄文向河南嵩山少林寺僧習武，喜與綠林好漢交往，並入天地會，爲會務奔走四方，到處爲家，性情剛毅，不善詞令。

錢堅字福齋，號德正，江蘇武進人，遷居安徽徽州府。爲人精明勇敢，幼從父經商，移居開封。十六歲父母雙亡，無心繼承父業，改習拳術，入天地會，與翁岩同隸張岳部下，張是天地會中的首領。

潘清字清宇，號德林，浙江杭州人，先移住安慶，後又遷居河南開封。承父母餘蔭，富有財產，幼年讀書，頗以詩詞歌賦自豪，武藝亦佳。爲人勇義，好交遊，地方上以「小孟嘗」稱之。翁岩、錢堅二人奉張岳之命，到安徽訪潘，三人都是天地會道友，一見如故，結拜爲異姓兄弟。

三人結拜後，一起出門訪求志同道合的人，乃至杭州陸逵處聽講，對陸非常敬服，要求投拜門下。陸見三人學道心誠，同意收爲弟子。雍正三年，清政府懸榜招賢，加強漕運，他們意圖以糧幫爲基礎，組織一個大團體，乃至河南撫署揭榜承運。其時撫台田文鏡是杭州人，三人向他條陳了整頓漕運辦法，田與漕督同上奏本，經雍正批准，指定歸漕運總督張大有節制，並聽命於勘視河工的欽差大臣何國宗指揮，准許開幫收徒，以之統一糧務。他們接受任務後，先在開封潘清家中招集各地天地會頭目就商，得到了一部分人的贊助，並聯絡舊有糧幫，統一了糧幫組織，推翁、錢、潘三人爲首領，組成了一個「道友會」，供奉達摩爲始祖，金幼孜爲第一代祖師，羅清爲第二代祖師，陸逵爲第三代祖師。

他們開辦糧運，首先設廠造船，統一尺寸，繪成圖樣，親自監工督造，傳說共造九千九百九十九隻半（所謂「無半不成幫」，半隻是腳划子）。第二步是協助清廷開辦浚河工程，動員山東民夫十六萬五千人，用銀一百一十萬兩，開浚河道，打通了南北水運。布置完成，乃大開香堂，廣收門徒，翁岩按八仙之數收八名，錢堅按二十八宿之數收二十八名，潘清按三十六天罡之數收三十六名，三人按七十二地煞之數共收七十二人。此後徒弟又收徒弟，從而青幫組織擴大起來。

青幫建立承運漕糧後，翁等三人向陸逵請示，陸以祖傳二十四字的字派相授，作爲傳統的幫內「家譜」。此二十四字就是「清淨道德，文成佛法，能仁智慧，本來自性，圓明行理，大通無（又作悟）學（又作覺）」。其中，「清淨道」三字是在糧幫未成立前使用的，從「德」字起立幫，所以實際上前三字是教派，從第四字起才是幫派。立幫後徒子徒孫越來越多，原來的二十四字怕不夠用，乃由王德降（即王降祖，幫中稱爲小祖師）續訂二十四個字，就是「萬象皈依，戒律傳寶，化度心回，臨持廣泰，普門開放，光明乾坤」。解放以前，上海以「大通無學」四字輩居多，而以大字輩爲最高。傳說後二十四字也已開始用到，但究竟用到哪一個字無從考查。

青幫建立後，在杭州武林門外寶華山建立「家廟」及十二座「家庵」（翁、錢、潘三人高徒十二人家庵），承運漕糧事務所就設在家廟內，並公議訂立了十大幫規、香堂儀式、孝祖規則、十禁十戒、家法禮節等等規則。此後翁、錢二人至青海、蒙古去朝佛，再無音訊，幫務由潘清一人主持。至雍正十三年潘在黃河大風事故中身亡，幫務由王德降繼任。

清乾隆年間，白蓮教中人王倫，見糧幫勢力雄厚，乃與幫中人交結，並自立「清門教」，於乾隆三十九年在山東起義反清，一度發展至數萬人，但結果失敗被斬。至此清廷嚴厲查拿一切秘密會黨，不過事實上秘密組織依然存在。嘉慶五年，八卦教劉子協、宋之清繼起舉義，游擊清軍於川、湘、鄂、豫、陝、甘各地，不久也以失敗被殺。其後，山東金丹八卦教主林清和河南八卦教主李文成聯合反清，林清並賄太監高廣福、劉金二人爲內應。事敗，預伏於城外黃村的林清被捕殺。李文成原在滑縣城外的關帝廟邀集主教三十六人議事，被捕囚禁於滑縣城內。附近教徒聞變，頓時集合近萬人，其中也有青幫人員，攻占了縣城，殺死知縣，救出李文成。但最後義軍失敗，李文成縱火自焚而死。乾隆年間，糧幫本來是公開組織的，但自清門教、八卦教等相繼起義反清，其中人員牽涉到糧幫，因之糧幫也在嚴禁之列，稍涉嫌疑，就難免殺身之禍，由是銷聲匿迹，轉入秘密活動。

太平天國運動興起後，糧運復盛，北方糧船大多爲清廷服務，南方糧船大多被太平軍改爲水師，杭州的家廟祠堂被亂軍所毀，至此青幫勢力消滅幾盡。太平天國失敗後，漕運廢除，糧幫裁撤，不過青幫組織仍舊流傳於社會。

註釋：

註一：引自蕭一山，〈從洪門祖宗談判到與革命黨的關係〉，台北，《中興評論》四卷四期，頁五。本文轉引，莊政，《國父革命與洪門會黨》（台北：正中書局，民國七十年三月），頁三。

註二：莊政，《國父革命與洪門會黨》（台北：正中書局，民國七十年三月），頁三。

註　三：張士杰、包穎、胡震亞，《青幫與洪門大傳》（台北：周知文化出版，一九九四年九月），頁三七。

註　四：同註三，頁三八—四五。

註　五：沈醉，《青幫洪門》（台北：問學出版社，民國七十七年九月九日），頁五—七。

註　六：劉會進，《見證洪門三百三十年》（台北：黎明文化出版，民國九十三年十二月）。歷史篇，第三章。

註　七：赫治清、吳兆清，《中國幫會史》（台北：文津出版社，民國八十五年八月），第五章。

註　八：范紹增、何崇校等，《幫會奇觀》（台北：新銳出版社，民國八十三年九月），頁六六—六七。

註　九：帥學富，《清洪述源》（民國五十一年九月，出版者略記），第五章，第三節。

註一〇：傅湘源，《青幫大亨》（台北：新銳出版社，民國六十三年十月），頁三二三—三二六。

第十四章 青幫的開山門、擺香堂

青幫的師父收徒叫「開山門、擺香堂」，徒弟拜師父叫「入安清、進家門」，數百年間在海內外當然也發展出差異很大的儀式、規矩等。但「進家門」的觀念維持不變，例如，到了民國時代，「青幫進家證明書」如後圖照開宗明義說：「照得安清之道以規矩遺註抱定義氣爲本凡進家人員均須嚴格遵守不得……」（註一）當然這種理念也是長期演化出來，並非在青幫形成之初就有的。

青幫在羅教時期的收徒儀式，在江浙羅教庵堂舉行；在漕運行幫會社時期，在老堂船上舉行。到了「安清道友」出現，才有了香堂形式，此後才有比較繁複的儀式。「安清道友」名稱最早出現在道光年間。（註二）但相信在此之前已有簡單儀式，流行數百年來，總有些普遍性、代表性的「遊戲規則」。

入安清、進家門的第一道手續是投門生帖，請介紹人代投到想要拜的師父（即本命師）座前，聽候察考。若師父認爲投帖人合格，即表示可收爲弟子，就擇期開「小香堂」（開香堂又叫「孝祖」）行拜師禮。小香堂有臨時小香堂和正式小香堂區分，二者不過繁簡不一，但「一跪三叩首」同樣嚴格要求，細節動作都在事前演練好。

「一跪」者，門生先邁左腿（身不動），左腿曲膝（身一斜），然後左手壓住右手放左膝上；左膝落地，右腿順勢跪下，兩手下垂，抬頭望師。接著，左手壓住右手落地，叩頭、抬頭望師，如是三回，謂之「三叩首」，起身動作反過來做一遍。若是「三跪九叩首」，按此程式做三回，所以整個過程是很嚴肅、辛苦的。

青幫各種〈通草〉記載香堂陳設不同，今舉正式小香堂（如後圖照）爲例。堂中上懸天地君親師之位，中懸三祖位，掛對聯一幅，上聯「未進會提天倫名揚寸步」，下聯「進會後講師父走遍五湖」，橫批「安清護我」。堂中一案，供果六碟，分兩層，上下各三碟，清茶一碗，順擺三爐香，兩旁紅燭一對。案下放一個子孫爐，三祖上香三柱。門外設「小爺」位，桌上供果三碟，紅燭一對，清茶一碗。

正式小香堂須有引進師、傳道師在場。本命、傳道、引進三師應不同幫的（青幫創建時有一百廿八幫半），因爲翁、錢、潘三祖原來各領一幫，收徒時其中一人爲本命師，其他兩人分任引進師、傳道師。這樣一人收徒，也等於其他兩人收徒，幫內謂之「一師皆師、一徒皆徒」。

參加開山門、擺香堂的人，在進香堂前要淨面、涮船。所謂「涮船」是漱口飲水，第一碗水是淨口水，不能咽下。第二碗淨心水，又叫義氣水，須咽下。淨面去塵、淨口刷污、淨心明性，青幫叫「淨三業」，完全接受了佛教身口意三淨和「業」的觀念。

淨過三業，拜完門外的小祖位，才由引進師引入香堂。先由長輩率領請天地會君親師、翁錢潘三祖，由傳道師率領上燭、點香、開壇。接下來是參祖禮，先由本命師九步到蒲團行三跪九叩禮，在小祖前行一跪三叩禮，引進師和傳道師依次如是行禮，其他人按字輩依次行禮。香堂中的重要環節，都有傳道師頌詩，如請三祖詩贊曰：

雙膝跪塵地，焚香請祖蒞，
五台渡北海，臨壇道學遺。

上燭時，傳道師贊曰：

一對喜燭放新霞，安清分幫不分家，

三老四少百年好，潘氏庵中是一家。

參祖時，傳道師贊曰：

三位祖師供在中央，三老四少頂禮下參，
三跪九叩不許輕狂，奉請師父來朝祖堂。

參祖過後，本命師向新進弟子訓話。師父問：「你們自願進清門，還是朋友勸你們進清門的？」弟子同聲回答：「我們是自願的。」凡此問答，都經事先訓練的。接下來是向在場的人介紹新人，儀式最後是送祖，全堂人一起跪下，新弟子兩人捧燭，傳道師贊詩曰：

恭送祖師回仙山，香堂家禮已辦完，
有勞祖駕來降壇，望空謝祖跪平川，
三位祖師頭前走，護法小爺在後邊，

祖師撥雲往下看，看見兒孫笑連天。

開過小香堂就算門生，但並非師父的徒弟，幫內叫「一腳門裡、一腳門外」。師父尚要對門生考核幾年，才能傳授「三幫九代」、「十大幫規」等密令，這段時間叫「師訪徒三年、徒訪師三年」。拜師的第二階段是參加大香堂，之後才算青幫正式門徒。

後圖（一）（二）（三）都是大香堂佈置，大香堂是幫中重要大典，徒弟和將要「轉正」的門生都盡力參加，還有許多「趕香堂」的人。大香堂的地點通常有圓門（佛門）、方門（道士庵）、艙門（糧船上）、正門（祠堂）、財門（店鋪）、宅門（居家）。事先安排各種執事有：

（一）置堂師（佈置香堂者）　（二）請祖師（恭請祖師者）
（三）陪堂師（香堂上燭者）　（四）上香師（上香者）
（五）左護法師（傳示歷代祖師者）　（六）右護法師（宣告青幫規則者）
（七）文巡堂師（查問趕香堂者）　（八）武巡堂師（糾察犯規者）
（九）值堂師（司儀者）　（十）引進師（傳授本門三代者）

（十一）傳道師

（十二）本命師（收徒者）

大香堂和小香堂，程序、佈置大致相同，只是繁簡隆重程度有所不同。在擺大香堂結束前，各師都向眾弟子有一段「套話」，本命師是最後致詞者，他的「套話」大致內容是：（註三）

> 前人開香堂，後人上錢糧。不來不怪，來就要戒。糧船跳板三丈三，進門容易出門難。進門求的五個字，敬學求吃怕，敬的是天地君親師，學的是仁義禮智信，求的是四季平安福，吃的是金木水火土，怕的是生老病苦死。奉行的八德，就是禮義廉恥，孝悌忠信。鐵樹不開花，安清不分家，鐵樹一開花，分幫不分家。三分安幫，七分交情，前人領進門，交情在各人⋯⋯

值堂師口誦送祖歌，全體行禮，大香堂儀式結束。大香堂以外尚有特別大香堂、特別滿香堂，規模大一些，多些致詞（開壇詞、鋪蘆席詞、上檀香詞、獻茶詞等）。

開香堂收徒弟叫「上大錢糧」，這是和「上小錢糧」相對而言，要拜師投遞帖子，要附上「押帖費」，當然是愈多愈好。青幫對上過大、小錢糧的人，都認爲是「家裡人」了。

註釋：

註一：池宗憲，《夜壺》（台北：焦點出版社，民國七十四年九月），頁五一。

註二：吳兆清、赫治清，《中國幫會史》（台北：文津出版社，民國八十五年八月），頁二四三。

註三：張士杰、包穎、胡震亞，《青幫與洪門大傳》（台北：周知文化出版，一九九四年九月），第二篇，香堂大觀。

杜月笙在香港堅尼地臺寓所之家庭照。
前排右起姚玉蘭、杜月笙、孟小冬，後排右起
杜維善、杜美霞、杜美如、杜美娟

率性謂道

五字敬爲首

天	地	君	親	師
有八德	有八德	有八德	有八德	有八德
日月星辰風雲雷雨	山河草木四方五行	孝弟忠信禮義廉恥	慈養恩愛扶教培寬	訪道求道得道悟道修道守道成道了道

八德孝當先

正大光明

正言立訓
大興安清
光榮先賢
明啟後生

義氣千秋

義範宇宙
氣凌風雲
千載一脈
秋毫不紊

清幫的安親宗旨，原出於排除異族，反清復明，因而提出以忠義為三綱五常之準則。（影印自幫內笈本）

漕行解鹽圖 —— 鹽漕中的幫會之一

《漕運圖》青幫系由漕運船手組織脫胎而來

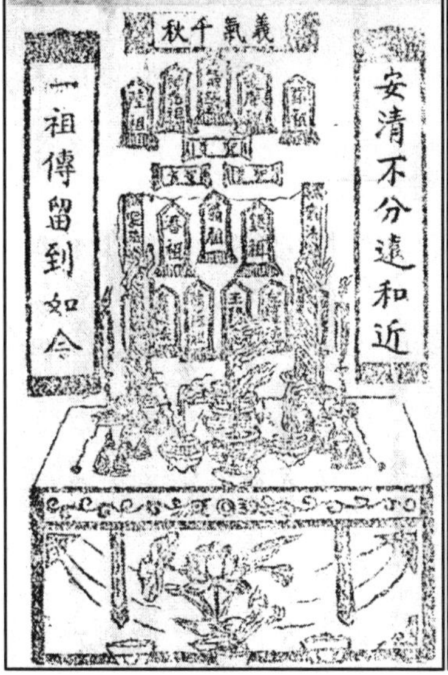

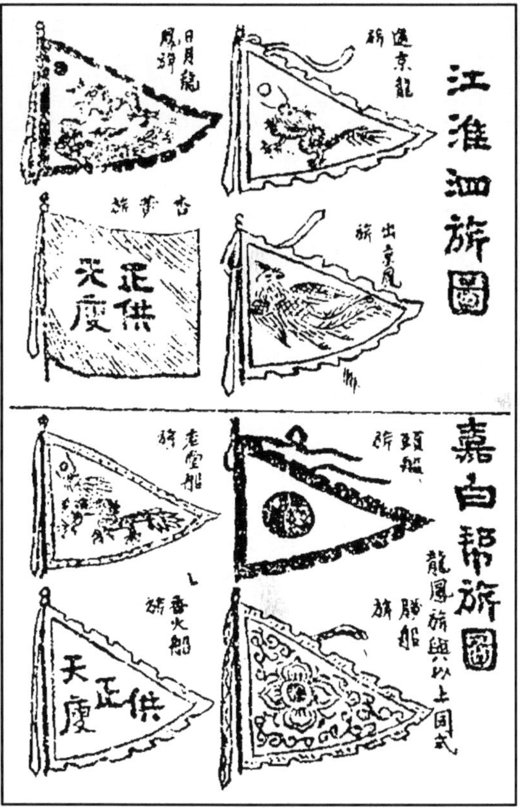

青幫供奉的三祖像
香堂上神桌的擺設

舊時青幫舳艫千里所用的旗幟

(一)供奉十九祖的儀式

安清不分遠合近

義氣千秋

供　天地君親師之位。　奉

一祖流傳到如今

六祖慧能之位
四祖道信之位
二祖神光之位
初祖達摩之位
三祖僧燦之位
五祖宏忍之位
金祖碧峰之位

門外　供奉　護法小爺之位

陳祖之位
羅祖之位
趙祖之位

聖旨　陸祖之位

龍牌　二房錢祖
長房翁祖
三道　三房潘祖

左護法
王降祖
蕭降祖
右護法

(二)潘家的香堂（亦即後世採用的香堂）

天雨敷施不潤無根之草

佛光普照

清風祖
前護法
天地君親師
後護法
明月祖

佛門廣大難渡不善之人

邱祖真人
洪濛真人
西天如來佛
太乙真人
魯班真人

准提佛
文殊佛
鸚鵡護法
慈航古佛
韋陀護法
普賢佛
地藏佛

六祖慧能
四祖道信
三祖神光
初祖達摩
三祖僧燦
五祖宏忍
金祖碧峰

陳祖
羅祖
趙祖

陸祖

王降祖
左護法
二房錢祖
長房翁祖
本房潘祖
右護法
蕭降祖

(三)大香堂供祖儀式

義氣千秋

安清不分遠合近

羅祖師之位
達摩祖之位
天地君親師之位
神光祖之位
陸祖師爺之位

聖旨

一祖流傳到如今

龍牌三道

二房錢祖師爺之位
長房翁祖師爺之位
本房潘祖師爺之位

左護法之位
蕭隆祖之位
王隆祖之位
金龍四大王
右護法之位

(四)小香堂儀式

安清護我

未進會提天倫名揚寸步

天地君親師之位

二房錢祖
長房翁祖
本房潘祖

進會後講師父走遍五湖

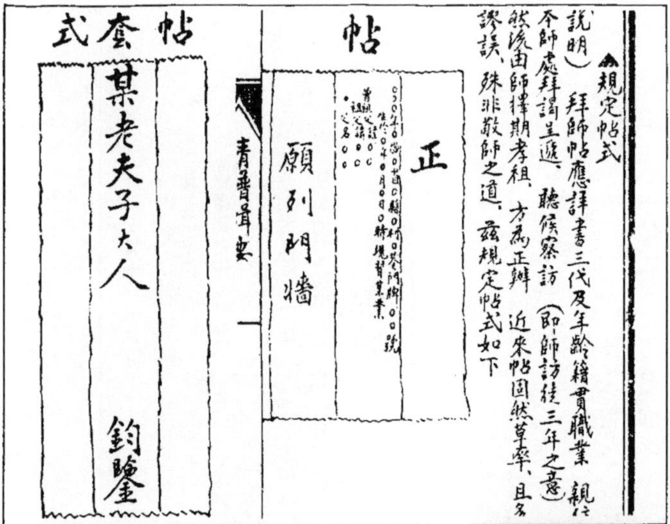

規定帖式

說明）拜師帖應詳書三代及年齡籍貫職業 親往介師處拜謁呈遞、聽候察訪（即師訪徒三年之意）然後由師擇期孝祖、方為正辦 近來帖固然草率、且多謬誤、殊非敬師之道、茲規定帖式如下

帖

正

願列門牆

帖套式

某老夫子大人

鈞鑒

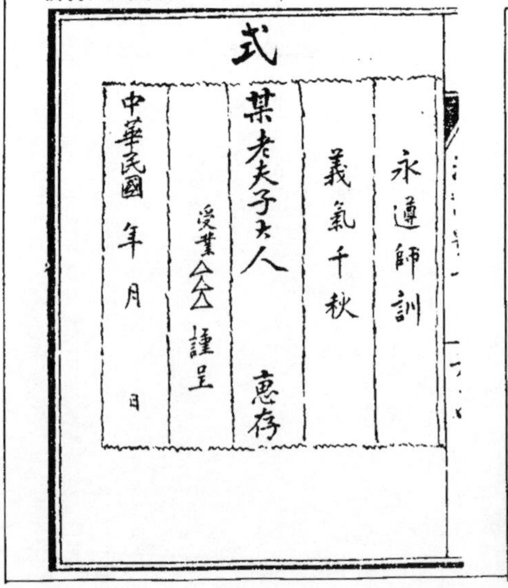

式

永遵師訓

義氣千秋

某老夫子大人 惠存

受業〇〇謹呈

中華民國 年 月 日

青幫拜師帖

杜月笙曾活躍在黃埔灘頭

恒社是維繫青幫的香火

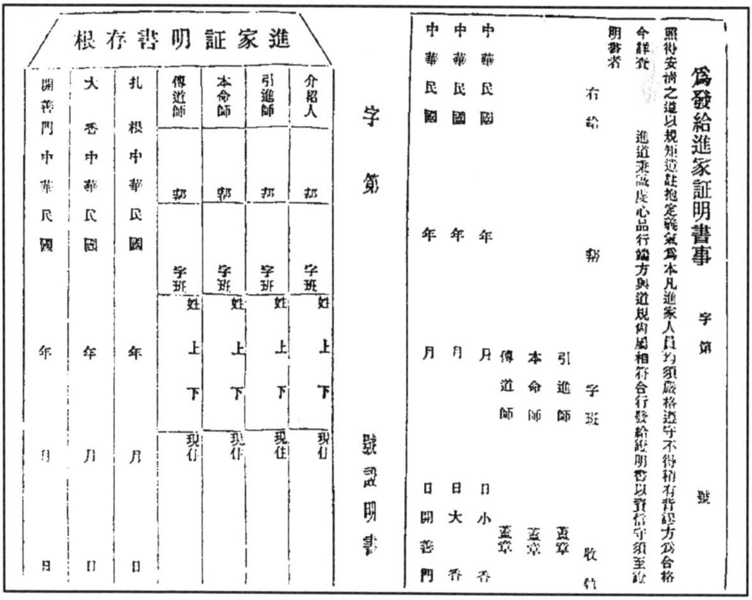

為發給進家証明書事　字第　號
照得安清之道以規矩道註抱定義氣為本凡進家人員均須嚴格遵守不得稍有背謬方為合格
今詳查　進道秉誠虔心品行端方與道規向風相符合行發給證明書以資信守須至證
明書者
右給　幫　字班　收執
引進師　蓋章
本命師　蓋章
傳道師　蓋章
中華民國　年　月　日小香
中華民國　年　月　日大香
中華民國　年　月　日開香門

進家証明書存根

字第　號證明書

介紹人	引進師	本命師	傳道師
幫	幫	幫	幫
字班	字班	字班	字班
姓　上　下	姓　上　下	姓　上　下	姓　上　下
現住	現住	現住	現住

扎根中華民國　年　月　日
大香中華民國　年　月　日
開香門中華民國　年　月　日

青幫進家證明書

第十五章 青幫的組織、字輩、祖系

在所有講青幫組織（或組織法）的著作中，都根據青幫《通草》提到前廿四字、後廿四字、續廿四字。實際上，這叫字輩或輩份，青幫的組織、結構，套用家族、家庭的血緣關係，建構高、曾、祖、父、子、孫……的縱向關係。每一個成員都有自己的輩份，上下形成師徒關係，一環套一環的傳衍下來。

青幫的師徒關係極嚴格，而「嚴格」也並非空口白話，有很嚴格的律法在維持（下章）。所謂「拜師如父、收徒如子」，「一日爲師、終身爲父」。以下先把青幫從古至今的字輩說清楚講明。

前廿四字輩

這前廿四字相傳是羅祖所訂，青幫第二代祖師羅祖（羅清，號淨清），明英宗正統七年（一四四二年）生，明嘉靖六年（一五二七年）死，羅教的傳播是家族世代相傳的漕運水手是基本群眾，明末清初杭州（運河起點）發展成羅教活動中心。（註一）從羅教逐漸轉成行幫會社，有以下三種體現：（一）遂漸被水手取代；（二）宗教師承關係取代父子相傳的世襲關係（同姓世襲轉成異姓相傳）；（三）從宗教信仰到祖師崇拜。（註二）由於有這種客觀環境的轉變，才須要排出「輩份」，形成一種組織、架構，何時訂出「前廿四字」？已不可考證：

清靜道德　文成佛法　仁倫智慧
本來自信　元明興禮　大通悟學

這廿四字，每個字都有含義，惟所謂佛法等都不過是一種「名相」，以名相當一個幌子罷了，本質上還是有政治目的（如推翻清政府）。雖是「幌子」，也是內部組織的約束力，形成「企業文化」的重要手段，廿四字「內訂」的含義是：

清，清心秉正；靜，靜坐常思；道，道德修真；

德，德配天地；文，文昌化解；成，成其正果；
佛，佛心皈一；法，法渡無邊；仁，仁義永遠；
倫，倫常在懷；智，智勇雙全；慧，慧恩普渡；
本，本固茂盛；來，來歷清白，自，自心悟悔；
信，信用為根；元，元初自治；明，明心見性；
興，興家立業；禮，禮門義路；大，大發慈悲；
通，通行我國；悟，悟通誠心；學，學先覺後。

後廿四字輩

這後廿四字，據青幫內部說法是由王德降（王降祖，幫內叫小祖師）所訂。（註三）青幫在杭州武林門外寶華山建「家廟」及十二座「家庵」，翁、錢、潘三人高徒十二人家庵，並建律法禮儀等。翁和錢去青海、蒙古朝佛，再無音訊，幫務由潘主持，至雍正十三年（一七三五年），潘因故身亡，幫務由王德降接任，他為永續經營之故，先訂「後廿字輩」：

萬象依皈　戒律傳寶　化渡心回
普門開放　臨持廣泰　光照乾坤

這廿四字也特有含義：

萬，萬教歸一；象，象注天地；依，依歸佛門；
皈，皈敬三寶；戒，戒謹守規；律，律始黃鐘；
傳，傳道自西；寶，寶象佛法；化，化及眾生；
渡，渡有善緣；心，心存正直；回，回頭是岸；
普，普渡眾生；門，門路正大；開，開發善緣；
放，放生為善；臨，臨濟正派；持，持齋奉道；
廣，廣大無邊；泰，泰定乾坤；光，光明於世；
照，照及萬方；乾，乾元為首；坤，坤德載物；

續廿四字輩

根據青幫《通草》（法規集成），尚有「續廿四字」或「後續廿四字」，何人何時所訂，無確定記載。

緒結崑斗　山芮克勤　宣華轉忱
慶兆報魁　宜執應存　挽香同流

各字含義是：

緒，緒統孝義；結，結就善緣；崑，崑山美玉；
斗，斗巧如神；山，山門似海；芮，芮藏丙火；
克，克己復禮；勤，勤儉為本；宣，宣講佛法；
華，華開富貴；轉，轉念大法；忱，忱淨自悟；
慶，慶祝豐年；兆，兆證吉祥；報，報答天恩；
魁，魁星在天；宜，宜勤宜儉；執，執中守正；
應，應報循環；存，存心濟世；挽，挽救狂瀾；
香，香煙不斷；同，同舟共濟；流，流傳安清。

以上各字輩，在所有各類文獻、著作上，用字皆小有差異，而大致相同。如淨（靜）、挽（晚）、渡（度）、覺（學）、人（仁），乃至祖系也時有差異。凡此，都是年代久遠，手抄傳佈，魯魚亥豖之誤。《抱朴子》說：「書三寫，魚成魯，帝成虎。」何況！這些字輩恐經數十次傳抄，多少有些手誤乃正常之事。

青幫的字輩除了代輩份，也代表祖系，是嚴謹不可破的組織結構。例如，金碧峯法名清源是「清」字輩，羅清法名靜清是「靜」字輩，陸逵法名道元是「道」字輩，翁錢潘三人都是「德」字輩。這些字輩在青幫「祖系」都有重要地位，大香堂所供之祖，多達十七祖或十九祖，祖系也是安親世宗：（註四）

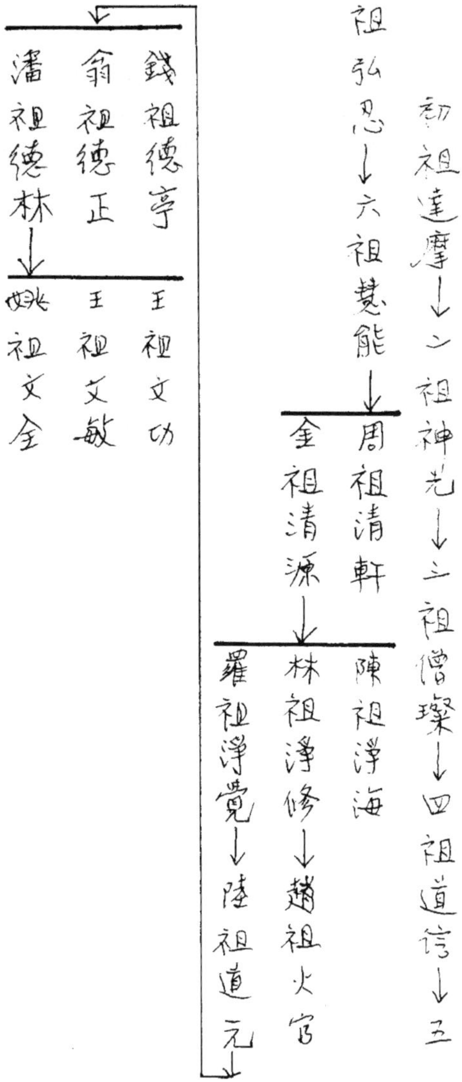

上表青幫把祖系推到達摩，當然都是假託，拉一大堆佛門關係也是幌子。然則青幫「真祖」是誰？據其前輩說，十七祖指大明十七代列祖列宗，十九祖加上唐王和桂王。（註五）而「門外小爺」指史可法，史公忠義向為青洪所共仰。

青幫編織一條線，只有縱的關係，沒有橫的聯繫。從組織結構上看青幫和洪門差異有二：（一）洪門是半公開組織，公開反滿，保密功夫不及青幫；青幫低調而秘密，身份通常不透露。（二）洪門各成員統稱「兄弟」，青幫則只有師生關係。但二者都是秘密會黨，以各種不同程度進行反清復明運動，宣揚中國的民族主義精神則是一致的。

註釋：

註一：吳兆清，赫治清，《中國幫會史》（台北：文津出版社，民國八十五年八月），頁二二五。

註二：同註一，頁二二八—二二九。

註三：傅湘源，《青幫大亨》（台北：新銳出版社，民國八十三年十月）頁三二六。

註四：帥學富，《清洪述源》（民國五十一年九月，出版者略記），頁一六八—一六九。

註五：同註四。

第十六章　青幫的戒律、家法

清幫作爲一個秘密的社會組織，爲了躲避封建統治階級的查抄，不僅需要嚴密的組織結構，還必須有嚴密的幫規來約束成員的行動，只有這樣，清幫才能秘密地生存下去。

清幫同洪幫一樣，也有一套內容十分完備的幫規，主要有《十大幫規》、《十禁》、《十戒》、《十要》等。今舉其重要者，條陳如下。（註一）

〈十大幫規〉：青幫最主要的紀律條文

第一，不准欺師滅祖。

不拜師不能入幫，無母不能成人子。父母之恩，師父之德，難以報盡。如果忤逆父母，辱待師父，即是不孝，這是犯了大忌。重者綁在鐵錨上用火燒死，輕則用香板責打或驅逐出幫，此後幫中，不論何人　均不准再行收之。

第二，不准藐視前人。

因爲「安清不分遠和近，一祖流傳到如今」，所以「一師皆是師，一徒皆是徒」，藐視前人，便是藐視本命師父，輕則警誡，重則香堂責罰。

第三，不准爬灰倒籠。

所謂爬灰，乃是將自己人秘密的言語或行爲，私下告訴別人，或是共同做一件事，不守信義，個人圖功謀利，以致涉訟，這就是爬灰倒籠的行爲，按幫規要燒死在鐵錨之上。

第四，不准奸盜邪淫。

所謂「萬惡淫爲首，百善孝爲先。」奸盜邪淫必然會破壞組織的團結和發展。違反了此條，幫中查出當綁在鐵錨上燒死，或是活埋在土中，絕無姑息寬貸。

第五，不准江湖亂道。

在幫的人，在外面走江湖，無論到甚麼地方，都須言談謹慎，不能「亂道說法」，以免被外人竊聽；引人入幫，不能引錯了人，不清不白，對幫中「名譽」大有關係。如違反了此條，應由引進師負責，抓到香堂，用家法嚴加責罰；再犯者則斥出幫，如仍在外冒名招搖，處火燒活埋之刑。

第六，不准引法代跳。

凡是本幫的人，不能作本幫門徒的引進師、傳道師，否則就沒有「三幫九代」了。

第七，不准擾亂幫規。

犯規者，就在香堂口動家法，輕則用香板責，重則用棍打。

第八，不准以卑爲尊。

不能因字輩小自覺低微而擅自充大，亂了宗派規矩。

第九，不准開閘放水。

就是不能只顧自己的便利，不顧眾人性命，這種自私自利的事，不是在幫的人應做的。按幫規，違反此條必燒死在鐵錨上或活埋土中。

第十，不准欺軟凌弱。

犯規者輕則斥革，重則土埋火燒。

〈十禁〉：拜師收徒之律定規則

一禁：一徒不准拜二師。所謂「師徒大禮重如山，朝秦暮楚非奇男，忠臣烈婦不二主，自古未見兩層天」。

二禁：父子不准同一師。如果父子進幫，同拜一師，那麼就處於平輩，成爲同參兄弟，即使不拜同一師，也不能父子同一字輩。這樣才能「俗家清父子，香堂謂師徒」。

三禁：師死不准再拜師。如果上了小香，未及上大香，師父過方（即亡故），不准另拜投他師，所謂「佛門容易進，萬金難買出」。如同一個人不能有再生父母。

四禁：關山門不准重開。如果幫中前輩已經「功高果滿」，應將山門關閉享清福，此時應通知同道開香堂作賀。以後不能重開山門收徒，因爲許多徒弟可以接續祖師香煙。如果再開山門，便是自卑自下，失卻尊嚴，前功盡棄。

五禁：徒不收不准師收。做弟子的，上了大香之後，就有收徒的職責，一旦收錯了門徒，或已記名未收，唯恐累及「幫譽」、「師譽」，聲明取消不收；如果爲師者，故意再收爲徒，就是一脈亂傳，既犯幫規，又犯眾怒。

六禁：兄弟字派有高低。

七禁：本幫與本幫引道。「三幫九代」是在江湖上證明自己是清幫人物的最重要的證據，如果本幫引進本幫，則變成單幫，在江湖上寸步難行。

八禁：師過方代師收徒。

九禁：在道不准誹謗道。

十禁：香頭低不准爬高。

此外，清幫還有《十戒》：一戒萬惡淫亂，二戒斷路行兇，三戒偷盜財物，四戒邪言咒語，五戒訟棍害人，六戒毒藥害生，七戒假正欺人，八戒倚眾欺寡，九戒倚大欺小，十戒貪酒吸煙。《十要》：一要孝順父母，二要熱心做事，三要尊敬長上，四要兄寬弟忍，五要和睦鄉鄰，六要夫婦和順，七要交友有信，八要正心修身，九要時行方便，十要福慧雙修。諸如此類的，還有《九不得十不可》、《安清三十六善》、《安清傳道十條》、《旱碼頭十大幫規》等等，多是十大幫規、十禁的補充和重複。

清幫之所以成爲一個龐大的組織，自然存其強大的吸引力，這種吸引力是來自依靠這個緊密團結的組織向外界索取物質利益。清幫是由從漕運行業分析出來的失業水手與販私組織「青皮」等融合起來的秘密組織，它最初的生存基礎是在封建政府的眼皮下進行販私和劫掠活動，爲了保證這種活動的順利進行，沒有組織的嚴密性和嚴格的規紀是不行的。但是，清幫的幫規是「內向型」的，誰若膽敢破壞組織、違忤師父、影響行動，必將嚴懲不貸，如果對幫外人物幹出「欺軟凌弱」、「奸盜邪淫」之事來，就不一定受幫規處治了。

〈十條家法〉：嚴格的家法制度

相傳翁、錢、潘三人領導期間，雖訂有家法刑杖，但因三位祖爺教導有方，家法形同虛設。但自石小祖士賢違犯幫規在杭肇禍潛逃之後，乃訂家法十條，並以香板爲刑杖，藉之保障幫規。當王降繼統糧幫時，乾隆帝南巡，在金山寺皈依佛門後，化裝潛至杭州，看了清幫家廟及糧幫公所後，見王降辦理漕運，雖然井井有條，只是幫中子弟太多，難免會滋事，除傳諭嘉獎外，並欽賜盤龍棍一條，上書「違反幫規，打死無罪」八個字，作爲幫中鎮山法寶。從此，凡遇重大事故，都要依法請棍責罪。

清幫的家法有兩件，一件叫香板，又名黃板，是翁錢潘三位祖爺所置，樟木質，長二尺四寸（按一年二十四節氣），寬四寸（按一年四季），厚五分（按五方），長方形，上端有一圓孔（按天圓地方），貫穿麻繩一根，常掛在佛堂香案右端，板上一面寫「護法」，一面寫「違反家規，打死不論」。一件叫盤龍棍，又名家法，棗木質，是乾隆所欽賜，長有三尺六寸（按三十六天罡之數），上扁下圓，厚一寸二分（按地支十二屬象），繪盤龍一條，龍口內有「欽賜」二字，上寫「護法盤龍棍」五字，背面書「違犯幫規，打死不論」，供奉在佛堂香案左端。

犯了幫規，要受家法處治。清幫訂有《家法十條》對犯規者動以家法。十條家法是：

第一，初犯幫規者，輕則申斥，重則請家法處治。再犯時，用定香在臂上燒「犯規」二字，並加以斥革。如犯叛逆罪，捆在鐵錨上燒死。

第二，初次忤逆雙親者，輕則申斥，重則請家法處治。再犯時，用定香在胸前燒「不孝」二字，並加斥革。如犯逆倫罪，捆在鐵錨上燒死。

第三，初次不遵師訓，妄言妄行者，輕者申斥，重則請家法處治。再犯時，用定香在臂上燒「頑民」二字，斥革。

第四，初次不敬長上者，輕則申斥，重則請家法處治。再犯時，用定香在臂上燒「不敬」二字，斥革。

第五，初次以長上資格侵佔幫中老少所有財產物件者，輕者申斥，重則請家法處治。再犯時，用定香在臂上燒「強奪」二字，斥革。

第六，初次毆打幫中老少者，輕者申斥，重則請家法處治。再犯時，用定香在臂上燒「強暴」二字，斥革。

第七，初次違國法所禁不道德之事者，輕則申斥，重則請家法處治。再犯重大罪時，用定香在臂上燒「妄爲」二字，斥革。

第十，初次犯奸盜邪淫，而僞造虛構、誣栽，殃及幫老少者，輕則申斥，重則請家法處治。再犯時，用定香在臂上燒「無恥」二字，斥革。

清幫施用家法時，還有一套特別的儀式。先由犯規弟子的本命師，會同傳道師和引見師入幫中著名的前人幾位，並傳到本門弟子若干人，開設香堂，如同收徒時開的香堂一般。將家法（或板或棍）供於香案之上，接著是上香、上燭、請祖、參祖一套儀式，完畢之後，由本命師主香，傳犯規弟子進來，命跪於香案之前，詢問事由。待到把犯規情節問清楚了，本命師即請執法師、護法師等，議處應得的罪名。再問犯規弟子是否心服口服？犯規者承認之後，就請家法，由執法師向家法行三叩九拜之禮，將家法棍頂在頭上，口中誦詞：「家法森嚴鬼神驚，乾隆欽賜棍一根，汝既犯規當責打，下次再犯火燒身。」唸畢，即派人執刑。執刑人進前參拜，跪接家法，頂在頭上，站起立於左上首。又命犯規者跪聽宣佈罪狀，完畢即命爬在地毯之上，雙腿交叉靠緊，由四人分別揿住上下身。由執法師傳示，責打幾十家法。執刑人即對犯規者說：「我與你一無仇，二無怨。今天你犯了祖師爺的幫規，我奉執法師的命令，責打你幾十盤龍棍。一要你心服，二要你情願」。等到犯規者答應心服情願，執刑人再誦詞道：「法師堂上把你令行，手執家法不容情，誰人如把幫規犯，不論老少照樣行」。唸畢，即舉棍責打。打完後又誦詞道：

「祖師幫十大條，越理反教法不饒，今天香堂遭警戒，若再犯法上鐵錨。」唸畢，將家法送交執法師，轉陳主香者置於原處。犯規者爬起叩頭謝罪，由兩名幫徒扶至堂下休息，主香者即行送祖禮。執法至此完畢。

洪門的家法則簡單嚴酷，犯法者無不按照條款執行。依據犯規情節的輕重，分爲「五利」：極刑，凌遲或刀殺；重刑，挖坑活埋或沉水溺死；輕刑，三刀六眼或四十洪棍；降刑：降級或掛鐵牌；黜刑，抓去光棍或降人生堂，永不復用。

以上家法中所用的刀，名爲「小寶」，所用的棍，名叫「洪棍」，計長三尺三寸。其中「三刀六眼」用於上四排，「四十洪棍」用於下四排及么滿十排，大都視情節輕重，依照「五刑」處罰。

洪門的這些家法可不是虛設的，執行起來至爲酷烈。江蘇洪門組織春保山曾發生過這樣的事：一個小頭目率領二十餘名弟兄到海濱販鹽，行至半途，遭到官府十餘隻緝私船圍攻。這個小頭目率死黨十餘人力戰得脫，而舟鹽及銀兩均被奪無遺。他們深知返山報告勢必獲罪，便結成一個小團體流落江湖，專在長江輪船上做些鼠竊狗盜的營生，幫中黑話謂之「跑底子」。一日，忽與幫中派出的一名探子遇見，這個探子立即返回密報山主。等到輪船靠碼頭時，立時圍而捕之，無一獲免，解至春保山中。專司賞罰的老五問道：「幫規第三條你們忘了嗎？」犯規者同聲戰慄而答道：「不敢忘，臨陣逃脫者斬。」又問：「第六條你們忘了嗎？」又同聲叩頭答道：「不敢忘，吞沒水頭者斬。」那老五冷笑道：「好一個不敢忘！你們臨陣脫逃，擅跑底子，一次也沒有回山稟報，是何原故？」不等眾人申辯，老五突然對兩旁的值日兄弟道：「去，放了他們，快放了他們！」出言未畢，即有專門負責「放人」者捉之而去，不問情由，頭顱已滾滾而下，十餘人無一幸免。再將屍體分成數段，以蘆蓆捲成一束，拋於江中。並立時佈告全幫，以警其餘。原來洪幫所謂「放人，並非把人釋放，乃殺人之謂。

清洪幫本是反清秘密組織，嚴格的家法制度是爲了嚴防奸細和叛徒的需要。後來，反清鬥爭結束，家法制度也就完全失去了原先的意義。

青幫除有嚴格的律法、家規，另有屬於進德、修身的〈師道十格〉、〈安慶十格〉、〈師道七真〉等，也是重要的無形約束。

〈師道十格〉

一、實行大學之道，不愧修身齊家，明治國平天下之真是非，言行始終一貫之人格者。

二、知道德，明道行，行道德，以道德爲己任，以天下爲自家，事事認真踏實，財善衆善用者。

三、學通天地人，大悲大願，大聖大慈，大公無我，素位而行，一言一笑，皆爲天下萬世法者。

四、凡事心口如一，知之爲知之，不知爲不知，不自欺欺人，喜怒研樂中和者。

五、不以貧苦移其志，富貴移其心，貧而樂，富而好禮，一切非法，非禮不爲者。

六、不好異矜奇，中庸爲本，因材而教，性命雙修，範圍天下，曲成萬物爲願者。

七、溫故而知新，不爲古人而愚，今人所惑，克己私見，執兩用中，順天應人者。

八、不恃己能，好古記今，盡心知性，盡人合天，抱回世道，救正人心爲目的者。

九、以孝弟爲人，而明孝弟爲仁之本，用智仁勇三達德，行內聖外王之道者。

十、知後天一切有爲人事所成之功業，皆本先天無爲無所不爲之真主宰所致，明善惡之報，如影隨形，實知實行其道者。

〈安慶十格〉

一、言不妄發，行不妄爲；道不妄傳，徒不妄收。

二、一介之微，猶不苟取；昆蟲草木，猶不可傷。

三、尊師重道，性命雙修；功德爲主，養生爲源。

四、生植之物，不妄傷，不輕履；造成之物，不過用，不輕棄。

五、未得富貴功名，不以爲憂，既得富貴功名，不以爲喜。

六、見老者敬之，見幼者慈之，見有德者親之，見有爵者尊之。

七、吾親戴天，孝心敬天，吾親履地，孝心敬地。

八、不欲食勿強食，強食增病，偶欲食無多食，多食傷胃。

九、樂事快言，憂事徐言，怒事笑言，恐事疑言，駭異之事平言，恐懼之事不聞者勿言。

十、簞食瓢飲，不以爲苦，陋巷蔽室，不以爲憂。

〈師道七真〉

一、歷代祖宗清白，其心可對人之真；

二、行住坐臥，視聽言動，不離綱常倫紀八德之真；

三、生平無嗜好，知足克勤克儉，言行成人之美，不助人爲惡之真；

四、小心深謀遠慮，知己知彼，由天理中發明賞罰，不爭權利之真；

五、卑污鑽營，行險僥倖，忘恩負義，奸謀詭詐，殺盜邪淫，未犯之真；

六、忠厚老誠之中，剛柔伸屈，謙忍和讓，有般若波羅密天智之真；

七、有度量，無嫉妒心，愛身愛家，愛國愛天下，愛人愛物之真。

世有能合以上資格者，方能爲人師，故師尊嚴，神聖不可侵犯，尊師非尊其人，乃尊其道德。所謂尊師重道，故師嚴而後道尊，道尊然後師道立也，師道立即大道行。

註釋：

註一：這些青幫的戒律、家法，在多數研究青幫的著作都會提到，本章引用以下二書。張士杰、包穎、胡震亞，《青幫與洪門大傳》（台北：周知文化出版，一九九四年九月），第二篇。師學富，《清洪述源》（台北：民國五十一年九月，出版者略記），第五章。

第十七章 哥老會的起源研究

在有清一代三百年間，哥老會幾乎漫佈、滲透到全中國每個角落。清代中葉後會員、山堂之多不可估量，也給滿清政權和民間社會帶來很多動盪。根據許多研究，認爲哥老會不少「起事」較像「暴亂」，而不是革命，更沒有如洪門那樣有明顯的政治意識和政治目標。但也有的研究認爲哥老會是洪門的分支，到底是不是洪門的分支？本章重新檢視這個老問題。

哥老會源起洪門，是洪門的分支嗎？

劉聯珂在《幫會三百年革命史》簡約說，三合會和哥老會，不過是名義上的差別，其實宗旨一樣。都是洪門中的一個支流。從庚子直到光緒末年，可說是哥老會勢力最盛的個時期。（註一）如此的清楚明白，叫人不得不相信其真實性，認爲哥老會就是洪門的一個支派？對秘密會黨深有研究的陶成章在〈教會源流考〉一文說：

中國有反對政府之二大秘密團體，具有左右全國之勢力者，是何？一曰白蓮教，即紅巾也。一曰天地會，即洪門也。凡所謂聞香教、八卦教、一名天理教、神拳教、在禮教等，以及種種之諸教，要皆為白蓮之分系。凡所謂三合會、三點會、哥老會等，以及種種之諸會，亦無一非天地之支派……李秀成、李世賢等，知大仇未復，而大勢已去，甚為痛心疾首。逆知湘勇嗣後必見重於滿政府，日後能有左右中國之勢力者，必為湘勇無疑。於是乃隱遣福建江西之洪門兄弟，投降於湘軍以引導之，復又避去三點三合之名稱，因會黨首領有老大哥之別號，放遂易其名曰哥老會。於是湘營中哥老會之勢大盛。且凡湘軍所到之處，無不有哥老會之傳佈也。迄今遂以哥老會為滿政府之一大鉅患。是故三點會也、三合會也、哥老會也，無非出自天地會，故皆號洪門……（註二）

對中國近代史有些常識（知識）的人，都知道哥老會很多成員是曾國藩、左宗棠湘軍中重要的力量。陶成章深深確知這段歷史背景，據此論述，哥老會乃太平天國結束後的產物，且是由洪門弟兄進入湘軍，最後改三點三合之名爲哥老會。史學界長期以來最多持這種說法，另有些外國學者認爲，哥老會是清末天地會和白蓮教兩大社相融合發展而來。（註三）

各秘密會黨經過數百年傳佈、發展，各種交流（公開、秘密、有目的、無目的等），必然已說之不盡。例如，有些淵源也發現哥老會和江湖會、邊錢會有不可分的關係，而江湖、邊錢會一向被當成天地會分支。同治八年（一八六九年），閩浙總督在他的奏摺說：「竊自軍興以來，官兵駐紮處所，每有江湖會內匪徒，潛隨煽誘，聚黨結盟，變名爲哥老會。」（註四）光緒二年（一八七六年），江西巡撫劉秉璋的奏摺提到「戴金鸞、胡瓊瑤、張福發均在安徽銅陵縣荷葉洲地方……均入仁義會，即哥老會。」（註五）而仁義會的手訣、暗號、儀式都和天地會無異，亦天地會之分支。劉秉璋奏摺說「仁義會，即哥老會」，也等於說哥老會是天地會的分支。

一位民初曾任四川軍長、袍哥大爺，在袍哥組織中混跡三、四十年的傳奇人物范紹增，他的一篇文章〈回憶我在四川袍哥中的組織活動〉，開宗明義說「袍哥即洪門支派的哥老會」，「袍哥是四川的土話，俗名嗨皮，一般都稱爲哥老會，名稱雖有不同，實質就是一個東西。」（註六）以上看似言之有物，我以爲也言過其實，如何詮釋哥老會和洪門、天地會的關係？

小結前面各種論述，還是舉百年老店中國國民黨和其他黨派的關係說明。近百年來，共產黨、各民主黨派（民革、民盟、民建、民促、農工、救國、三聯、民進、致公、九三、台盟），乃至台灣的民進黨、台聯……每一個黨都有國民黨淵源，多少有國民黨的不滿者、背叛者出去另建一片天。他們和國民黨有淵源、有關係，但不能說是國民黨的分支，哥老會和洪門的關係亦如是。

哥老會源自個殊環境，是獨立的發展系統嗎？

哥老會源自洪門、天地會，是學術界長期以來最流行的傳統說法。但另一派學者認爲哥老會源自四川嘓嚕，持這個觀點的學者越來越多，以爲哥老會是一個獨立的發展系統。如大陸學者蔡少卿所述「以嘓嚕的組織形式爲胚型，吸收了天地會、白蓮教等組織的若干特點，遂步形成起來的。」（註七）「嘓嚕」又是啥個東東？劉蓉在《復李筱泉制軍書》說：

湖南會匪，其源蓋發於蜀，根株最深，蔓延最廣，蓋青蓮教之餘孽，所謂紅錢會者。其帽頂，總頭目曰大帽頂，最大者曰坐堂老帽，設有管事人員，各列名目，不可勝紀，給予牌符，轉相煽誘，其能招眾百人者為百人頭領，招聚千人者為千人頭領，招有萬人者即為萬人頭領。各立某山某堂字號，以區別之，如曰龍虎山、忠義堂之類，自分支派，不相混淆。（註八）

上文的「湖南會匪」指的是哥老會，帽頂、坐堂老帽乃嘓嚕組織中的稱謂，說明了哥老會和嘓嚕的承襲關係。同治九年（一八七〇年），左宗棠率湘軍鎮壓陝甘回亂，在〈成祿辦理西路軍務情形〉說：「西蜀當嘉慶年間，名將輩出，自頃嘓嚕變成哥老會匪，軍營傳染殆徧。」（註九）左宗棠也明確指出，哥老會由四川嘓嚕演變而來，只是演變過程必然加入其他元素。

嘓嚕，又叫嘓嚕子、啯嚕子、嘓嘍子，在清代官文書稱「嘓匪」。乾隆五十三年（一七八八）五月有上諭：「川省向有無藉棍徒糾夥搶劫，名爲嘓嚕。歷經降旨嚴拿究辦，該省奏摺率寫嘓匪字樣，但嘓字音聲與國字相近，嗣後遇有此等案件，俱著改爲嘓嚕匪犯。」（註一〇）爲何會有嘓嚕子稱謂？（一）是乾隆帝詢查，上諭稱「嘓嚕乃罵詈之語」。（二）乾隆四十六年（一七八一），湖南巡撫劉墉認爲嘓嚕乃其夥黨對頭人的稱呼。（三）乾嘉時，李調元根據四川方言，認爲嘓嚕乃「賭徒」之意。（四）乾隆四年（一七三九）時，布政使方顯說「川省惡棍，名爲嘓嚕子。」（註一一）另《清史稿》文綬傳云：「四川多盜，民間號嘓嚕子。」（註一二）

嘓嚕最早出現於何時？目前最早的記載是乾隆三年（一七三八），但間接記載更早，《金川紀略》記述乾隆九年（一七四四）事情說：「又有嘓嚕邪教，煽惑土司。其教本始於口外，漸流入內地。其初酗酒鬥狠，十數年來，則奸盜皆出其中。」（註一三）準此，從乾隆九年上推十數年爲雍正時期，若從活動、現象推之，則嘓嚕應產生於康熙中前期，嘓嚕並非突發性團體，而是外來流民和四川無業游民相結合形成的異姓結拜組織。

嘓嚕又如何變成秘密會黨？首先嘓嚕都是經濟力極弱的無業遊民，而白蓮教是基礎穩固財大勢大，「入彼黨夥，不携貲糧，衣食相通，不分爾我。」（註一四）於是有大批嘓嚕加入白蓮教、其實二者相互爲用，相互壯大。

嘓嚕子何時與會黨結合？並無明顯的年代可確認。但太平天國時期是個契機，清廷傾力要剿滅太平軍，無暇顧及其他。另外，會黨（洪門）和太平軍的帶動，宣傳反滿的氣氛，使嘓嚕的基本型態出現變化，從類似流匪性質轉型成秘密會黨。左宗棠云：「哥老會匪，起於川、黔，盛於三江、兩湖。」亦認爲「哥老會匪，本四川嘓嚕之變稱」、

「因土俗口語而訛」。（註一五）這也等於說了哥老會是嘓嚕之別名。

哥老會之名最早出現在湘軍中，曾國藩、左宗棠都曾嚴禁哥老在軍中蔓延，違者論斬。再者，值得注意的是，嘓嚕在尚未傳到湖南和湘軍時，哥老之名並未出現，直到進入湘軍，嘓嚕因方言差異轉成「哥老」。其後湘軍轉戰各地，聲名大著，哥老蔓延各省，哥老會才正式取代了嘓嚕之名。當然，蔓延到各省亦有其他稱呼，如「幗老」，官方稱「幗匪」、「戈匪」等，都是指哥老會而言。

從以上哥老會是否洪門分支？是否獨立發展成的秘密會黨？筆者肯定後者，是獨立發展成的秘密會黨。這道理也簡單，當代兩岸各政黨都有國民黨的人馬曾參與，但他們還是獨立的政治團體，不能說是國民黨的分支。

哥老會從嘓嚕而來，發展過程中曾受白蓮教、洪門兩大團體影響，其中必有成員的交流，但哥老會終於發展成獨立的系統，因爲組織屬性也不一樣。

註釋：

註　一：劉聯珂，《幫會三百年革命史》（台北：祥生出版社，民國六十四年五月），頁九五。
註　二：陶成章，〈教會源流考〉。蘇鳳文，《股匪總錄》（台北：祥生出版社，民國六十四年八月），附錄。
註　三：吳兆清、赫治清，《中國幫會史》（台北：文津出版社。民國八十五年八月），頁一七四—一七五。
註　四：同註三，頁一七六。
註　五：同註三，頁一七六。
註　六：范紹增、何崇校等，《幫會奇觀》（台北：新銳出版社，民國八十三年九月），頁一八四。
註　七：同註三，頁一七五。
註　八：同註三，頁一七九。
註　九：同註八。
註一〇：徐安琨，《哥老會的起源及其發展》（台北：台灣省立博物館出版部，民國七十八年四月），頁一二。

註一一：同註一〇。

註一二：同註一〇。

註一三：同註三，頁一六三—一六四。

註一四：同註一〇，頁一九。

註一五：同註一〇，頁二三。

第十八章　哥老會的組織結構與開山入會儀式

在乾隆時期，嘓嚕的首領「棚頭」，至嘉道時期嘓嚕組織不斷進化。其首領有老帽、帽頂、大五、小五、大滿、小滿。所謂「老帽、帽頂」指其領導，「大五、大滿」指其管事之人。陳慶鏞在《與舒雲溪制府書》說：

其為首者曰帽頂，暗言其為主也；其次曰大五、小五，暗言大王、小王也。又其次曰大老么、小老么，言兄弟也，以下曰大滿、小滿。（註一）

嘓嚕這時的組織結構，顯然尚未受到白蓮教和洪門的影響，而是受到傳統官場的啓發。稱「老帽、帽頂」似仿官員的頂戴標誌，棚頭就是戴頂，如官員同樣「乘轎騎馬」，嘓嚕也以老帽或帽頂指稱其棚頂。

到嘉慶道光時期，嘓嚕也嚴然是「武裝集團」。道光二十四年（一八四四年），嘓嚕薙帽頂等「置有號旗、槍炮，並隨帶鐵匠打造刀械。」（《清宣宗實錄》卷四〇八）（註二）前章講到，嘓嚕轉型成哥老會是到曾左的湘軍，再到太平天國爆發前後，又和天地會、白蓮教產生相互融合，其組織結構才比較自成一個完整的系統。

一般研究哥老會組織制度的著作，多會提到「孝悌忠信禮義廉恥」，或「仁義禮智信、威德福至宣」，也有說「仁義禮智信、松柏一枝梅」，另有說只有「仁義禮智信」五字。其實這就像現代軍隊的代號（標誌），稱步兵第一九三師爲「虎軍」一樣，只是各部隊屬性不同。參加哥老會各字號的人員，屬性、對象也不同。

參加「仁」字號的哥老會員，以士（管糧戶、士紳、官員、秀才）爲主要成份，大約晚清到民初是這種情形。在清代，士紳瞧不起袍哥，袍哥則認爲士紳是站在朝廷的立場，怕被出賣，不要士紳參加。這也可見，字號成員的參加資格，每個時代大概會有不少差異。

參加「義、禮」兩字號袍哥，以商（行商、座賈、煙賭等非正當行業）居多，總人數最多，而以義字號最興盛。當時人稱仁義禮三字號有「三多」，仁字號穀子多，義字號銀子多，禮字號定字（拳頭）多。

其他各字號份子複雜，會眾大多自然結合，有百十人便搞個山堂，有錢有勢有威望者（如糧戶、士紳、秀才），爲坐堂大爺（又叫舵把子），次爲二爺（少人嗨）、三爺（當家管錢糧）、五爺（管事行）、么大（叫老六或么滿）。地位雖不同，權力有大小，成員間還是以兄弟相稱，如大爺叫大哥，三爺叫三哥，么大叫么哥。

嘓嚕時期的成員盡是無業遊民之徒，到哥老會時嚴格規定「身家清白」才能參加。認爲不忠不孝不仁不義之人，不准加入哥老會，爲此，加入時要有本堂口「恩、承、保、上、引」五位拜兄。恩拜兄必須大爺，承拜兄管事，保拜兄當家，上拜兄亦管事，引拜兄么大即可。（恩即恩賜，承即承認，保即保證，上即上福，引即引進）。（註三）另有所謂「下九流」（剃頭、修腳、擦背、看門、裁縫、強盜、小偷、扒手、妓女含經營者），都是所謂「下賤」者，亦不准參加哥老會。事實上，這些都只是某時代的規矩，沒有恆久性和普遍性。

從嘓嚕進化到哥老會，大約從曾左的湘軍到太平天國結束後，哥老會吸收了白蓮教、天地會元素後，才建立了可長可久的組織制度，以山堂爲基本組織單位。每個山堂都分山、堂、香、水，外加「內口號」和「外口號」。例如，光緒八年（一八八二），號稱長江三龍之一的龍松年，在湖北樊城開楚鄂山、永樂堂、鄖陽香、長江水。光緒廿三年

（一八九七），陝西渭南拜霖開集賢山、聚星堂、忠孝香、會義水，內口號「集賢」，外口號「聚星」。當然，各山堂不相統屬，也不同時有山、堂、香、水及內外口號等。平山周在《中國秘密社會史》說：

> （哥老會）每山之首領稱正龍頭，正龍頭下有副龍頭，副龍頭下有坐堂、陪堂、刑堂、理堂、執堂，謂之五堂。別有稱盟證及香長者，係舉行儀式之際臨時增添，由五堂中人兼攝之。又有稱心腹、聖賢、當家、紅旗、巡風者，大抵皆為頭目。頭目之下，有稱大九、小九、大么、小么、大滿、小滿者，各視其功而升轉。於普通會員之外，有八牌，均系身家不清白者，大都無人格，不能升轉。（註四）

哥老會的內部山堂組織，各家說法都小有差異，平山周所述亦不全然是。朱琳所著《洪門志》第五章〈組織綱要〉，對哥老會的山堂組織有較完整敘述，惟有些複雜。如內八堂、外八堂、七大爺、六把交椅、十二金仙等，加上不同職掌，看得眼花頭昏。故，以下表格示之，方便理解，一目了然。（註五）

名銜		職掌與說明
山主		或叫寨主，或龍頭大爺，山堂的總頭目，本山堂的領導。
內八堂	香長	或叫軍師，掌管香堂事宜。（有位無職）
	坐堂	或稱左相大爺，總理山務事。
	盟證	又叫中堂大爺，也稱軍師。（有位無職）
	陪堂	又稱右相大爺，協理山務事。
	管堂	或叫總閣大爺，管理錢糧庫，接濟各路兄弟。
	執堂	又叫尚書大爺，掌管人事，調解內部糾紛。
	禮堂	又稱東閣大爺，掌管禮節事。
	刑堂	又叫西閣大爺，掌管軍法事。

註：另有護印（掌印信）、護劍（掌扶危）、刑副（又叫心腹，是內八堂的老么，外八堂的大爺），此三者加山主、內八堂，統稱十二金仙。

由於哥老會和嘓嚕有著不可分的承襲關係，惟各時期、各地區總有些差異。例如，光緒十八年（一八九二），安徽太和縣查獲哥老會山堂，名「萬里終南山」，由河南周家口以下總頭目鐵通所開。內口號是「乾坤正氣」，外口號是「萬福來朝」。職稱有正龍頭、副龍頭、坐堂、陪堂、禮堂、刑堂、智堂、護印、香長、心腹，此十個職位皆屬第一級，稱爲老大，可另開山堂。第二級是聖賢老二，第三級是王侯老三，第五級是紅旗老五，以上稱「上四等」。其他是「下四等」，包含第六級巡風老六，第八級順八老八，第九級尖口老九，第十級銅掌老么。（註六）整個級數，缺四、七兩級，據說也和背叛者有關，可參閱本章後的「哥老會成員級別表」。（註七）哥老會的「外八堂」也頗複雜，表格化如下。（註八）

	名銜	職掌與說明
外八堂	心腹	或稱刑副、新副、新附，或叫心腹大爺，掌道義，有財力。
	聖賢	或叫聖賢二爺、京外軍師，為軍師出謀策劃。
	當家	或叫京外糧餉總督、桓侯、當家三爺，有披紅和插花之別，管賬目。
	管事	管事五爺。又分(一)承行，或叫通城，總管事、大總管。(二)執法，管行刑事宜。(三)紅旗，管督營事宜。(四)黑旗，管侍侯。(五)清綱，管清袍伏盤問事宜。
	花官	或叫巡哨，巡風，統稱六爺。又有內巡風、外巡風、光口（又叫副六爺）等分別，負責巡邏。
	賢牌	統稱八爺，又有鎮山、守山之別。
	江口	統稱九爺，又有抖口、檢口、守口等分別，負責口岸。
	么滿	統稱老么，又有總么滿、執法么大、轅門么大、大么、小么、大滿、小滿、銅章老么、鐵印老么等。

註：以上心腹、當家、管事、花官、江口、么滿，此六者有職有位，稱「六把交椅」。聖賢和賢牌都有職無位。

哥老會也禁用四、七步位，因和叛教有關而廢，由女子入會充四、七位。四位金鳳稱「四大爺」，爲進香堂的引路；第七位銀鳳，稱七大爺。再者，外八堂也有上下排位，上四排是心腹、聖賢、當家和金鳳；下四排是紅旗、巡風、銀鳳和賢牌，有的地方「排」用「牌」，可能是年久誤抄。

開山和入會儀式

成立哥老會組織叫做開山，又稱開香堂。新收會員時，舉行儀式也稱開香堂。開山是哥老會內最隆重的儀式。開山日期要擇黃道吉日，開山日期定下後，山主要邀請相鄰各山頭的龍頭和當地的士紳商賈，以便得到他們的承認和支持。

香堂佈置　開山儀式前，要佈置香堂，由紅旗、管事於堂中正面台上設五祖和關帝位，後命老么佈置一切。各人進入香堂，按照職位依次排列。新官人（新貴人）排列在下首。再由紅旗命老么打水，凡在香堂執事者，依次洗手淨面，稱爲「開光」。

開香堂　紅旗升表，向空中請聖，轉向聖前安位，就香爐插香，再向聖前開光，又顯示法規，如獻刀、獻棍等。各事完畢後，請大哥即主香人登山（或稱登位），而在香堂各人就位行禮相迎。

傳令　大哥登山時，行禮參聖，列於香堂上首，手持令旗，依次傳令。命二人把守月宮門，有稱禁門，並按照新官人名單，點名傳喚。

新官人上香　大哥傳喚新官人時，新官人答有或到，走至月宮門前，把守人阻止，問答如下：

問：你來做什麼？

答：投奔梁山。

問：投奔梁山做什麼？

答：結仁結義。

問：人家勸你來的，還是你願意來的？

答：自己願意來的。

問：有咒無咒？

答：有咒。

把守人云：有咒請進。新官人進入月宮門，向聖位行叩首禮。執事人點紅香一枝，交與雙手捧持，跪在聖位前，照擬定的誓詞，虔誠宣誓。繼將手中之香，用刀一斬兩段，以爲宣誓證明。執事人云：「紅香一斷，人頭落地」。並云：「三級連升」。眾人應云：

「連升三級」。新官人再行三叩首禮，仍不起立，由大哥加封步位，新官人再行三叩首禮，以向大哥謝恩。起立轉向全堂哥弟行一鞠躬禮，依次列於香堂上首下邊。上香完畢，大哥傳令，各執事交令歸班，眾人爲大哥道喜，大哥退出香堂。

香堂結束　大哥退出香堂後，紅旗焚化聖位爲送聖，又以黃表點燒掃方。掃方時，各人隨紅旗應答，並云：「掃方已畢，萬事大吉」。如果舉行大香堂，還要殺白雞，名爲斬鳳凰，並歃血結盟。

儀式之後，招待各路龍頭入宴，會眾陪同吃喝，然後散會。開山儀式之後，便可刊印飄布，發展會員。

入會儀式與開山儀式大同小異，只是規模較小，删繁就簡。入會者要塡寫「符帖子」，是用紅綢或紅紙裁成一寸見方的方塊，上面印有山、堂、香、水、內外口號，中間有入會人的姓名、出生年月時。入會者需有會員介紹，介紹人稱爲引兄，保證人稱爲保兄，然後由承兄進行考察。如查明身家不清，即令其退會。如身家無問題，即可擇日舉行入會儀式。由承兄和盟兄（又稱拜兄）先入會場行禮，禮畢，由引兄、保兄帶入會者進場，由管事向入會者和引、保二兄詢問，並交代會內紀律。再後入會人對神位宣誓，歃血結盟。盟畢，由管事發給入會人飄布，即會員證。入會人繳納會費，並與會內眾兄弟見面

道喜。（註九）

表㈠哥老會成員級別表

級別	職稱
一	正頭龍、副龍頭、坐堂、陪堂、禮堂、刑堂、智堂、護印、香長、新副（新腹）
二	聖賢
三	王侯、當家
四	
五	紅旗、管事
六	巡風
七	
八	順八
九	尖口、大九、小九
十	銅掌、老滿（老么）

表(二)哥老會成員級別表

級別	職稱
一	正龍頭、副龍頭、坐堂、盟證、陪堂、理堂、刑堂、執堂、香長
二	心腹、聖賢
三	當家
四	
五	紅旗、(藍旗)、(黑旗)
六	巡風
七	
八	
九	大九、小九
十	總么滿、大么、小么、大滿、小滿

表(三)哥老會成員級別表

級別	職稱
一	督理、總理、正龍頭、副龍頭、五堂
二	聖賢、(香主)
三	新副
四	
五	紅旗、副紅旗
六	藍旗、藍旗副、管事
七	
八	巡風
九	大九、小九
十	總么麼、大麼、小麼、大么、小么、七牌、八牌

註釋：

註一：吳兆清、赫治清，《中國幫會史》（台北：文津出版社，民國八十五年八月），頁一七二。

註二：同註一，頁一七三—一七四。

註三：沈醉，《青幫洪門》（台北：問學出版社，民國七十七年九月），頁三七。

註四：同註一，頁一八五。

註五：同註一，頁一八六—一八七。

註六：徐安琨，《哥老會的起源及其發展》（台北：台灣省立博物館出版部，民國七十八年四月），頁一〇二。

註七：同註六，頁一〇三—一〇五。

註八：同註一，頁一八六—一八七。

註九：哥老會的開山和入會儀式，引註一，頁一八九—一九一。

第十九章 哥老會的戒律、別名、發展和政治思想

哥老會與其他秘密會黨一樣，要在清朝封建強權下生存下去，必須要保持會內嚴密的組織和紀律。哥老會的紀律主要有十條十款。各種海底記載大同小異，或條款順序不同。據李子峯編《海底》中的十條十款摘抄如下：

十條：第一條忠心把國保，爲子盡孝第二條，第三條爲人要正道，和睦鄉鄰第四條，第五條要分大和小，講仁講義第六條，第七條叔嫂莫要來調笑，同穿花鞋第八條，第九條莫要逞強來鬥霸，紅面制兄第十條。

十款：一不准奸淫逞強暴，二不准戲妹把嫂調，三不准指洪擋頭炮，四不准越邊去拐逃，五不准口角生風暴，六不准洩漏機密條，七不准越禮來反教，八不准香堂來混擾，九不准以上壓下以大來壓小，十不准引馬來上槽。

在十條中的第八條同穿花鞋，即幾人同與一女人發生關係。第十條紅面制兄，即對

上侮慢不敬。

另外，哥老會還有一些隱語、暗號、手勢、茶陣，其作用在於掩護哥老會的活動和同會人聯絡。

違反紀律的刑罰也有詳細的規定，包括打棍、罰銀、殘傷肢體，以致處死。據清代檔案記載，規約有紅十條，黑十寬。「夥黨拂逆其意，輕則糾眾毒毆，重則設計殺斃，兇橫情狀，絕不諱言。」沈秉成也說：「如有犯其規條，立予殺斃，曾誘害許占春、李克惠於山僻處所，毀屍滅跡。」違反規約，不但被殺害，還要毀屍滅跡，真是殘忍異常。（註一）

哥老會的別名

哥老會在形成、發展演變過程中，它的名稱曾發生過變異。諸如哥弟會、江湖會、在園會、英雄會、仁義會、洪江會等等，就是它的別名異稱。

哥弟會 哥老原本是兄弟的意思。「蜀中弟曰老，哥老猶言哥弟也。」因此，哥老會又叫哥弟會。

江湖會 同治五年（一八六六年）左宗棠說：「近年江楚之間，游勇成羣，往往歃血會盟，結拜哥老會，又名江湖會。」同年胡南巡撫李瀚章說：「近又訪聞各省撤回勇丁，有以哥老會名目勾結夥黨，煽惑鄉愚，意圖不法。查此會一名江湖會，起自川黔，由來已久。」按照左宗棠的說法，哥老會又名江湖會。但是，閩浙總督英桂則認爲，哥老會是江湖會的名目繁衍，江湖會是哥老會的前身。英桂說：「竊自軍興以來，官兵駐紮處所，每有江湖會內匪徒，潛隨煽誘，聚黨結盟，變名爲哥老會。」不過英桂說的是閩浙一帶的江湖會。而福建的江湖會卻與此不同，咸豐元年（一八五一年）上諭稱：「連城、上杭、長汀等縣匪徒，以廖岸如、衛蠹、周勇（即周恭）爲首，設立江湖會。其徒羅安等同惡相濟，煽惑鄉愚，出錢入會。道光二十一年、二十九年均在連城縣曲溪地方做會，誘脅至三四千人。近又分遣頭目，潛赴各處擾害行旅，設局抽稅，私給印票。」（註二）事實上，福建江湖會是天地會的別名分支。

下面看看湖廣、陝西、河南江湖會的情況。同治十三年（一八七四年）湖廣總督李瀚章說：「訪聞有已革武生劉榮先自稱江湖會首，與匪黨曾洸珠、張汶幅等在於鄖西與陝西白河縣交界之盧塞保鐵廠地方糾集匪徒，潛謀不軌，約期起事。」光緒二十七年（一九〇一年）河南巡撫松壽奏報拿獲湖北江湖會首領羅占元。「湖北省之自立會、江湖會黨羽甚多，四處煽惑……訪聞州境（信陽州）奎樓有會匪羅占元結盟放飄……十四日在文生李茂山家搜獲起出黃色飄布多張，印有九龍山、仁義堂、漢堂香、長江水、寶主正南王羅仁山字樣。」據羅占元供稱，又名羅仁山，湖北孝感人，「前在陝西途遇江湖會僞稱正南王之張瀛山，邀伊入會拜師，幫同分散飄布。張瀛山故後，伊接替僞號，照刊木板，印刷飄布，稱係九龍山、仁義堂，向人告說可保身家。」羅占元江湖會有山堂香水，顯然是哥老會。在陝西有拜霖結拜的江湖會。光緒二十三年（一八九七年）十一月間，拜霖因貧難度，憶及向在各處聽的江湖會有許多好處，出外能患難相顧。「遂起意開堂放飄，邀人入會，結拜弟兄。隨捏就集賢山、聚星堂、忠孝香、會義水、集賢內口號、聚星外口號。」可見，湖廣、陝西、河南有山堂香水內外口號及散放飄布的江湖會是哥老會的別名。

江湖會又名英雄會。光緒三十四年（一九〇八年）九月，河南獲江湖會頭目鄭自謙，鄭鄧州人氏，前曾行醫爲業。「嗣入江湖會，即英雄會，遞升爲僞統領，旋復被推爲僞營定王。」江湖會除稱英雄會外，又叫在園會。光緒三十四年（一九〇八年）河南巡撫林紹年奏報拿獲在園會的大首領張增盛、趙學功兩人，供認先後「入江湖會，即在園會。」

根據以上所述，江湖會、英雄會、在園會都是哥老會的變名。因爲隨著哥老會的發展，清朝加緊了對哥老會的鎮壓，哥老會爲避免查拿，只得另改會名，繼續進行活動。

光緒三十年（一九〇四年）十一月，直隸總督袁世凱說：「查彰德之在園會匪，即哥老會餘黨別立名目。」光緒十八年（一八九二年）安徽巡撫沈秉成奏報在安徽太和縣與河南沈邱縣毗連之界首集等處捕獲了哥老會鐵通等人。據供「逢人盤問祇說英雄會十弟兄，不可直言哥老會名色。」上引兩則史料，袁世凱說在園會是哥老會餘黨別立名目；沈秉成據鐵通供稱，祇說英雄會十弟兄，不可直言哥老會。這十分清楚地說明，英雄會、在園會是哥老會爲了防備清廷查拿所改換的名目。再結合到前述左宗棠、李瀚章說江湖會是哥老會之別名。綜上所述，可以得出這樣的結論：江湖會、英雄會、在園會都是哥老會的別名，而福建江湖會不屬哥老會，應爲天地會的支派。

仁義會 光緒二年（一八七六年）九月江西巡撫劉秉璋說：「戴金鸞、胡瓊瑤、張福發均在安徽銅陵縣荷葉洲地方……均入仁義會，即哥老會。同飲雞血酒，分給紅布青錢爲記。」光緒三十年（一九〇四年）五月，河南破獲了一個仁義會組織，咨報刑部的咨文稱：「據張有才供：魯山人，年五十七歲。光緒二十七年五月，有素識寶豐縣人王萬同，勸小的入仁義會即哥老會，又名江湖會，說有好處，小的允從。」可見，清末活動在江蘇、安徽、河南等省的哥老會又名仁義會。

洪江會 光緒二十三年（一八九七年）張之洞說，湖南瀏陽、醴陵一帶遭到洪江會攻打。上年十月間洪江會在瀏陽縣屬東南兩鄉燒搶蹂躪。在江西萬載縣拿獲了洪江會楊青山。楊青山湖南瀏陽人。曾在各省充當營勇，因事被革。「先入哥老會匪黨，繼入洪江會，先充刑堂，續充山主。……蔓延數省，被誘甚眾。長江一帶會匪有青紅黑三幫之分，該犯楊青山為紅幫之首。」湖南湘鄉縣劉志和於光緒二十九年（一九〇三年）「會遇洪江會匪首馬幅益邀令入會，劉志和允從，馬幅益當令劉志和充當迴龍山老滿。」光緒三十一年（一九〇五年）劉志和因在湖南醴陵縣飯店生意淡薄，至江西萍鄉開設麵館。馬幅益麗潛來萍鄉，後被捕解赴湖南訊明正法。洪江會由蕭克昌接手，另開「嶽麓、臥龍兩山，升劉志和為臥龍山老六，復與逸匪王春和、李柏雲、劉正鰲四人同升為正龍頭，幫辦會內事務。」（註三）可見，江西萍鄉、湖南瀏陽、醴陵的洪江會乃是哥老會的別名。

哥老會的發展和擴張

在整個清代，哥老會被認為並非積極反滿，也欠缺鮮明的反滿宗旨和目標。有的研究單純從其行為加以判斷，以「暴亂」形容。（註四）但為何在二百多年間（乾隆初到宣統末），從一個地區性的異姓結拜組織發展到全國性秘密會黨？其山堂遍及全國省，僅其部份如附錄。（註五）其間的因素，絕非單一（少數）現象能據以判斷，就能得結論；就是追其「因」，恐亦難見全貌。從哥老會發展過程，還是可以發現兩個極有利發展的原因。

第一、太平天國興起後，清廷爲平定太平軍，成立了湘軍，其他軍隊也大量招兵，哥老會進入湘軍迅速發展。等到太平軍被平定後，湘軍和其他部隊又遭遣散，大批散兵游勇被哥老會吸收。是故，哥老會「裡外」得利，同治、光緒時期，哥老會又得以廣泛發展（到同治三年才平定太平軍）。曾國藩對此一問題曾說：

一日在營聚會之時，打仗則互相救援，有事則免受人欺；一日出營離散之後，貧困而遇同會，可周衣食，孤行而遇同會，可免搶劫。因此，同心入會……結盟一事，尤為莫大之患。近年以來，各營相習成風，互為羽翼，抗官、嘩餉皆由於此，實乏禁遏之良法。（註六）

其實歷史在每個朝代都一再重演，往昔如是，到了民國在抗日戰爭結束，國民黨大裁軍，裁掉之兵投向共產黨，國民黨的江山只好讓人了。

第二、前一個問題的擴張，游勇游民和社會問題。清廷平定太平天國問題後，湘軍被解散，各地勇營紛紛大量裁軍，在社會上出現數十萬游勇，加上長期無法處理的游民，哥老會又獲得發展良機。

湘軍從同治三年（一八六四）七月開始裁軍，到同治五年，僅曾國藩的直轄就裁十二萬人，之後左宗棠、劉坤一、田興恕、席寶田等部地也裁撤。另外，淮軍平了捻亂後裁軍五萬人（淮軍總兵力十萬人），還有綠營、楚軍等也裁，總計各省裁軍約四五十萬之眾。

滿清中葉之後，國勢衰落，加上長期戰爭，人民流離失所，還有帝國主義入侵，經濟破產，這些裁掉的兵力幾乎全流落異鄉，成爲嚴重的社會問題。在《劉中丞（韞齋）奏稿》卷十，同治九年九月《湖南餉源匱竭懇賜協撥摺》如是說：（註七）

> 溯查湖南二十餘年來，支持東南大局，籌兵籌餉，歷久不懈。其時尚值年歲豐稔，官紳殫心籌畫，略無旁顧。近年濱湖大水，上游州縣又各時遇飢旱，民力久經告竭。而自江南大功告成之後，遣散兵勇以數十萬計，多係獷悍久戰之士，不能斂手歸農。從前平定川陝三省教匪，籌辦善後，安插十餘年之久，始能敉定。此次軍務十倍於川陝，善後安插又遠不能及嘉慶年間物力之厚，勉強敷衍。苟顧目前，兵

勇之情，多未安帖，哥匪名目因乘之以興。

這些奏摺雖也道出一些問題，說出哥老會大興原因。但因「官場文章」，要顧及皇上感受或烏紗帽等，並未把嚴重問題全盤道出。就事後諸葛論，或許說或不說已無關重要了，因爲清廷同光後的衰亡之勢已成定局，勢不可逆。使哥老會壯大，正好給不久後孫中山先生的革命運動，注入極大的助力。

根據文獻史料所述，皆言哥老會欠缺鮮明的政治宗旨和目標。但因各種內外因素使然，到孫中山革命時，哥老會和洪門的目標已完全一致，並與中山先生的興中會精誠合作。當時哥老會龍頭畢永年，爲謀各會黨行動一致，曾在湖南召開「英雄會」，推舉李雲彪、楊鴻鈞、張堯卿、李堃山、何玉林、王金寶、劉家福七人代表，擬與興中會接洽。另洪門會黨在兩廣地區活動的是三合會，陳少白屬之，遂連繫畢永年等，到香港共商大計。

光緒二十五年（一八九九）冬，平山周、陳少白、楊衢雲、史堅如、鄭士良、畢永年和各龍頭。計有哥老會、三合會、興中會三會的領袖人物共十四人，在興中會本部舉行合併大會，歃血爲盟，聯合倒滿興漢，議訂綱領，會中公推孫中山先生爲總會長（時先生在橫濱）（註八）。至此，孫中山等於是洪門、哥老會和革命黨的「總領導」，革命力量大增，推翻滿清，建立民國，哥老會亦有功焉。部份研究說哥老會欠缺政治思想、理念、宗旨等，也應有所修正了！

註釋：

註一：吳兆清、赫治清，《中國幫會史》（台北：文津出版社，民國八十五年八月），頁一九二—一九三。

註二：同註一，頁二〇二。

註三：本文介紹哥老會別名，均引註一書，第四章。

註四：徐安琨，《哥老會的起源及其發展》（台北：台灣省立博物館出版部，民國七十八年四月），頁一五三。

註五：同註四，頁一六四—一七二。

註六：同註一，頁一九五。

註七：同註一，頁一九七。

註八：莊政，《國父革命與洪門會黨》（台北：正中書局，民國七十年三月），頁八二—八三。

附錄二：哥老會山堂分佈一覽表

山堂名稱	結會、活動地點	發現地點
蓬萊山	湖北	
天台山	湖北	
五鳳山		福建甌甯縣
萬龍山、公議堂	湖南	
大明山		湖北孝感縣
孔龍山		湖北孝感縣
順天山、洗平堂、仁義香、來江水		湖南益陽縣
五台山、忠義堂、長情香、平安水		湖南龍陽縣
金鳳山		湖南龍陽縣
九龍山		湖南龍陽縣
五龍山		江蘇吳縣
合龍山		江蘇宜興縣
青龍山、白虎堂	貴州郎岱廳	貴州平遠州
忠頂山、積賢堂	貴州威甯州	
忠信山、傑義堂		貴州貴陽
黔清山、西勝堂		貴州貴陽

東南山、西北堂		貴州正安州
九龍山		湖南巴陵縣
天軍山		湖南巴陵縣
中將山、太平堂	湖南平江縣	
龍虎山、中義堂、洞庭水、太平香		湖南龍陽縣
九華山、大新堂		湖南巴陵縣
文星山、武曲堂	貴州義興府	
五洋山、三結堂		浙江仙居縣
玉皇山		浙江杭州府
金鳳山		浙江杭州府
青龍山		浙江杭州府
來龍山		廣東肇慶府
四方山		廣東肇慶府
金龍山		廣東肇慶府
青龍山		廣東肇慶府
寶華山		廣東肇慶府
天寶山		廣東肇慶府
東南山		福建浦城縣
太吉山	湖南武陵縣	

戴公山、結義堂、龍泉水、金蘭香	安徽南陵縣	
九華山、公議堂		安徽
福壽山、仁義堂		安徽
天寶山、王華堂、青龍水、仁義香	湖南臨湘縣	
武獄山、洪福堂		江西萍鄉縣
天全山、合義堂		江西萍鄉縣
中華山、報國堂	江南	
太雄山、忠義堂		浙江
文武山、忠義堂		安徽蕪湖縣
雙龍山、湘中水		福建
漢家山、趙麒堂、三仙水、名華香	江西崇仁縣	
萬里終南山		河南，安徽
天下西雷山、福緣忠義堂、三台鎮江水、五派富貴香		江西
玉龍山		湖南岳州府
金象山		湖南岳州府
飛虎山		湖南岳州府
蓮花山、義順堂、甘露水、普渡香	湖北荆州	
爵華山、仁義堂、綠花水		安徽南陵縣
飛龍山		安徽

龍鳳山		安徽
萬壽山		安徽
金台山		安徽南陵縣
五歸山、名花堂、魯港水	安徽蕪湖縣	
萬福雙龍山、江湖忠義堂、定海水、三江香	安徽建平縣	
楚鄂山、永樂堂、鄖陽香、長江水	湖北樊城	
雙龍山、公議堂、五湖香、四海水		安徽
狼福山、集賢堂		
青山四喜堂	江蘇十二圩	
龍華山、公議堂、長江水		安徽
聖龍山、明義堂	江蘇清江浦	
福壽山		
天順山		
洞君山		浙江仁和縣
九華山		
楚金山、護國堂		
天台山		
北山堂		
北梁山、荊義堂		
天福金龍山	湖北	

大乾坤山	湖北	
天福山	湖北	
楚荆山	江西德化縣	
雀華山		
金台山		安徽南陵縣
四喜堂	湖北	
富貴堂	安徽	
四合山	安徽	
會同堂	台灣	
八卦定君山		安徽南陵縣
英雄山、少懷堂、必成香、長江水		四川
金華山、結議堂	安徽甯國府	
同興九龍山、英雄保國堂	安徽廣德州四安縣	
文武山	安徽甯國府	
覺華山、仁義堂	安徽南陵縣	
金台山	安徽南陵縣	
萬受山	安徽	
天台金龍山	廣西永安州	
國安仁義堂		江西東鄉縣
東南山、仁義堂		福建崇安縣

玉筆山、元勝堂		浙江安吉縣
仁義堂		湖南衡陽縣
中元堂		湖南靖州
乾元堂		湖南邵陽縣
天圓山、忠孝堂		廣西興安縣
五太山、忠義堂		浙江分水縣
崇華山、麒麟堂		浙江永嘉縣
八寶山、忠義堂		浙江、溫州、寧波、江蘇、上海
九龍飛虎山、八卦定君堂	安徽甯國縣	
箭賢山		浙江
九龍山、仁義堂、漢堂香、長江水	陝西	河南信陽州
集賢山、聖星堂、忠孝香、會義水	陝西渭南縣	
玉龍山	江蘇上海	
龍花山	江蘇吳淞	
臨潼山、忠義堂、天下黃河水、西岳華山香		江西新喻縣
九華山、忠義堂、五河水、長壽香	河南安陽縣	
九台山、樂善堂	湖南衡陽縣	
八寶山		湖南

鳳凰山		湖南
精忠山、報國堂		河南
洪燕山		河南
自揚山、福來堂		河南
春寶山、忠義堂		河南
天龍山、五湖四海堂		江蘇
秦龍山、聚興堂		江蘇
大名山、忠信堂		江蘇
聚賢堂		江蘇
天龍山	江蘇	
昆倉山、忠義堂、來如香、去如水	湖南湘潭縣	
迴龍山	湖南	
嶽麓山	江西	
臥龍山	江西	
富有山、樹義堂、天下水、萬國香	江西武甯縣	
浮龍山、公議堂		河南
太行山、公議堂		河南
青原山		江西

金華山		江西
西梁山		江西
江爐山		江西
西眞山		江西
文德山、福祿堂、千秋水、萬代香	貴州安順	
孫中山、洪武堂、成功水、肅清香	貴州貞豐	
太白山	陝西	
提籠山	陝西華陰縣	
秦鳳山	陝西鳳翔縣	
定軍山、孝義堂、漢江水、日月明	陝西沔縣 略陽縣	
琥珀山、忠義堂、長清水、松柏香	陝西安康縣	
賀蘭山	陝西、寧夏東部	
通統山、同盟堂、梁山水、桃園香	陝西	
復明山	福建福州	
威義山	福建長門	
輔漢山	福建興化縣	
復漢山	福建延平縣	

第四篇 洪門在台灣

前行政院長蕭萬長（右）於2000年8月23日親自前往高雄拜訪洪門五聖山劉會進山主時，在忠義堂前合影紀念。

前行政院長蕭萬長蒞臨洪門五聖山拜訪劉會進山主

劉進會山主（左二）與五倫總堂主王華（中）於台北國賓大飯店合影

劉山主與中秋團員酒會當天參加武術表演的洪拳高手合影

第二十章 從先父陳建民參加的九龍山說起

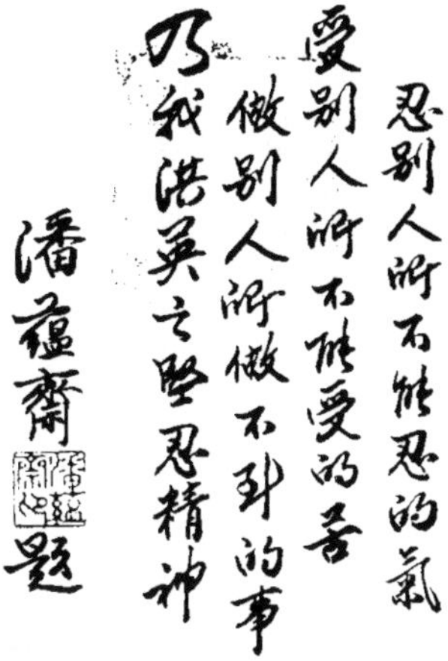
忍別人所不能忍的氣
受別人所不能受的苦
做別人所做不到的事
乃我洪英之堅忍精神
潘蘊齋題

三十多年前，先父陳建民仙逝，我在整理他的遺物中發現一本他的「洪門證」。從此以後，我對洪門這個三百多年的老店，充滿探索的好奇心，開始收集洪門相關著作，連讀政治研究所的碩士論文，也寫了和洪門有關的《中國近代政治結社研究》，後再由台北時英出版社發行出版。（註一）數十年來對秘密會黨興趣不減，皆因發現一本先父的「洪門證」，他是中國洪門九龍山會員，以下是這本證書的各頁。

入會歸標日期：七一年六月廿五日
入會歸標部位：披紅
地區
歸標前：滄浪山會公
部位：彥鄰
兄拜：王嘉清
提陞：部位 部位 部位／日期 日期 日期／部位 部位 部位／日期 日期 日期

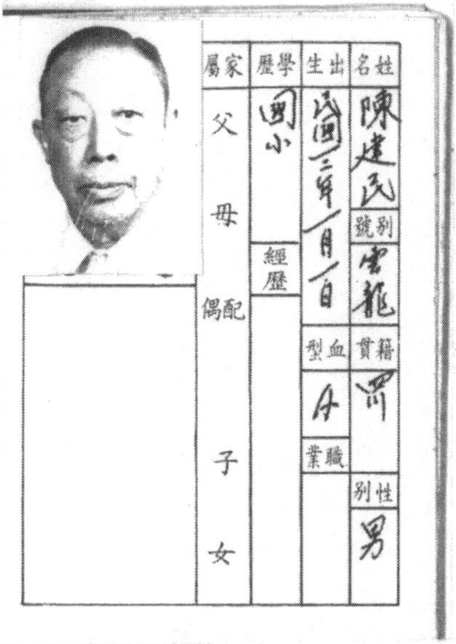
姓名 陳建民
出生 民國三年一月一日
學歷 國小
經歷
號別 雲龍
籍貫
血型 A
職業
性別 男
家屬
父
母
配偶
子
女

中國洪門
九龍山聯誼會
會員證

總理遺像
國父遺囑
本山會員守則
信仰三民主義 捍衛國家
擁護元首領導 奉行國策
遵守洪門規律 貢獻社會
團結同胞志士 服務人群

總裁遺像
天下為公
繼往開來

蔣主席肖像
團結僑胞
反共救國
蔣中正

前山主王春山遺像
總統經國先生的話
大丈夫有所待
亦有所為
潘蘊齋恭錄

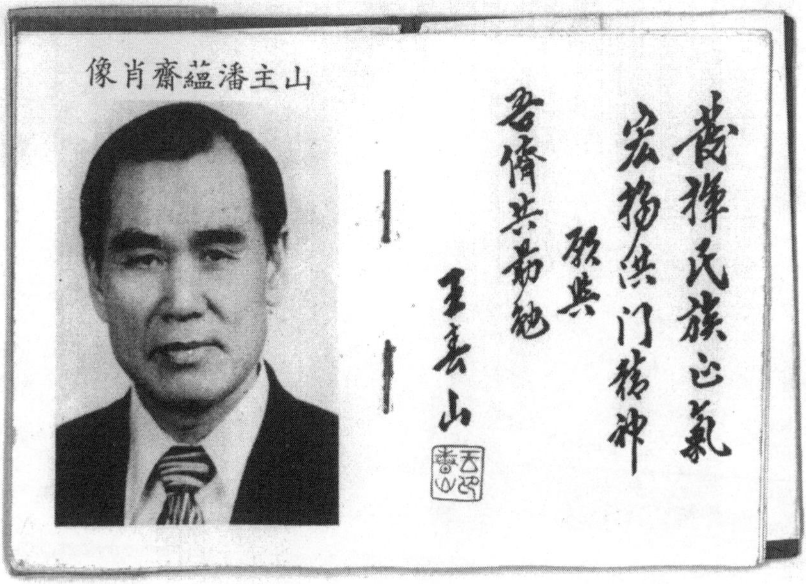
山主潘蘊齋肖像
發揮民族正氣
宏揚洪門精神
敬與
吾儕共勗勉
王春山

這本洪門證，封面金字藍底，其規格大小和內涵，幾可與早年的國民黨黨證一模一樣，或許這也表示洪門和國民黨、中華民國關係深厚。但九龍山從何而來？台灣各洪門山堂，大多原先在大陸已開山，一九四九年來台後，再遂漸恢復。九龍山何時在台復山？無資料可查，大陸時期的九龍山可略爲一說。（註二）只是大陸時期的九龍山和來台恢復的九龍山有無傳承關係？就任人評說了，就如大陸時期的中華民國和台灣的中華民國，讓後世歷史去定論吧！

九龍山在安徽鳳陽府，傳說朱元璋葬父處，爲九龍搶珠之地，最早浙江洪門兄弟在此開山，稱九龍山，爲紀念明朝之意。但隨年代久遠，時起時落，發展有限。直到清末光復會領袖陶成章、秋瑾等，爲壯大革命力量加入九龍山，並成爲九龍山大哥，九龍山開始繁衍支派，各處開分山組織，爲光復會革命效力。

光緒二十幾年，九龍山會黨在於潛、昌化崁山上起義，殺清將巡防營一個統領，會眾擴張到兩萬多人。清廷調動大軍，會眾戰鬥失利。光緒二十六年（一九〇〇年），九龍山主王金滿又率眾抗清，王戰歿，他弟弟王金寶繼起與清兵戰於大樹市，不久亦戰死。接任的山主祝紹康（嵊縣人）率眾加入光復會，成爲革命武力的一支勁旅。

九龍山和光復會合流後，遂在光復會領導下進入杭州各陸軍學校，然二者仍有分工，革命宣傳由光復會負責，而籌款、運械、連絡、偵察、組織兵力等，大都由九龍山各領導負責。

一九一一年時，中華民國就快出生之前夜，十一月四日浙江光復會爲配合整個大局，組光復軍在杭州起義，主力軍由新軍八十一標、八十二標擔任，九龍山義士組敢死隊攻擊軍裝局和巡撫衙門。故，中華民國的誕生，九龍山亦有功焉。

革命成功後，洪門失去抗清旨意。不久被袁世凱指使浙督朱瑞，把浙江的洪門昆仲清掃乾乾淨淨，九龍山從此渙散。後來台灣的九龍山，是否這支建國有功的九龍山延續？須要更多考證。（另見下章）

註釋：

註一：拙著碩士論文《中國近代政治結社研究》（民國七十七年，政戰政研所），後再修訂更名《中國近代黨派發展研究新詮》，由台北時英出版社出版發行（二〇〇六年九月）。

註二：六陸時期的九龍山，根據曾爲五聖山禮德堂堂主樊崧甫，〈我所知道的洪門史實〉一文略說，范紹增、何崇校等，《幫會奇觀》（台北：新銳出版社，民國八十三年九月），頁一—一九。

第二十一章　洪門在台灣的山堂

到底洪門在台灣有那些山堂？我以爲這是不易確定的答案。原因之一是長期以來都是一種「秘密」形態，解嚴後開放才不過二十多年，實際上民國三十八年後的半個世紀都是存在的。原因二是開山立堂不像一般人民團體要登記註冊等手續，留下可資查考的原始資料。所以，洪門在台灣有多少山堂（民38年後爲準）？只是參考答案。

按洪門五聖山山主劉會進先生在他的著作所述，洪門在台灣大約民國三十七年開始發展，其大部份山堂如下。（註一）

五聖山、仁文總堂、義衡總堂、禮德總堂、智松總堂、信廉總堂、五倫總堂、九龍山、九連山、大陸山、大竹山、大洪山、大漢中華山、大民山、大華山、大道山、大同山、大旭山、天成山、天威山、天龍山、五華山、五台山、仁台山、玄五山、正益山、同德山、同興山、成龍山、成宮山、明華山、武當山、狀華山、宏佛山、岱魯山、金馬山、金台山、華龍山、華興山、華泰山、華台山、華統山、聖龍山、聖虎山、聖台山、聖英山、聖鵬山、聖武山、泰魯山、登籠山、統聯山、終南山、佛華山、蜀龍山、皖寧山、南華山、蓬萊山、雄風山、進忠山、龍門山、龍鳳山、龍台山、龍鄭山、龍騰山、鴻華山、鵝湖山、巍峰山、武文山、統全山、東元山、大安山、大玉山、大亨山、大力山、大唐山、大智山、大禹山、中華山、中興山、太華山、太棲山、太元山、太平山、太陽山、太極山、太華道德山、太華太行山、天目山、天文山、天強山、金城山、金華山、長青山、長道山、長傳山、長忠山、青元山、青龍山、延平山、春寶山、春龍山、春虞山、春營山、春暘山、虎威山、虎頭山、東泰山、東揚山、陸台山、楚荊山、智華山、崑寶山、嵩威山、新城山、新超山、崑崙山、義台山、義華山、紫金山、擎天山、齊魯山、錦恆山、錦寶山、錦屏山、興元山、興華山、興龍山、萬雲山、銀峰山。

世界洪門總會駐中華地區代表職稱

首席顧問	邱創煥	常務理事	徐天華
顧問團團長	陳　川	常務理事	龔　正
顧問團副團長	蔡馨發	常務理事	劉會進
總會長	趙正明	理事	陳寶元
理事	李鳳山	理事	賴昭虎
理事	王登貴	理事	陳杏洲
理事	胡鏡中	理事	張晉瑋
理事	劉治寰	理事	葉文隆

本會在美註冊計有包括美國二十六個會員國。

以下把在台灣的洪門山堂，有可知曉者，做簡略介紹。（註二）

大同山

民國四十一年，尹立言被推選爲聯合國澳門協會主席，遂開創山堂，吸收了港澳地區和東南亞一帶華僑加入。尹立言回國定居後，六十九年成立「忠義道德自強聯誼會」，是國內洪門計劃以組織來團結昆仲的開始。尹立言任總會長，南華山主崔震權、西華山主黃震、棲霞山主張大謀任副會長。同時又籌組「中國洪門總會」，提出修正洪門規則，以適應時代潮流，廢除三百年前設立的家法，對違反十條十款者，改以開除會籍議處。該會雖有理想，可是所屬山堂並不聽從它的指導，仍然是各山走各的路。有的山堂甚至撰文批評該會選定核心人物不公平，使「忠義道德自強聯誼會」難以推展業務。

尹立言除了將心力擺在洪門總會外，對於大同山的業務，則著重於與國外洪門昆仲聯絡。推行這一種循序漸進的推展，在山堂內引起非議，因而醞釀改組洪門總會長的動議，七十四年元月十一日下午六時，洪門各山堂三十多位山主、副山主全聚一堂，席間並有退休將領劉詠堯、陶滌亞出席。

這些山主們共推退役將領袁樸出任「中華民國海內外洪門忠義自強總會長」，尹立言自此退居幕後。袁樸原是太華山的老哥子，他的插手，使「洪門總會」有了新氣象，他提出成立「中華國粹企業股份有限公司」的構想，想由各山堂集資發展企業，與洪門總會「一體兩面」，但在推行運作下，並不十分順暢。

大同山成員大都爲知識份子，其中精英有一蜀洪，寫了一部一百五十餘萬字的小說「洪門兄弟」。他以通俗小說的文體，貫穿以洪門「跑碼頭」、「拿語言」的內容。

洪門龍頭大聚會：前排①劉陰堂；②黃震；③香港太平山關德福；④尹立言；⑤崔震權；⑥徐松山。後排：①曹敦發；④盤達生；⑤呂保生；⑥胡少和；⑦淳于桜

尹立言是大同山主

大同山副主席徐天華是實際操持山務的大將，成天在外跑碼頭，是典型的洪門江湖兄弟。

大同山的成員裡，據悉有些是來自情治單位的人。他們入山的動機，大概是想藉此管道獲得情報。但以洪門橫向發展的型態來看，各山堂的業務機密很難由別的山堂獲悉；不過，由於洪門昆仲聚會頻頻，一有婚喪喜慶各山堂昆仲會面機會多了，便自然而然可以互通訊息，所以在選戰期間，許多候選人也會透過一些內八堂的爺字輩人物，邀宴洪門昆仲，動機無不想藉此拉票，功能如何？難有定論。

西華山

山主蔣伏生係退役將領，他常在洪門聯誼活動時，邀請他的同學和軍中袍澤參加，所以常出現將星雲集的盛況。

六十九年，蔣伏生逝世，群龍無首，西華山一度無法繼續運轉。黃震適時接下山主重任，他爲了使西華山重現江湖，乃先擺下私事，將他經營的西華公司海外業務轉移到國內，全力進行山堂的重整。

爲了慶祝西華山創山四十七週年，黃山主排出抬節大禮，接駕慶賀的貴賓，由該山

三、五、七、么排演出敬滿堂酒的行禮。在本省洪門山堂中，這種古禮已少見了！

黃震爲了招賢納士，先後在台東、台中設立西華山分堂，定期舉辦慶賀活動。由於黃震的熱中，乃又在昆仲推舉下接下了龍涯山，成了「雙龍頭」。這時他又開始企業化經營，聚合了西華山昆仲力量，開創「龍鑄實業公司」，以進口藥材、出口五金、清潔劑爲主。黃震深深體會，要辦好山務，非有雄厚的經濟基礎不可。

西華山管堂陳金森，藉著洪門兄弟聯誼刊物之名，成立了「忠義論壇台北縣讀友育樂中心」，在七十四年正式開幕，是該山積極進行的聯誼活動，也是台北縣七十四年底公職人員競選候選人極力拉攏的

右為春寶山主胡少和，左為西華山主黃震

「社會資源」！

五聖山

民國廿一年創於上海，當時向松玻聯合長江、珠江流域的洪門山主成立「五聖山五倫總堂」，下分仁文、義衡、禮德、智松、信廉五分堂，智松堂堂主向松玻被推爲總壇山主。在台復山後，礙於客觀環境，一直未正式露面活動。六十三年向松玻因病逝世，由其遺孀向李志芬接掌山堂。

向李志芬不讓鬚眉，六十八年在台北士林區成立五聖國術館，免費教導梅花拳，一方面提昇洪門兄弟在社會上的地位，並先後在基隆、桃園成立分堂。

六十九、七十年分別在士林臨濟寺開

五聖山前山主向李志芬

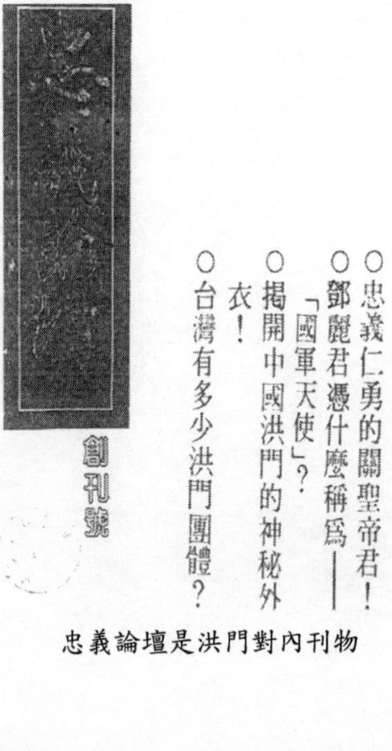
○忠義仁勇的關聖帝君！
○鄧麗君憑什麼稱爲——「國軍天使」？
○揭開中國洪門的神秘外衣！
○台灣有多少洪門團體？
創刊號

忠義論壇是洪門對內刊物

香堂，接引新昆仲入五聖山。七十二年，該山在空軍官兵活動中心舉辦創立五十週年紀念會，全省各山堂昆仲都到場致賀，並有海外洪門團體與會。

五聖山忠義堂設在台北市瑞安街。七十三年三月向李志芬病逝，該山活動乃告停頓。經營天倡興業公司的吳健勝是五聖山的成員，他以銷售帝王石建材而聞名建築界，他常參與洪門聯誼活動，並且支持洪門對內刊物「忠義論壇」的廣告。

五聖山昆仲的活動，在工商界有十分傑出表現，涉足行業有遊覽公司、水泥公司、客棧、進出口貿易、法律會計事務所、建設公司、電子公司，平常他們之間互通訊息，只要是同山堂裡的昆仲，都會採取優厚條件，提供服務；到了選戰拉起戰火時，只要山堂內大哥登高一呼他們全力支援，是一股不容忽視的力量，他們來自工商界，對選情與候選人在與其本身的利害關係，十分重視，他們也將支持候選人應戰，視做一項「投資」！

太華山

由劉伯琴在台北市景美萬聖橋附近開立第一座山堂，成員有的是退役榮民慕名加入，有的是大陸時期「轉山」進入的。該山發展很快，劉山主在六十七年逝世後原屬太華山內八堂的大爺紛紛下山開香堂，包括了現在主持棲霞山的張大謀、春寶山的胡少和、天目山的徐松山、一華山的呂保生、義幸山的唐啵良和錦寶山的曹敦發。

太華山在劉伯琴任山主時，曾投資拍攝電影「洪門兄弟」，由歐威和馬驥主演，是洪門史上第一部由自己昆仲拍攝的洪門電影，上映時受到全省洪門昆仲矚目，賣座很好。過後又有以洪門為劇本的電影「洪門三柱香」和「青洪幫」，可是賣座平平。七十四年間又有以洪門為體裁的錄影節目上市。

七十二年八月，由繼任山主淳于棪領導的太華山組成「力行社」，定每個月第一星期六，在台北市民生東路某固定場地開會，藉以推動社務，並在全省各地區分配負責人及聯絡人，向社員每人募捐最低一千元會費。此舉會引起治安單位密切注意。

劉伯琴在台復山，培養了開山人才

太華山淳于棪

目前太華山在全省設有分堂達二十一處（附註一），總堂在台北市，是洪門山堂中在台設立分堂最多的。由於成員高達二千人以上，良莠不齊。該山三重分堂，曾爲治安單位查獲私藏槍械，起出十一支土槍及一批彈藥，其堂口旁即爲私娼館。

由於太華山分支機構多，成員十分複雜，許多地痞流氓在「一清專案」中，立即投入太華山行列，與原本的角頭幫派，劃分界線，以期逃避警方耳目，但是有些列管有案者，並不因其具有洪門身份而有「特權」，仍然成爲掃黑對象。

太華山的分堂，有的在地方茁壯，開始領風騷於一角隅，因此屬於地方選舉的候選人便不敢得罪洪門兄弟，一有流水席，拉票散傳單活動，也都拉一把，並給予待遇，因此選戰對於這些來自低下階層的洪門昆仲，毋寧是一筆「意外財」！

附註一：太華山分堂表

台北縣淡水分堂
台北縣八里分堂
台北縣三重分堂
台北縣五股分堂
台北市分堂
台北市松山分堂
台北市中山分堂
基隆市分堂
宜蘭縣分堂
桃園縣分堂
桃園公西分堂
桃園龍潭分堂
苗栗頭份分堂
台中市分堂
彰化縣分堂
高雄市分堂
高雄鳳山分堂
屏東市分堂
屏東龍泉分堂
台東縣分堂
花蓮縣分堂

中華山

龍頭是黃大夔。由該山分出字號的堂口和負責人是：基隆天仁聯誼會，陳金奇負責。台北市復興聯誼會，刁平負責，他發行了報導洪門動態的「忠義論壇雜誌」，對於洪門現代化構想很多，對洪門史實探考也很深；七十二年該聯誼會改成復興山聯誼總會，目前刁平又接掌關係企業東南電影雜誌的編務。中部方面，有天龍聯誼會，周勇負責，七十三年三月改立爲華龍山，正式扯旗掛帥。台中市有同心聯誼會，蔡戴安負責。

中華山對外擴張分堂（以聯誼會爲名），對內擬定「忠義關係企業」。行仁分會和九龍山合資，在台北市開了徵信公司和法律地政事務所。

七十年，中華山策劃主辦紀念紅花亭三百零七年紀念大會，假中山堂舉行，並主動

洪門對外以「聯誼會」名稱，內有洪門昆仲活動

邀請傳播界報導，這對洪門而言，是邁向公開的一大步。

治安單位爲此次大會大爲緊張，曾派大批探員蒐證，發現該大會是洪門聯誼的擴大活動，裡面公開了「迎賓接駕」、「敬滿堂酒」和「恭送起駕」的洪門禮節，使外界大開眼界。

中華山所屬聯誼會中有商賈、民意代表以及推動社會服務的工作者。復興聯誼會蕭義洋在台北市成立租賃公司，大義聯誼會長吳靜儉創設公害防止和鑑定公司；中華山禮堂林姓大哥目前是立法委員；復興聯誼會的王精明，開設三愛醫院，成立棄嬰之家和未婚媽媽之家，他曾爲華僑陳果仁在美遭殺害而發起捐款，協助向美國聯邦法院控告判決不公。

中華山有組織，成員素質高，在選戰中涉入的程度不深，有的是昆仲受人之託，不得不虛應候選人，到了關鍵之際，就很難保證他們也會拿出「義氣」，全力支持固定的候選人。

春寶山

山主胡少和，山堂設在台北市廈門街某將軍宅的對面，在台復山三年，時間不長，活動卻十分按照洪門規矩進行，每年紀念紅花亭、單山會都有聚會，每年開山紀念大會均予詳細紀錄，是一個很重視保存活動史料的山堂。

胡少和曾請人將三年來開香堂的活動拍成錄影帶作爲紀錄。有A拷廠獲悉，認爲這是洪門活動難得一見的「紀錄片」，乃出價以一捲十萬元的版權費收購。但胡少和認爲此舉會使洪門曝光而不允，目前該錄影帶只有山堂內昆仲可以借看。

春寶山和影藝圈關係頗深。據悉有一方姓、王姓、林姓女星與該山有聯繫，她們在拍片時遇到困難就找洪門出面代爲打圓場。

春寶山高雄分堂余鶴營任皇后舞廳董事長後，春寶山也捲進入特種營業的是非圈，舞廳有幫派找碴，乃動用洪門昆仲出面調節。另外有些合唱團作秀，遭到幫派份子糾纏，也會商請洪門昆仲出面充當「保鑣」，往往都能逢「兇」化「吉」。

洪門昆仲處理影劇圈、娛樂圈的是非，不像一般幫派完全憑武力，而是以談判和解爲重點，故少聞火拼事件。這也是洪門昆仲「高」於一般不良幫派之處。

春寶山和選舉也有一些關聯。據春寶山內部人士自己說，凡有公職選舉，他們都會替執政黨後選人義務拉票，並充當選情探子。

天目山

山主徐松山出自太華山，他將堂口設在台北市中華路，成員號稱有六百人，並澎湖馬公成立分會，是洪門擴充分堂到離島的先鋒。其昆仲陳禮文在台中開了一家「關山旅社」，每每有洪門昆仲前往，必予盛情招待。許多碼頭過客在此與中部昆仲聯誼。

天目山陳功在獲取字號扯旗掛帥之後，也在七十四年開立「靈嚴山」，使洪門山頭又加添了一個紀錄。

天目山在高雄成立分會，由黎進華負責，在高雄地區展開招收新貴人的工作，部分分堂分了字號以後各設山堂，但並不聽山主指揮。因此，在高雄地區的選戰裡，這群洪門昆仲，扮演地方派系的游離份子，既不靠攏黨外，對於國民黨地方黨工透由其蒐集情報的作法，也並非全然配合。

棲霞山

山主張大謀，著作「孫逸仙博士與洪門」，是在台洪門昆仲少數精曉洪門歷史和掌故者。

山堂設在台北市仁愛路，活動以北部爲主。但張大謀花在研究洪門史上的功夫，遠超過他花在山堂業務上的精神。

下面要介紹的幾個山堂則比較保守，他們將「海湖」（即洪門）組成一個封閉的社會，暗底裡開香堂，招兄弟，辦聚會，不願張揚，對於洪門其他山堂也較不關注。他們在一個動盪的時代裡，爲了延續洪門香火，而默默扯旗掛帥，不動聲色的和海外洪門昆仲互通聲息。

棲霞山主張大謀

他們在知名度和組織上，都不及上述幾個山堂，但由於許多山堂堂主係實力人物，多少與目前任居官職的舊洪門大哥有「特殊交情」，因此活動觸鬚佈及很廣，有的山堂則傳聞獲得有關單位的「默許」，進行收集情報的工作，扮演「邊緣人」角色。

南華山

山主是國大代表崔震權，堂口設在台北市建國南路，以北部爲重點，平常以棋社爲聯絡昆仲友誼的中心，凡有關洪門之事，可以立即反映，馬上解決，同時昆仲之間固定繳交費用，以維持內部開銷。在中壢設有分堂，在台北設有聯誼社，與美國舊金山五洲致公堂保有密切聯繫。

洪發山

發源自香港，現在活動以在台太平聯誼會負責人盤達生爲主要推動者，山堂在台北市漢江街。昆仲多爲廣東人，且多服務於酒樓餐館。這種以某一行業爲對象的組成型態，在洪門中並不多見。

洪發山自組兩廣國術館，平日皆習武鍛鍊身體，遇有慶典則推出舞獅團，藉此聯絡昆仲情感。設有互助會，昆仲家有急難可撥款相助。

洪發山主盤達生

錦寶山

山主曹敦發，堂口在台北市景美區。七

十二年曹敦發曾赴香港，與海外洪門聯誼。山主夫人經營「技巧髮廊」，在木柵地區生意不惡，此一情狀，是過去洪門兄弟始料未及的，以山堂堂主夫人之尊，拋頭露面，開髮廊，顯現過去洪門堂主手下供給的「孝敬費」，大搖大擺的日子，在現今社會裡已成了過眼雲煙。

錦寶山在台活動裡，最爲昆仲熟知的是，參加藍天影業公司拍攝的「洪門兄弟」，七十三年十二月十三日，影片的拍攝假該山香堂排練、拍攝，許多洪門兄弟也披掛上鏡頭，洪門兄弟自演「洪門兄弟」在過去是少見的。

九龍山

原山主王春山謹言慎行，初期招收會員完全秘密，七十年因病逝世。繼由潘貴珍接掌，改以開朗的心懷去接納新貴人，並以互助合作的方式，設立了「糧台」基金，在全省各地加強成立分堂，但對外不宣揚，其成員單純，昆仲間有急難，均可自「糧台」獲得週轉金。

楚荊山

原山主爲劉耀堂，成員只有二百人。由王桂林接掌後，活動增多。其根據地主要在台中。當地有一外號「小老美」的昆仲專跑碼頭，穿梭於各山堂之間。他與中部黑道關係也不錯，許多幫派份子都對他留有三分情。在「一清專案」掃黑行動中，這位「小老美」因犯案累累遭逮捕。

楚荊山一度由朱果三任山主，後由李國華任山主，其精英份子有人是中部民聲日報記者。（七十四年該報已轉讓經營權，改名大眾晚報）

老前輩的保守，使洪門香火的延續緩慢，新生代的昆仲頗不以爲然，他們認爲要突破，就需要縱橫山堂，擺成同一陣線，團結一致，向外發展。下面的幾個山，就是新生代的代表。

同德山

山主楊運濤。其台中分堂負責人苑守禮（曾化名蔡守禮），結合了五聖山智松堂的張智禮、太華山的副碼頭官翟鐵民，再串聯中部十個山堂的少壯人物齊聚一堂，共商成立「中國洪門愛國同盟中部地區聯誼會」，由各山堂推出二至三人爲委員，共三十四位委員，分別執行聯誼會的紀律、財經事務。這股團結力量一度受到治安單位注意，但經調查，所謂企業化、組織化並未成熟！

金台山

中部地區聯誼會成軍後，更激發了有心以洪門起家的少壯昆仲。雖然他們明知洪門已不可能重拾昔日光彩，但仍想以注入新生代的熱血和企業化的經營理念，使洪門脫胎換骨。可惜他們採用了鄭成功在台開設山堂的名稱金台山，引起同門昆仲批評。

金台山由張能標、張晉銘操大權。他們一開始就以認股的方式籌組瓷土礦業公司，由該山昆仲認了一百萬元資金；接著又成立「中青文化育樂活動中心」。七十二年三月，在新莊市開辦佑群綜合醫院，對外宣稱這是洪門金台山明遠堂的關係企業，並稱洪門昆仲前往看病可獲六折優待。

該山昆仲陳明峰、蔡嘉盛、黃文雄等人則開有茶藝館，常有洪門昆仲借茗茶聊天之際交換經商心得。

大陸山

聊嶽生開立，也遭到洪門昆仲的批判，因爲大陸山是孫中山先生開立的，復山者也有犯上之嫌。

目前較少對外活動的還有大洪山、青龍山、武當山、盡忠山、大享山、大蜀山、大華山、峨嵋山、大漢中華山等。

另外，自七十一年以後陸續成立的有大梁山、華山、義華山、龍虎山、精忠山。他們以洪門眾多山頭裡剛冒出土的新山自居，願意多看、多聽、多聞，希望將來有一天也能成爲堂堂大山。

台灣洪門山頭林立，成員眾多。爲何卻不見這株有三百多年的老根重新發芽，再現茂密枝椏？

探究原因有三：

一、成員在未入會時，把洪門看得十分神秘，入會後卻發現除了固定繳費外，每個月就是應付昆仲間的紅、白帖。有正當職業的昆仲，受不了這種應酬與奔波；倒是成天無所事事者，樂見成天吃喝玩樂，可是錢又無著落，只好暗中勾結非法取利，不然就是利用選舉撈上一筆！

光是繳費、應酬的昆仲，在對洪門失去神秘、新奇感後，自然不願再參加活動，而洪門堂口也毫無強制力，最多只是以開除會藉爲脅；可是對於無心身在洪門者，這倒是順水推舟。於本來就抱著「玩」的心態者，本來就不尊重洪門，十禁、卅六誓早已化作耳邊風了。

二、各山堂各自爲政，大搞山頭主義。有的山主本身素養不足，難以挑起重責。有心搞好的常覺心有餘而力不足；無心搞好山堂的，則任憑昆仲掛著洪門的招牌在外爲非作歹，甚至趁機賣「大爺」步位以斂財。

爲今之計，洪門山堂必須先掃除本位主義，以誠心來聯合、團結，在既有基礎上下功夫，不要擺門面，光靠架空的組織空談大團結。當然，這還須各山堂的支持與協助。但是洪門昆仲各自爲政的情形，在缺乏集體領導，以及適當生存環境下，很難再度恢復昔日在大陸上的威風！

三、角色的自我認識待商榷。洪門昆仲口中常言，某位立委、某位國大代表是他們山堂的精英。其實這些民意代表心裡十分清楚，最初入洪門，只是想拉攏票源罷了，等當選之後，就不再過問洪門之事；山堂拿他來當「招牌」，他也無可奈何。還有洪門山堂裡最喜標榜在選舉時大力鼎助某候選人高票當選，以表輔選有功。事實上在選戰時，任何可資利用的人力資源均會被相關單位派上用場，洪門只是可爲應用的一部份，真正在選戰的影響力，恐非洪門自家人所宣稱如此「法力無邊」！

儘管洪門在介入選戰的情形，並不如外界揣測，但有關洪門組織，昆仲之間爲了掩護身分，所遺留下的種種隱語，會面時的行禮聯絡方法，以及山堂內的組織配備，開山堂的儀式，山堂召開的「單刀會」則是外人極欲揭開的一張神祕極紗！

註釋：

註一：劉會進，《見證洪門三百三十年》（台北：黎明文化出版，民國九十三年十二月），頁一九六－一九八。

註二：各山堂簡介，見池宗憲，《夜壺》（台北：焦點出版社，民國七十四年九月），第一章。

第二十二章 關於中國洪門五聖山

五聖山是國民黨幾個黨員因反對北洋軍閥失敗後，流亡於倭國時所創議，於一九二三年在上海成立。（註一）取名五聖，意在紀念洪門的前五祖、中五祖、後五祖。另一個原因是五聖開山有五兄弟，結義宗旨爲反對北洋軍閥，五兄弟分任五堂堂主。

長曰仁文堂，朱卓文爲堂主；

次曰義衡堂，梅光培爲堂主；

三曰禮德堂，明德（字潤身）爲堂主；

四曰智松堂，向海潛（字松坡）爲堂主；

五曰信廉堂，張子廉爲堂主。

（一）仁文堂：朱卓文係廣東人，在香港和兩廣發展並吸收成員，擁護孫中山先生。朱卓文死後，後起無人，這一堂卽消失。

（二）義衡堂：梅光培堂主亦廣東人，有眾數千。倭軍攻香港時，曾組義軍抗日，當時他已生病。一九四七年，向松坡提議李福林接任，未經本堂昆仲通過，後亦無形告終。

（三）智松堂：向松坡堂主，湖北大冶人，辛亥革命時任鄂軍民軍司令。他反對蔣介石，亦反對杜月笙，一九四〇年，他派心腹在湖北發動游擊，被蔣公偵知，令薛岳截捕槍決，並通緝向松坡，不久被羈縻在重慶，任「軍委會人民動員委員會常務委員」，每月三百元車馬費。

一九四六年，向回上海，辦理洪門復員事宜，改組洪興協會，並任理事長。後來又擔任「中國新社會建設協會」董事長、創「上海市協社」。上海解放後，他派王智聖代表去表態，表示支持人民政府，本堂後亦無形告終。

（四）禮德堂：明德堂主，湖北人，在鄭州隴海路局所辦學校任教職。他發展組織以文教、工商界爲主，成隴海路線一霸，但後來似也死的不明不白。

（五）信廉堂：張子廉堂主，浙江杭州人，少年時在上海製造局當工人，後回杭州參加光復會起義，對杭州光復有功。後創三星棉織廠，擁護中山先生革命主張，可惜年幼失學，文化水平低，加入恆社受杜月笙挾制。

按附件三〈認識洪門　瞭解五聖山〉一文，向松坡是五聖山的創山主，台灣何時「復山」無史料可查。第二任山主是陶滌亞中將（陶也是中國全民民主統一會的第二任會長），陶公於民國七十八年接掌五聖山，八十八年仙逝。現任山主是劉會進，關於劉會進和五聖山，詳見附件三。

註釋：

註一：五聖山成立時間在二說，此處的一九二三年，另見本書附件三〈認識洪門　瞭解五聖山〉一文爲民國二十一年。本章簡介五聖山，參考范紹增、何崇校等，《幫會奇觀》（台北：新銳出版社，民國八十三年九月），頁一一三—一一九。

附件一：近四百年來洪門在中國各政治團體中關係變遷表

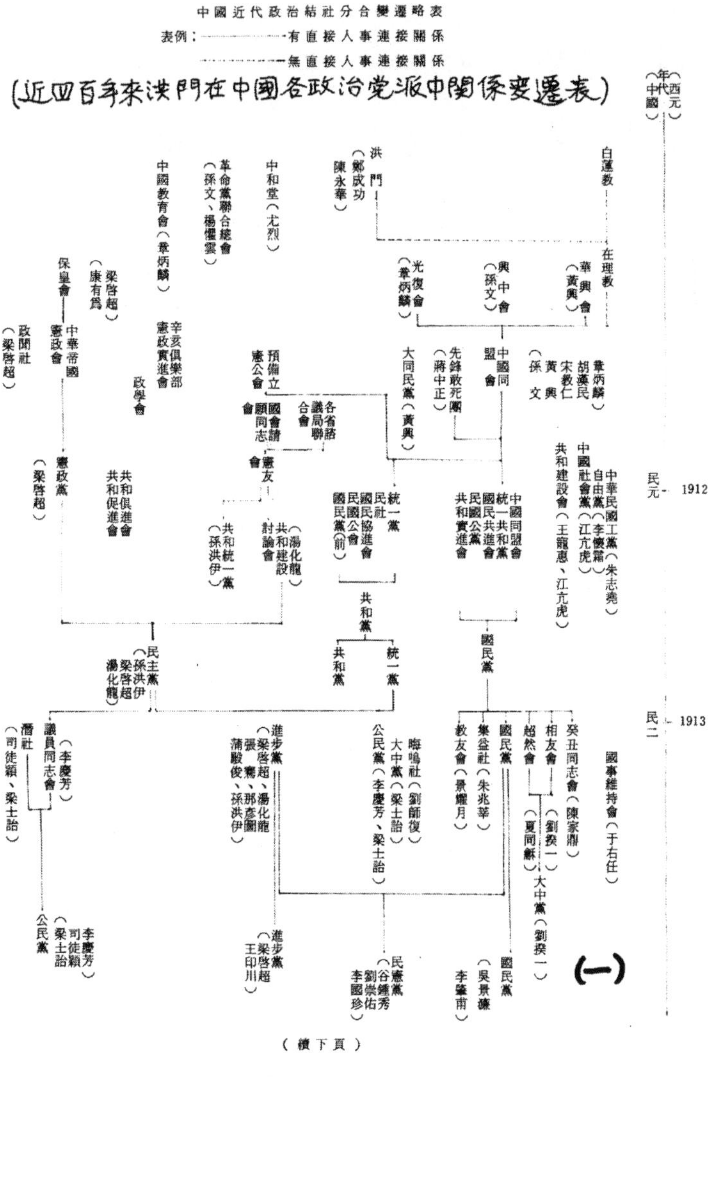

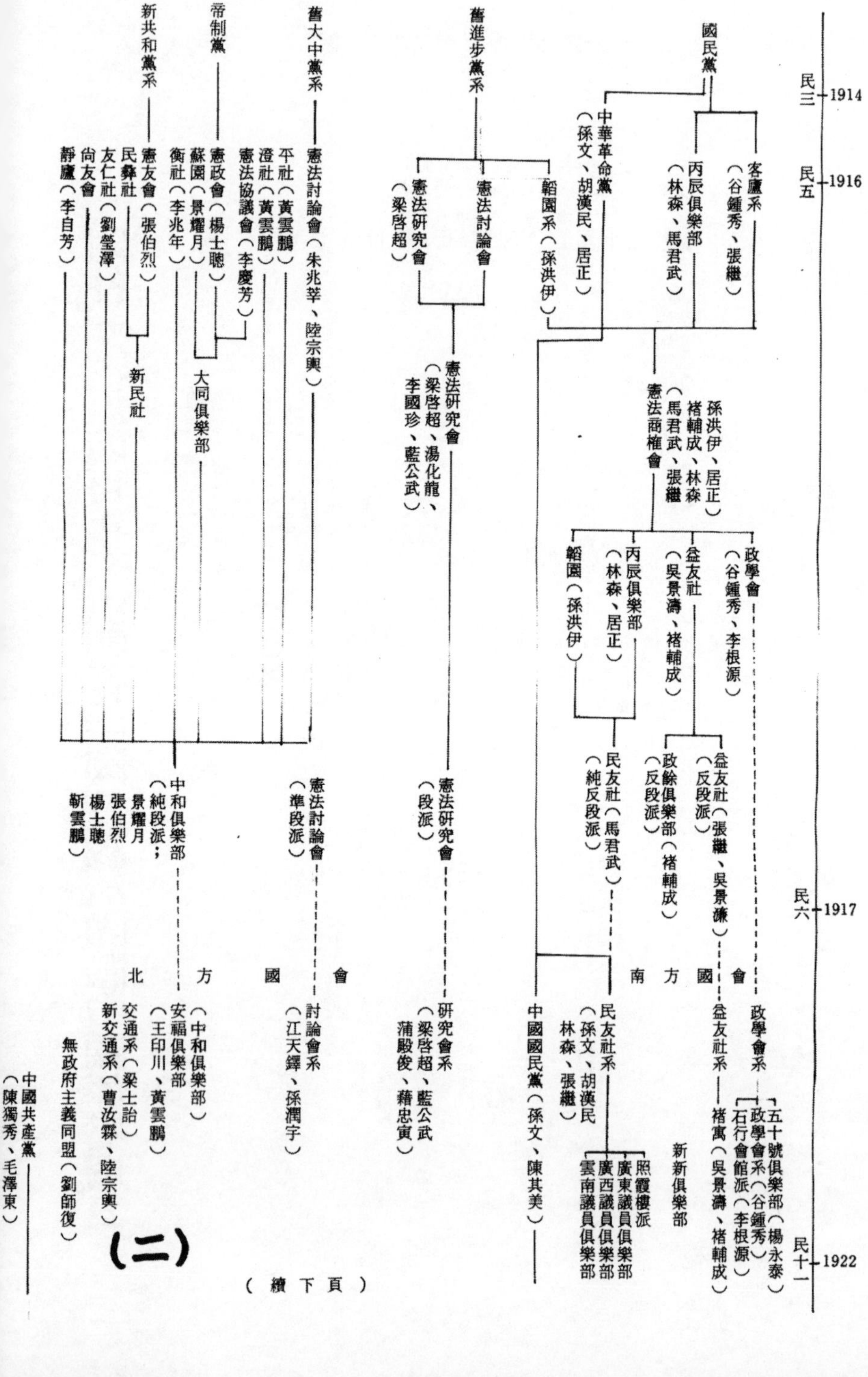
民三 1914
民五 1916
民六 1917
民十一 1922
國民黨
客廬系（谷鍾秀、張繼）
丙辰俱樂部（林森、馬君武）
中華革命黨（孫文、胡漢民、居正）
舊進步黨系
韜園系（孫洪伊）
憲法討論會
憲法研究會（梁啓超）
舊大中黨系
憲法討論會（朱兆莘、陸宗輿）
平社（黃雲鵬）
澄社（黃雲鵬）
帝制黨
憲法協議會（李慶芳）
憲政會（楊士聰）
蘇園（景耀月）
衡社（李兆年）
大同俱樂部
新共和黨系
憲友會（張伯烈）
民彝社
友仁社（劉瑩澤）
尚友會
靜廬（李自芳）
新民社
憲法商榷會（孫洪伊、居正、褚輔成、林森、馬君武、張繼）
憲法研究會（梁啓超、湯化龍、李國珍、藍公武）
政學會（谷鍾秀、李根源）
益友社（吳景濂、褚輔成）
丙辰俱樂部（林森、居正）
韜園（孫洪伊）
益友社（張繼、吳景濂）（反段派）
政餘俱樂部（褚輔成）（反段派）
民友社（馬君武）（純反段派）
憲法研究會（段派）
憲法討論會（準段派）
中和俱樂部（純段派；景耀月、張伯烈、楊士聰、靳雲鵬）
南方國會
北方國會
政學會系
「五十號俱樂部（楊永泰）
政學會系（谷鍾秀）
石行會館派（李根源）
益友社系
褚寓（吳景濂、褚輔成）
新新俱樂部
民友社系（孫文、胡漢民、林森、張繼）
照霞樓派
廣東議員俱樂部
廣西議員俱樂部
雲南議員俱樂部
中國國民黨（孫文、陳其美）
研究會系（梁啓超、藍公武、蒲殿俊、藉忠寅）
討論會系（江天鐸、孫潤宇）
安福俱樂部（王印川、黃雲鵬）
（中和俱樂部）
交通系（梁士詒）
新交通系（曹汝霖、陸宗輿）
無政府主義同盟（劉師復）
中國共產黨（陳獨秀、毛澤東）

（二）

（續下頁）

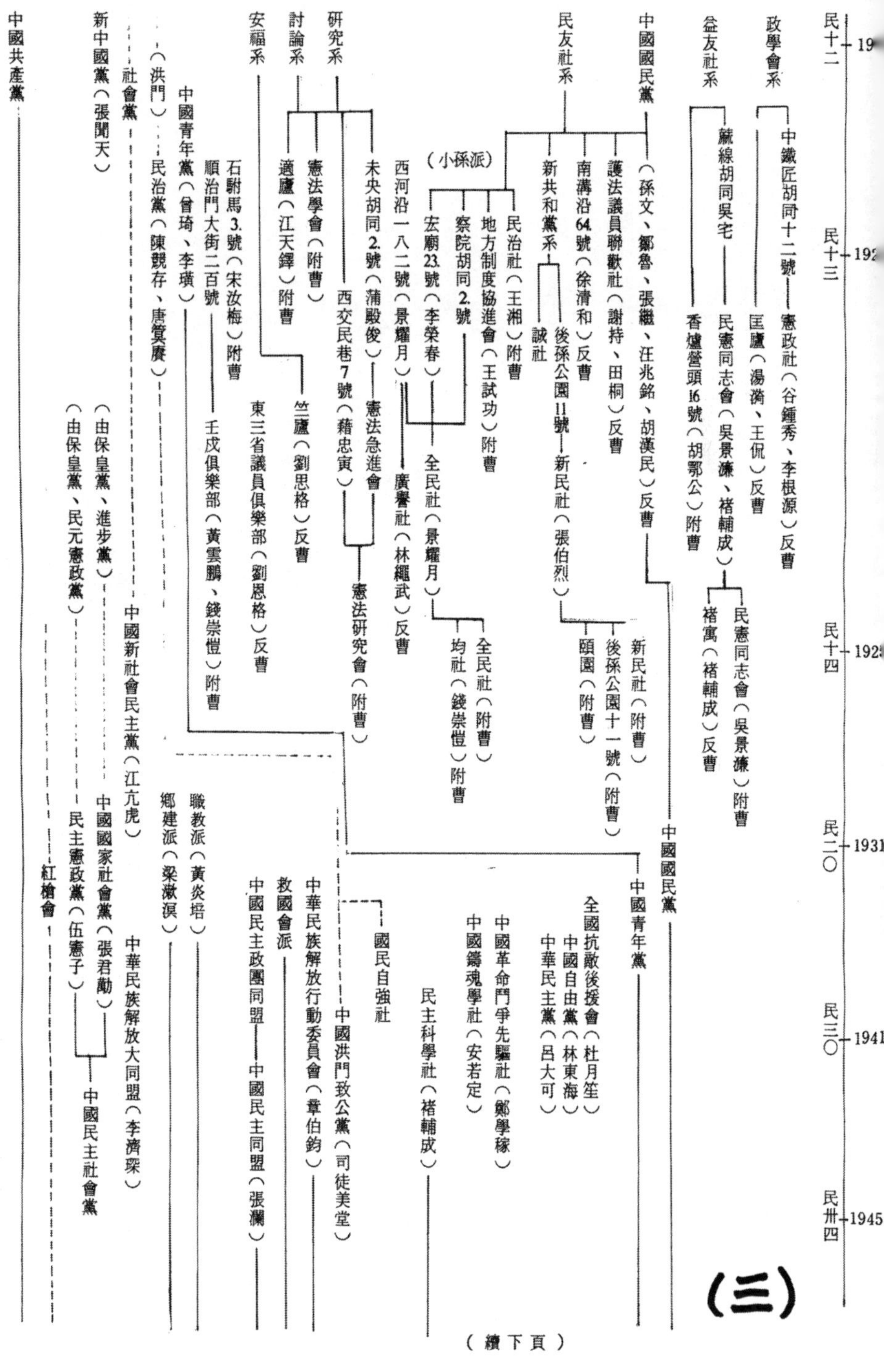
民十二 1923
民十三 1924
民十四 1925
民二〇 1931
民三〇 1941
民卅四 1945
政學會系
中鐵匠胡同十二號
憲政社（谷鍾秀、李根源）反曹
匡廬（湯漪、王侃）反曹
益友社系
麻線胡同吳宅
民憲同志會（吳景濂、褚輔成）
香爐營頭16號（胡鄂公）附曹
民憲同志會（吳景濂）附曹
褚寓（褚輔成）反曹
中國國民黨
（孫文、鄒魯、張繼、汪兆銘、胡漢民）反曹
中國國民黨
民友社系
護法議員聯歡社（謝持、田桐）反曹
南溝沿64號（徐清和）反曹
新共和黨系
誠社
後孫公園11號
新民社（張伯烈）
新民社（附曹）
後孫公園十一號（附曹）
頤園（附曹）
（小孫派）
民治社（王湘）附曹
地方制度協進會（王試功）附曹
察院胡同2.號
宏廟23.號（李榮春）
全民社（景耀月）
全民社（附曹）
均社（錢崇愷）附曹
西河沿一八二號（景耀月）
廣譽社（林纈武）反曹
研究系
未央胡同2.號（蒲殿俊）
憲法急進會
西交民巷7號（藉忠寅）
憲法研究會（附曹）
討論系
憲法學會（附曹）
適廬（江天鐸）附曹
安福系
竺廬（劉思格）反曹
東三省議員俱樂部（劉恩格）反曹
石駙馬3.號（宋汝梅）附曹
順治門大街二百號
壬戌俱樂部（黃雲鵬、錢崇愷）附曹
中國青年黨（曾琦、李璜）
（洪門）
民治黨（陳覲存、唐賞賡）
社會黨
中國新社會民主黨（江亢虎）
新中國黨（張聞天）
（由保皇黨、進步黨）
（由保皇黨、民元憲政黨）
中國共產黨
中國青年黨
全國抗敵後援會（杜月笙）
中國自由黨（林東海）
中華民主黨（呂大可）
中國革命鬥爭先驅社（鄭學稼）
中國鑄魂學社（安若定）
民主科學社（褚輔成）
國民自強社
中國洪門致公黨（司徒美堂）
中華民族解放行動委員會（章伯鈞）
救國會派
中國民主政團同盟
中國民主同盟（張瀾）
職教派（黃炎培）
鄉建派（梁漱溟）
中華民族解放大同盟（李濟琛）
中國國家社會黨（張君勱）
民主憲政黨（伍憲子）
中國民主社會黨
紅槍會

(三)

（續下頁）

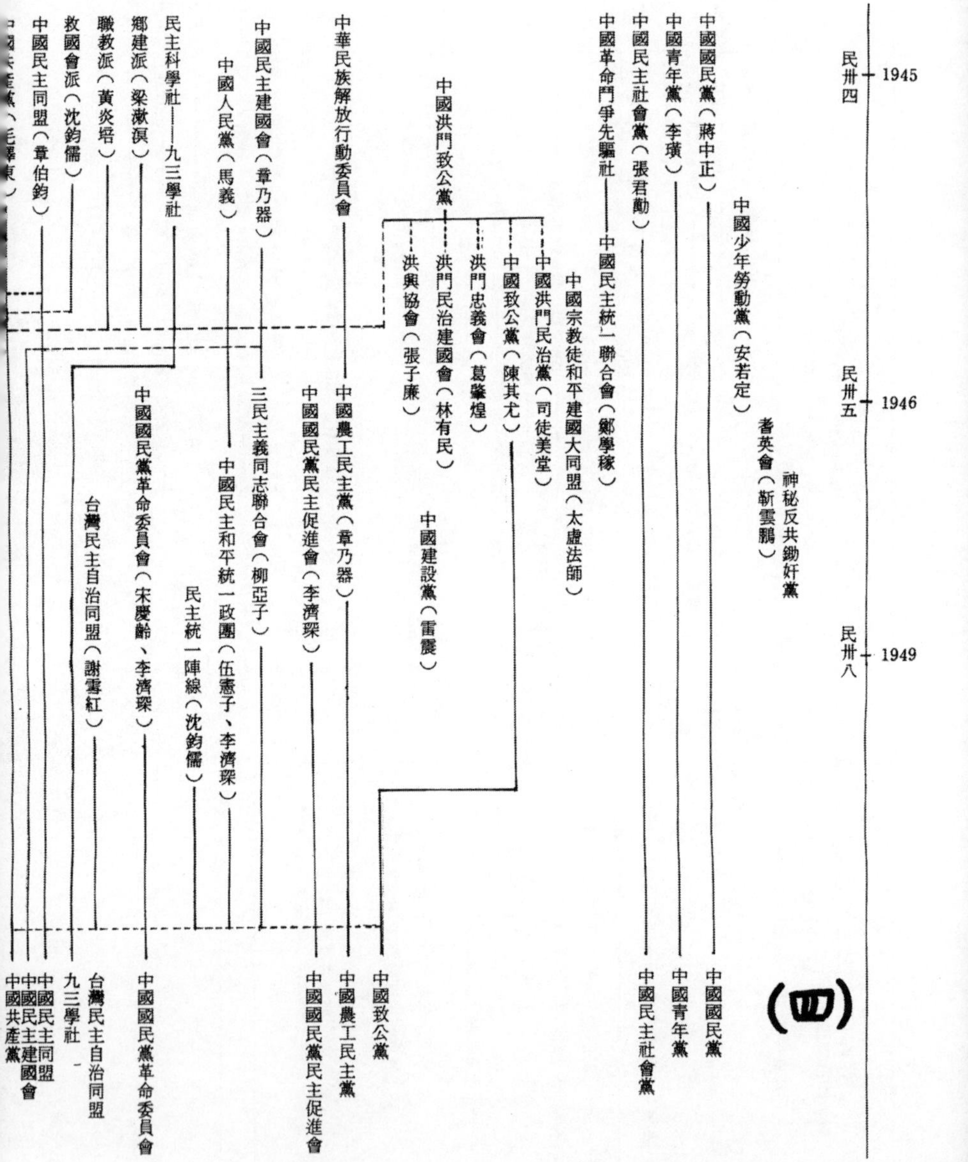
(四)
民卅四 1945
民卅五 1946
民卅八 1949
中國國民黨(蔣中正)
中國少年勞動黨(安若定)
神秘反共鋤奸黨
耆英會(靳雲鵬)
中國青年黨(李璜)
中國民主社會黨(張君勱)
中國革命鬥爭先驅社
中國民主統一聯合會(鄭學稼)
中國宗教徒和平建國大同盟(太虛法師)
中國洪門民治黨(司徒美堂)
中國致公黨(陳其尤)
洪門忠義會(葛肇煌)
洪門民治建國會(林有民)
洪興協會(張子廉)
中國洪門致公黨
中國建設黨(雷震)
中華民族解放行動委員會
中國農工民主黨(章乃器)
中國國民黨民主促進會(李濟琛)
中國民主建國會(章乃器)
三民主義同志聯合會(柳亞子)
中國人民黨(馬義)
中國民主和平統一政團(伍憲子、李濟琛)
民主統一陣線(沈鈞儒)
民主科學社
九三學社
中國國民黨革命委員會(宋慶齡、李濟琛)
鄉建派(梁漱溟)
台灣民主自治同盟(謝雪紅)
職教派(黃炎培)
救國會派(沈鈞儒)
中國民主同盟(章伯鈞)
中國共產黨(毛澤東)
中國國民黨
中國青年黨
中國民主社會黨
中國致公黨
中國農工民主黨
中國國民黨民主促進會
中國國民黨革命委員會
台灣民主自治同盟
九三學社
中國民主同盟
中國民主建國會
中國共產黨

附件二：關於洪門的新聞報導

致公黨

致公黨是大陸八大民主黨派之一，中共建國以來，八大民主黨派人士多在人大、政協任職，能出任中央部委一把手者可謂鳳毛麟角。八大民主黨派被戲稱為「政治花瓶」，因為他們全部服從中國共產黨領導，按照鄧小平說法就是：「承認共產黨領導這個前提下，服務於社會主義事業」。致公黨最大的特色是海外背景。該黨最初由華僑社團美洲洪門致公堂所發起，一九二五年在舊金山成立。至今維護華僑權益為該黨主要目標，目前約有黨員二萬餘人。在八大民主黨派中屬於小黨，黨員僅高於台籍人士所組成的台灣民主自治同盟。

由於其海外背景，文革期間被迫停止活動。鄧小平主政後才恢復。現任主席羅豪才為中共政協副主席。（徐尚禮）

中國時報 96.4.28

洪門開香堂 新人入門來

記者何烱榮／新店報導

洪門博愛會昆仲昨晚在新店市粵祥園餐廳舉行紅花亭紀念大會，並開香堂為五十多名「新貴人」舉辦入門儀式。

洪門博愛會昆仲散佈在台北市、縣各地，以新店市為主要據點，昨天集會除為一年一度的追祭五祖、紅花亭紀念大會外，也為五十多名新入門昆仲舉行入會儀式。新店市長鄭貞德、市代會主席李木生、民眾服務分社主任任子謙都應邀參加。

據瞭解，博愛會昆仲在幫會公開化活動後，積極參與地方事務及選舉活動，國民黨立委提名候選人劉[illegible]和省議員劉[illegible]都爭取該會支持。

新聞辭典

洪門 ■洪金立

日前江南案假釋出獄的陳啟禮主張政府比照「洪門」，讓幫派合法化。

洪門，係原盛於明末清初幫會，不只協助過鄭成功反清復明，且義助孫中山先生革命並參與抗戰。

遷台後，洪門陸續有五十個「山頭」在全省各地活動，其中近四十個屬公開性質，其餘則為祕密組織，由於各「山頭」總堂林立，力量分散，民國七十八年間洪門兄弟經過幾次大會師，遂決定成立「中華民國社會建設促進會」民間團體，並經內政部正式核准，從此活動化暗為明，運作逐漸透明化。

洪門的山主或「大哥」幾乎半數以上是軍校或軍伍出身，是中華民國國旗國號及國體堅定的支持者，成員多數亦屬外省、國民黨籍。由於內部紀律嚴明，各地山頭廣設，而且政治人脈通達，在「幫會」的實質操作下，近年來公職選舉每次都發揮雄厚影響力。

80 1 25 聯合 21版

吾愛吾鄉聯盟會 十八在羅東成立

【羅東訊】以弘揚 國父孫中山先生「五族共和、世界大同」遺志為職志的「吾愛吾鄉聯盟會」，定於十八日在羅東鎮中山堂舉行成立大會，全國會員人數目前已有一千多人，並獲「洪門」組織全力支持，世界洪門龍頭領袖尹立言博士等人是日均將親臨觀禮。（簡明福）

77 7 13 青年日報 15版

世界洪門兄弟聯誼會總會支持李總統登輝先生擔任執政黨主席

世界洪門兄弟聯誼會總會長 尹立言

世界洪門兄弟聯誼會總會長尹立言博士表示，有鑒於國民黨與洪門往昔光榮傳統的歷史，謹以一片赤誠之心，與全體理監事代表全世界一億五千萬洪門昆仲，建議執政黨在十三全大會召開時，全體支持李總統登輝先生為黨主席，以鞏固領導中心，開創新機，加速完成三民主義統一中國的使命。

尹立言博士數月以來，與海內外洪門昆仲聚會時，一致公認，李總統登輝先生天性敦厚，敬長尊賢，久沐中華傳統文化之薰陶，為人謙和，學貫中西，才識宏通，足以擔當非常大任。若當選執政黨主席，必能承先啟後，繼往開來，完成先總統 蔣公遺志，光復大陸。我海內外洪門昆仲應團結起來，集中力量，發揚傳統革命精神，支持李登輝先生擔任執政黨主席，重振黨魂，以最大之毅力，勉勵從政黨員，真心誠意為民眾服務，將以往少數黨官予人之不佳印象，加以消除，以爭取民心，推行民主憲政，開創新局，加速三民主義統一中國的使命。

尹立言博士指出，執政黨與洪門的傳統淵源說：國民黨總理 國父孫中山先生，於一八九二年在美國參加洪門致公堂，繼而開創大陸山，結納英雄豪傑，愛國志士，與黃興、宋教仁，張繼，居正，劉揆一，陳英士等，於東京組織同盟會， 國父孫中山先生為龍頭大哥，團結海內外洪門兄弟，發揚忠義精神，奔走革命，拋頭顱，灑熱血，冒險犯難，屢仆屢起，歷經十次失敗，終於推翻滿清專制皇朝，建立中華民國，洪門兄弟，是創造中華民國的功臣；換句話說，國民黨的前身，就是闡揚中華道統文化的「洪門會」。

八十高齡的尹立言博士，崇尚儒家道統，研究政治，經濟，軍事及哲學五十餘年，好讀歷史，通曉世事，係第二次世界大戰期間，與美英盟軍並肩作戰之名將。抗戰勝利後，尹氏在南京主辦華夏日報，三十八年一月，先總統 蔣公暫時引退，舉國頓失重心，其時以黨國元老，湖南家長自居的程潛，陳明仁等一班缺乏中心思想的人物，受中共利用，竟背叛中央。當時正值國家危急存亡之秋，華中西南各省在上海，南京，武漢，長沙各地的在鄉將領一百八十五人，在武漢，長沙集會，一致公推尹立言將軍為西南人民反共聯軍總司令，正式通電討伐叛逆程潛與陳明仁等，擁護政府戡亂政策，真是疾風知勁草，板蕩識忠貞，深獲輿論之讚揚。總裁 蔣公聞訊，至表嘉許，行政院長閻錫山先生代理總統特專電慰勞。全國人民，全黨同志，黃埔同學，海外華僑，咸表欽敬。從此尹立言將軍反共英雄之名，馳譽國際。四十多年來，這位世界洪門大哥，從事世界和平運動，以世界和平策進會的名義，組織世界和平親善訪問團，訪問了數十個國家，所到之處，均受到世界各國政要，學者，愛好和平人士，海外華僑以及洪門昆仲們熱烈歡迎。

尹立言博士擔任聯合國漢門協會主席十餘年，港澳洪門昆仲一致擁戴，尹氏指出世界局勢動亂之癥結，由於政治經濟制度不良，人類貧窮，無知，自私，三大因素所造成，世界一切紛爭，莫不起於不平，人類有史以來，從無一套公平合理的解決辦法。尹氏認為，戰爭不能解決世界根本問題，因此，在二次世界大戰時期，即自一九四〇年開始，撰寫「建立世界和平」一書，站在人類共同利益的觀點，為全球人民籌謀打算，呼籲：「打破個人自私，打破黨派自私，打破國家自私，打破種族自私」。提出政治民主，經濟均富之「同享制度」（CO－SHARINGISM）。

「建立世界和平」一書，一九六〇年在香港出版，當時由張發奎上將，黃旭初上將，關麟徵上將，香港天文台報發行人陳孝威博士，及基督教主席陳能方博士等名流學者發起推銷，受到廣大讀者之歡迎。後又繼續撰述「世界道德聯盟的建立」、「世界政治家的指標蔣經國與李光耀」、「世界和平宣言」、「正義的呼聲」及「致美國總統雷根的公開信」，指出美國以往政策的錯誤，今後應走的明智途徑。在「致中共領導人李先念、鄧小平等的公開信」及「致蘇聯領導人戈巴契夫的公開信」中，更指明共產主義違背人類通性，不適存於今日世界，俄共試驗七十年中共試驗四十年的結果，均告失敗。因此，必須實行「同享制度」，為全民福祉着想，大量裁減軍備，改善人民生活狀況。由於上述著作立論正確，揭櫫詳明，先後在美國發表，傳播全球，產生廣大的共鳴，這是世界潮流所趨，人心所向，眞理所在，各國學者，海外僑領，咸表欽敬。中華民國教育部為表揚尹立言博士著書立說，闡揚中華文化，促進中外文化交流有功，特頒贈文化獎章，日本聞人中山燕裕，中山法元，坂本學，野元義治及松本州弘等多人，同尊尹立言博士為「世界和平之父」。誠乃實至名歸，獲得中外輿論之讚譽，為東方文化，為中國人增加新的光彩。

中央日報，民77.7.7.

世界洪門兄弟聯誼會總會

臺北聯絡處：臺北市南京東路二段60號10樓

電話：五六五二四七七

洪秀柱左右逢源

新國民黨有請入陣
洪門昆仲數度相邀

記者何烱榮／新店報導

新國民黨運動連線助選組織的發起人和洪門五聖山昆仲弟兄，今天分別擇地集會，國民黨台北縣立委提名候選人洪秀柱已接獲邀請，她決定兩項集會都參加。

據瞭解，新國民黨運動發起人之一台北市議員郁慕明主動與洪秀柱接觸，邀請她今天上午到立法院見面，一起參加新國民黨運動連線陣容。洪秀柱曾徵詢黨部有關人士，黨部高級黨工都鼓勵她加入。黨部輔選人員分析洪秀柱雖獲提名，但因票源相當不明，財力又有限，輔選工作將很吃力，如果能加入新國民黨運動連線陣容，對提高知名度和爭取選民認同，應有正面作用，因此贊成她參加這項活動。

另外，洪門五聖山昆仲弟兄今天下午在台北市三軍軍官俱樂部召開一年一度的「紅花亭紀念大會」，洪秀柱和台北縣省議員提名候選人簡盛義，台北市市議員提名候選人田文仲都將參加。洪門將在大會上向各山頭弟兄推薦今年底各項選舉的候選人，並動員拉票。

洪秀柱表示，洪門人員是七月間國民黨在永和市辦理黨員初選說明會後，主動與她接觸，歡迎她加入洪門，後來因她突遭父喪，無心參加初選，也未再與洪門連繫，直到日前洪門五聖山人員又主動和她連絡，除寄貴賓證邀她參加紅花亭大會外，並到雙十園雜誌社找她，說明原委及決定讓她掛「水牌」，以準洪門人參加大會。

洪門幫會公開化後，各山頭弟兄積極組黨結社及參與選舉，紅花亭大會是該幫會一年一度的重要慶典。

洪秀柱感謝洪門五聖山的盛情邀請，她決定以擴大見聞和廣結善緣的心態參加盛會。

青年日報 78.11.19

學者問政．赤忱感人

南投洪門．支持林詩輝

記者王維想／南投報導

南投所有「洪門會」兄弟昨日表明支持具有學者風度的立法委員林詩輝，他們表示，林詩輝終究是讀書人，沒有什麼大事業作為經濟支柱，這是他最吃虧的一點，看他真誠在為大眾服務的精神，感動了「洪門」兄弟，大家都願意主動起來為他效命。

林詩輝以「學者問政」之風，參加南投縣的選舉，上屆本來要競選省議員，以後某種原因改選國代，卻「一鳴驚人」，高票當選，當選之後，南投縣民有任何困難均返回南投，設法解決，他的足跡也遍及全縣。

由於林詩輝勤於為選民服務，地方一再慫恿他競選立委，期以使服務層面擴大，因此，他乃毅然參選。

但是，林詩輝是個讀書人，沒有什麼大事業來作為經濟支柱，他在任職國大代表期間，只知道民眾選他，他應盡其職責，至今仍兩袖清風，他所擔心的，也是他最吃虧的就是這一點，因為，其他的人都是「大事業家」，如果想花錢買票，他絕對拿不出一文錢，也絕不會去「賄選」，所以人家都說他是一隻「牛」，只知道拖車，忠於主人，主人就是大家，他這次參與立委競選，唯有靠大家再支持他上立法院，再為大家服務。

南投「洪門」弟兄表示，立委候選人林詩輝，他為人重義氣，而我們所崇奉的是關公，關公重義，因此，我們兄弟及其眷屬，均願意全力支持林詩輝。

聯合報 78.10.30.

提注國民黨的一股力量

幫會參與政治浮上檯面

洪門、青幫等推出候選人 仍待驗證影響力

記者吳慶華／台北報導

年底選舉已進入緊鑼密鼓階段，民間較具規模的幫會如洪門、青幫等，在參選者刻意拉攏下炙手可熱，黨禁開放後，昔日在檯面下運作的幫會力量，如今紛紛以政黨姿態浮現，且推出自己的候選人。雖然他們對選舉的影響力，仍待事實驗證，但附生在政治後的發展，仍引起政壇注意。

現有的卅八個在野政團中，近半數政黨的黨員包含洪門及青幫群眾。其中洪英愛國黨清一色由洪門兄弟組成，中國忠義黨、忠義致公黨、中國聯合黨、中國中和黨則是部分成員為洪門人士；與青幫有關的如：中國復興黨、中國民眾黨及統一民主黨，其他在野新興政黨也或多少染有幫會色彩。

由於洪門、青幫在大陸時從反清、抗戰起即與國民黨關係密切，擁護政府政策色彩濃厚，在這次選舉中預料仍將是擁護國民黨籍候選人的一股力量。

洪英愛國黨統領，也是洪英山」山主的趙國樑表示，洪門組織一直不以參政為目標，因此能有力量協助國民黨，但這也不表示洪門一附合國民黨。如果有人想亂社會安定和秩序，則絕見容洪門。

目前洪門既定的支持人選至少包括國民黨立委參選人張志民（張帝）及青年黨時和，此外中和黨、忠義黨、聯合黨等各有參選人，也尋求洪門組織的協助中。

聯合報 78.8.28

洪門兄弟參與造勢・年底選情更趨錯綜

立委之爭百家齊鳴・渾沌戰局平添變數

記者何燗榮／特稿

台北縣立委選情，從初選到提名已充滿變數與意外，最近又加入新國民黨連線和洪門[illegible]外力，對錯綜迷離的未來選情，究竟會產生多少影響？

台北縣立委應選十一名，國民黨提名七人，民進黨提名六人，再加上國民黨報准參選以及雷倫齊等社會人士躍躍欲試，堪稱百家齊鳴，熱鬧空前。將來誰能出線？因變數太多，形成人人有希望，個個沒把握的混沌局面。

台北縣地方政情與其他縣市最大的不同處，在沒有全縣性，甚至跨鄉鎮市的地方派系，廿九個鄉鎮市自成一體，各有山頭派系，尤其外來人口比例很高，游離票群的比例相對提高，所以參選人的活動空間很大，因而如何連線造勢，文宣設計及組織攻防？在未來不及一百天中，每一參選人的每一動作，都會引起各界關切。

正因全縣祇有小山頭，沒有全縣性的派系，更凸顯跨越行政區域的新國民黨連線和洪門幫會的助選造勢動作，儘管有很多人質疑，卻沒有人否定其具有相當的影響力。

以新國民黨連線組織為例，所標榜的精神是「淨化選風，選舉後革新問政」，強調不但自己不搞錢，也不讓別人搞錢，希望政治不要再與金錢掛鉤，提出六項反對的對象：政客介入非法投資公司、政客炒作地皮、政客參與股市內線交易，政客為色情違規營業撐腰，政客圍標包攬公共工程，政客庇護汙染工廠。

新國民黨連線的發起人希望藉著彼此監督砥礪，蔚為一股參政清流，提昇國內問政品質與層次，無論將來營造的形勢如何？以其標榜的問政精神、追求理念及反對現存的問政畸型現象，已足以反映「切中時弊」及獲得知識分子和中產階級的認同迴響。

民主政治最令人詬病的是演成金元政治，市井間常傳聞某候選人在黨內初選時已花上數百萬元，將來也準備五、六千萬元要放手一搏，試想立委是三年一選，省議員四年一任，以數千萬元換來立委或省議員，值得嗎？尤其在商言商，當選後不設法連本帶利撈回，其「為民服務」的意境未免太超脫世俗了。所以係金牛級的候選人對新國民黨連線是嗤之以鼻，相對的另一股隱藏在檯面下的金元連線也積極地穿梭掛鉤，未來選風及問政品質是否能淨化提昇？就看這兩股連線動作誰贏得最後勝利?!

至於最近活動公開化的洪門幫會，各山頭昆仲對年底選舉的熱中參與程度，也屬空前；五聖山、九龍山、金台山、博愛會等山頭紛紛開香堂收門徒及推薦候選人助選造勢，一時成為廣受社會各界注意的助選組織。

在台北縣廿九鄉鎮市中，洪門昆仲最多，活動力也最強的地方屬新莊、蘆洲、三重一帶，新店地區也漸壯大聲勢，政壇上已知屬洪門者有立委謝美惠是太華山四堂大姊、省議員[illegible]心腹大哥、洪秀柱則屬五聖山掛水牌的準洪門人，連新店市長[illegible]也是洪[illegible]仲，各地政壇人物隨著活動表露身分，都引起不少人驚訝與關切。

洪門是以忠孝節義立門的幫會，愛國宗旨相當明確，但其最大隱憂在山頭林立，各自為政，因長期未公開化活動，不僅造成各山頭彼此間，或與社會各界有很大隔閡及具神秘色彩，連幫會的禮儀、規矩和家法都面臨考驗，有待各山頭心胸大度，重新整合。

據保守估計，台灣各地洪門昆仲超過一百萬人，台北縣市至少有二、三十萬人，都因各自發展，自立山頭，以致很多同是洪門人卻如陌路人，甚至因商場或政治利害關係而對立，所以最近洪門各山頭的動作雖多，能否蔚為不可忽視的影響力量？有待事實考驗與證明！

距今年底公職選舉，祇剩九十多天，有志參選者無不使出渾身解數為自己造勢，里鄰長、村里幹事、後備軍人、工商社團、同鄉會、婦女團體等，都是參選人爭取拉攏的對象，如今再投入新國民黨連線和洪門[illegible]，在文宣與組織交相運作下，[illegible]未來的選情[illegible]有看頭的。

中央日報 民79.3.30

沒聽說國家子民率先焚旗污旗！

洪門昨天在中正堂「自力救濟」的表現 值得朝野深思

【本報記者馬西屏特稿】當謝晉元團長從歷洪淋淋的楊惠敏手中接過國旗的時候，也傳遞著一個共同終身信守不渝的承諾，一個用生命換取的信約——捍衛國旗！

當美國陸戰隊員在中途島戰役，冒著槍林彈雨面不畏生死，前仆後繼地在最高點立起美國國旗，這種以生命護旗的勇氣，才讓後人在面對國旗時，當熱淚滿眶而熱血澎湃。

而今天最沉痛的荒謬在我國發生，洪門和臺大學生昨日的衝突凸顯出了一個問題：國旗的尊榮和地位，竟然在我們的社會發生了爭議和質疑。

在實質意義上，國旗是國家的象徵，代表國家的符號，不僅是超越黨派，超越任何團體，而且應該受到全民的尊敬，所以褻瀆對國旗的污辱或矮化，就是對國家的污辱，對全民的污辱。

所以世界上許多可歌可泣的故事和史蹟，都是沾著鮮血寫出護旗的詩篇，輕彈熱淚奏出護旗的樂章。而未聞國家的子民率先焚旗汙旗。這種荒謬，是一種自我否定的愚昧。但是對國旗的爭議和因國旗引發的種種紛擾，竟然就在這個七百多億外款存底的國家，搬上枱面演出。

美國人表面上彷彿對國旗不在意，但是他們視死亡蓋旗為最大的榮耀，這是心底對國旗的尊重，但是當我們還沒有獲得別人尊重之前，自己先不尊重自己。

這個月的中正紀念堂，有人護旗、有人焚旗，有人漠視國旗，而昨天又為國旗發生洪門和臺大學生的糾紛，國人才真正明白，原來當全世界各國人民都愛護自己的國旗，這種信念和行為是出自本性和內心，這種矢志不移的感情無需矯揉，不假外力時，只有中華民國有不同的「演出」。以前我們稱外邦為「蠻夷」，但翻遍世界史，也未見「蠻夷」有「國旗出殯」、「國旗舍利子」的超級荒謬演出，這是知書達禮的禮義大國的「專利」。

昨天是青年節，是紀念革命先烈拋頭顱，灑熱血的日子，革命先烈犧牲是為了創建中華民國，可是中華民國最崇高的國家象徵符號——國旗，卻在這一天由少數大學生「出殯」，是青年節最大的諷刺。

洪門昨日脅迫性的行為，固然其護旗、愛旗的出發點值予肯定，但作法卻是不對的，不過在意識上卻代表了這個社會已經不能再容忍這樣的荒謬事件一再發生，社會沉默的大是大非力量已開始出聲。

近來一些抗爭活動中，出現不認同國家的乖謬行為，但是未見受到公權力的制裁，洪門昨天的激情之舉，是否也是一種「自力救濟」，這是值得朝野共同深思的問題。

無論你是屬於那個黨那個派，不管你是那個機關、團體、學校，只要你是中國人，請愛護我們的國旗，愛護青天白日滿地紅的國旗，這事外國人不會做，這是中國人的責任。

下次再有人焚旗或汙蔑國旗，不但洪門要揍人，整個社會都要揍你！

身著中山裝 腰際佩劍
張發金打出「國父牌」造勢

高雄市議員參選人張發金打出「國父牌」，

記者包喬晉／高雄報導

高雄市議員參選人張發金打出「國父牌」造勢，昨天他的競選總部成立並舉行誓師大會，宣誓永做 國父信徒，將為議會清流，打倒「豬仔議員」。

獲「洪門」全力支持的張發金，昨天身穿深藍色中山裝，腰際佩劍，在助選人員杜守利手捧 國父遺像的前導下舉行誓師大會，會場播放總理紀念歌，並節錄 國父於民國十三年在廣州對全國人民演說的原音帶。張發金同時宣誓，將竭盡心力推動 國父思想，永為 國父信徒，要讓政治攤開在陽光底下，叫特權和腐敗無地自容。

接著，張發金做參選報告，持鐵槌將一隻瓷製小豬撲滿擊碎，以示打倒「豬仔議員」，打擊賄選，隨後他拔出腰懸的「正義之劍」，為 國父一百廿四歲誕辰切三層大蛋糕。整個誓師過程在鼓聲及鞭炮聲中，氣氛很昂揚熱鬧，吸引不少民眾圍觀。

洪門決全力支持謝美惠

【新莊訊】世界洪門總會祕書長崔振權昨天到謝美惠的競選總部，為謝美惠加油。

最近一年來才脫去神祕色彩的洪門，曾在七十五年謝美惠第三次參選立委時，動員新莊地區的組織力量，支持洪門南華山「四大姊」的謝美惠。

臺大學生 演劇侮辱國旗
洪門人士 逼使下跪思過

民79.3.30. 中央日報

【臺北訊】部分臺大學生昨日在中正紀念堂演出「三二九國旗出殯」反諷劇，被同時在廣場舉行遥祭黃花崗七十二烈士紀念活動的洪門人士斥責不應「燒國旗」，而將臺大學生蔡振中拉到祭壇前下跪，學生隨後到中國國民黨中央黨部靜坐抗議。

部分臺大學生及部分參與學運學生以劇場反諷方式，希望「打破國旗背後黨政不分的含意」，演出學生手持國旗，高唱國旗歌，一位女同學並手捧裝有國旗「舍利子」的罈子，表示「國旗下葬」。在廣場另一邊舉行黃花崗七十二烈士紀念活動的洪門人士誤爲學生污蔑國旗，將正在散發傳單的臺大學生蔡振中拉至洪門所設的黃花崗七十二烈士的祭壇前，要蔡振中下跪，洪門人士並不斷責罵學生不愛國。在警員維持秩序下，蔡振中被同學拉出，隨後即赴中央黨部抗議。

本書作者註：暴力有時很管用，对那些「不知道自己是誰的人」更有用，七十二烈士是暴力，中山先生革命也是暴力，人间正義、道德，有时用「爱」没路用，一个棒喝！醒了！

門子弟制止並發生衝突，且逼該同學向烈士靈位下跪。（本報記者梁偉華攝）

國大閉幕日午宴 敬酒出現小插曲

國代問出席費 總統沒有答話

79.3.1 聯合二版

記者鄧蔚偉／台北報導

國民大會全體代表與李登輝總統的餐宴，昨天中午在一片和諧的氣氛中進行。全場僅見的抗議，是在國代紛紛起身向總統敬酒時，資深國代崔震權擠到總統身旁問：「是不是總統選完了，就沒有廿二萬了？」崔的舉動立即被另一資深代表支開，李總統對此並未表示任何意見。

由於沒有民進黨國代參加，和開幕典禮的餐宴比起來，昨天閉幕典禮的午宴顯得格外喜氣洋溢，許多國代並紛紛主動起身向總統副總統當選人敬酒、賀喜。

李總統在餐宴作簡短致詞指出，國民大會歷經四十天，各方雖有不同意見，但是在主席團及全體國代一致努力下，終能解決各種問題。因此特別對代表們表達致謝之意，並祝國運昌隆。

在餐會即將結束之際，國代們紛紛起身向總統、副總統當選人敬酒，司儀一再拜託國代們回座，共同舉杯慶祝，卻未見效果。

此時資深代表崔震權等人已走到李總統身旁，對出席費問題一向很關心的崔震權向總統表示：「是不是總統選完了，就沒有廿二萬了？」在一旁的資深國代楊公邁立即把崔支開，並且說他是「老胡塗」。李總統沒有說什麼話。

崔震權：實力國代 洪門山主

他曾被歸爲擁蔣代表，事後生氣地抓住記者要更正。

記者鄧蔚偉／特稿

昨天當面問總統是不是沒有廿二萬元出席費的資深國代崔震權（見圖），在國民大會稱得上是個「響噹噹」的人物，他不但兼任執政黨國大黨部考紀委員會常務委員三十年，

主」，許多國代生活上的疑難雜症，「崔大哥」大多可以出面協助擺平，也因此甚得國代同仁的尊重。

崔震權在國大各種場合很少發言，但一講起話來，常是「一根腸子通到底」，想起什麼就說什麼。

在總統大選選情尚未明朗以前，崔震權就曾對其他國代表示，「現在黨紀不管用了，如果不提蔣緯國為副總統候選人，我看這次輔選很困難。」也因此有不少媒體把他歸類為「擁蔣」代表。

但是在選情單純後，他

部副書記長陳川就表示，崔震權對輔選幫了很大的忙，因為他有實力。

在選情單純後，曾有一家媒體又報導「擁蔣代表崔震權」如何如何，他很生氣地抓住寫報導的記者說：「誰說我是擁蔣的，希望你明天趕快更正，不然我揍你，台灣從南到北我有三十萬的弟兄！」

在主席團討論出席費問題時，多數國代在外界強大的壓力下均表示不宜增加，部分國代則以拖延術想避開當頭砲火而主張「目前不宜討論」，其中只

席費沒有廿二萬元的話，你們還想不想選總統？」俟主席團作成決定不予增加時，崔衝到兼執政黨中央組工會副主任的增額代表謝隆盛之前，大聲質問：「這是誰作的決策？你們真的不想選總統啊！」態度顯得非常激動。

事後陳川表示，崔代表只是在反映其他代表的意見而已，以他們接收到的訊息，廿二萬元出席費可能真的是個嚴重問題，只是當時被民意打壓下來了。而崔代表又是個直腸子，因此他「表達得最徹底」。

全球昆仲逾億人 台灣超過三十萬

世界洪門總會 明開年會

記者梁玉芳／台北報導

中國四大門派之首的洪門創立至今已三百一十九年，全球洪門昆仲超過一億人，在成立世界洪門總會之後，明天將在陽明山中山樓舉行首次年會，全球各地洪門姐妹弟兄計五千人共赴這場盛會，將號召全球昆仲完成兩岸的和平統一，為中國人的世紀催生。

世界洪門總會去年創立於美國檀香山，以紀念洪門「大哥」、國父孫逸仙在檀香山加入洪門致公堂的事蹟。總會會長、致公堂盟主李志鵬昨天出席記者會表示，洪門弟兄一向以忠義重於生命，創立之初反清復明的宗旨已過去，現代洪門要以促進全中國人福祉為職志。

台灣洪門聯合總會會長趙正明表示，洪門昆仲有三次大結合，第一次是民國前三一八年紅花亭結義，誓師反清復明；再來是西元一九〇三年國父領導致公總堂，明訂「驅逐韃虜、恢復中華、建立民國、平均地權」為宗旨；第三次是去年七月廿五日世界洪門總會成立，號召全球昆仲矢志完成中國的和平統一。

這次年會將遵照「老規矩」行大禮，大家穿著特定的服裝，行洪門典禮，先「請聖」，敬拜關公聖靈，效法岳飛的精忠及「五祖」，即明末遺老王船山、顧炎武、黃宗羲、傅青主、殷洪盛等，再「參聖」，行三拜九叩大禮，其間還要拉「龍頭拐」，雙手在頭上交叉拉到身前，和一般跪拜可大不相同。

洪門年會籌備會主委徐天華表示，全世界只要有中國人的地方就有洪門昆仲，大陸是洪門弟兄的大本營，總數約有七、八千萬人，即使共黨高層也有洪門弟兄，但不一定對外承認，這次開年會大陸弟兄本來有五個代表前來，但最後不能成行，只能以電報隔海祝賀年會成功，促進和平統一是兩岸洪門的共同願望。

趙正明表示，在台灣的洪門會員共有三十多萬人，洪門山堂林立近一百多個，決定以「中國洪門聯合總會」主辦，「中華民國洪門自強道德聯誼會」、「中華民國海外忠義聯誼會」、及「中華民國洪門各山堂」協辦。

由於參加人數太多，趙正明表示，中山樓屆時會在樓上餐廳架起四架閉路電視轉播會場實況，走廊上也會廣播，以服務不能進場的昆仲。

联合报.82.10.7.

「洪門非黑道 以忠義為本」

一位昆仲說：不惜與主張分裂國土、更改國號者拚命

記者梁玉芳／台北報導

「洪門不是黑社會幫派」，台灣洪門聯合總會會長趙正明表示，一向神秘的洪門是以忠義為本的組織，以國家興亡為己任，黃花崗七十二烈士就有六十九位是洪門弟兄。

另一位洪門昆仲說，任何要分裂國土、更改國號的主張，洪門弟兄都不惜和他們拚命。

趙正明說，以往洪門總是蒙上一層神秘面紗，謠言四起，許多黑社會幫派也都抬出洪門名號，但這都是唬人的，現代洪門要振興，觀念力求現代化，發展求企業化，組織上也要求科學化，活動層面也要由下層社會回復到上層社會，從陰暗的一面再回到陽光底下。

洪門弟兄楊鷹表示，洪門力求年輕化，積極吸收年輕人進入，但又怕有人利用洪門的背景招搖撞騙，因此要經過嚴格的調查。照老規矩，新人須是三代清白、對國家民族有責任感，身家調查後，還經三個月考核，由四個堂內弟兄帶領才能入會。

洪門內的女性也漸漸活躍，不輸前輩「四大姊」秋瑾，在台灣三十萬的會眾中，就有十五萬是女性。

本書作者註：未來中國之統一，洪門功最大。「不惜與主張分裂國土、更改国号者拚命」！國民党人現在誰有這种精神？？、

軍中真正具有影響力的兩大幫派組織

洪門稱兄道弟 青幫師徒相傳

83.4.6 時報

本報記者劉益宏

尹清楓命案引出了青幫人物和武器採購的食物鏈，也使得軍隊幫派成為令人矚目的話題。目前軍中究竟有些什麼幫派呢？青幫在軍中的人數有多少？勢力又如何？

嚴格說來，軍隊中什麼幫派都有。竹聯份子、四海兄弟、各地角頭，只要當了兵或進了軍、士官校，他們就順理成章地「拉幫入伍」，這是社會幫派因入伍而成為軍中幫派。他們在部隊中，很少發展組織，影響不大。真正在軍中發展組織而有影響力的幫派，主要是洪門和青幫。

據了解幫會的人士指出，洪門的創始人是鄭成功。鄭成功為了抵抗清朝，眼見當時文武官員朝秦暮楚反覆無常，想以異姓骨肉加強團結，便在西元一六六一年，也就是清順治十八年，創立金台山明遠堂，與諸大臣及大將結義為異姓兄弟。秘密口號為「明大復心一」，反過來為「一心復大明」。洪是明太祖朱元璋洪武年號的「洪」，目的是反清復明。

鄭成功退守台灣之後，派他的盟弟部將蔡德英、方大成、馬超興、胡德帝、李式開及軍師陳近南進入清朝佔領區發展組織，終清一代，洪門山頭及其衍生的流派，遍及海內外。

洪門曾派翁乾潘到北京坐探清廷消息。翁為清廷捕獲，意志不堅，降清之後另組安清幫，也就是後來的青幫。

洪門以兄弟相稱，相互之間是橫的聯繫。安清幫將洪門組織中橫的關係變成縱的關係，再不是兄弟敍議，而是師徒相傳了。一般人說，「洪門一大片，青幫一條線」，就是這個意思。

青幫原定二十個字的輩份，即：「清靜道德、文成佛法、仁論智慧、本來自信、元明興禮。」一到了清朝末年，二十個字用完了，又添了「大通悟學」四字，這是革命黨人給添的，據說是徐錫麟、秋瑾所辦紹興大通武學的隱語。清亡後，幫中人又添後廿四代，即：「萬象依皈、戒律傳寶、化渡心回、普門開放、廣照乾坤、帶法修行。」後又續廿四代，即：「緒結峴計、山芮克勤、宣華轉忱、慶兆報魁、宣執應存、挽香同流。」

清廷讓青幫護運軍糧，將杭州至北通州的運河分成一百廿八段半，封翁乾潘的門徒一百廿八人及書童一人為碼頭官。

洪門原視青幫為叛徒，碰見糧船就打，後經妥協，糧船碰到洪門阻攔，立即將船尾放下，表示卸尾而過。太平天國時，青幫被洪門殺了五十六個碼頭官，剩下七十二幫半。海禁開通後，糧食由輪船直運天津，運河失去作用。青幫失去了經濟基礎，有些青幫分子，也投入反清行列，不再安清了，洪清的敵對關係，才消失無形。

洪門的支派很多，如天地會、哥老會、袍哥、致公堂、大刀會、小刀會等都是。國父孫中山就曾加入致公堂，利用洪門組織反清的力量，從事國民革命工作。

青幫參與反清之後，一脈相傳，蔣中正總統在上海時亦曾投入黃金榮門下，與杜月笙交好，和青幫關係匪淺。後來他當上北伐軍總司令時，黃金榮怕把他當年投遞的門生帖子送還，不敢以師父自居。

國父、蔣公的幫派背景，許多官員和軍人也不排斥在幫人物，甚至一些軍頭和情報人員競相加入青、洪兩幫，希望藉以團結軍力或得到工作上的照應和方便。

大陸撤退之後，一些青、洪幫人物隨政府播遷來台，延續幫會組織。然而，因時空環境不同，他們並未公開活動，政府為了威權統治，也設法予以壓制。直到威權體制逐漸解體後，青洪兩幫的活動，才逐漸公開化。目前洪門已經正式登記為人民團體，公開設立山頭和對外活動。青幫則較神秘，依然沒有公開。

據多名青幫人士表示，他們的幫規，本來就不能對未入幫的「空子」透露幫中內情，不過可以肯定的一點是，自大陸來台後，青幫的活動和新血的吸收，從未停止。

青幫人士透露，他們入幫時必須有人引見，向老爺子呈送內有生辰八字的門帖，經核准入幫後，由老爺子「開香堂」，舉行入幫儀式。

青幫師徒，以老師和學生互稱，學生必須向老師呈上「束脩」（即紅包），老師教以幫中禮節和規矩。青幫的規矩多，老師通常會發一本「教材」，讓學生隨時參閱、詳記。

一名青幫人士回憶，他加入青幫是因長官邀請，在希望獲得提拔照顧的情況下而加入。香堂開在一家餐廳。當天餐廳由青幫包下，外面派員看守，閒人不得進入。開香堂的場面很盛大，氣氛嚴肅，同時入幫的兄弟中，有憲兵隊隊長、刑警隊隊長等人，主持儀式的老爺子姓戴，在台輩份很高，服務於稅捐處。他的老師為了避免新收學生在開香堂時「漏氣」，曾集合他們六名學生勤練握手、問候等方式。他認為，目前社會上青幫人數不如洪門，但在軍隊及情治單位中，洪門人數則不如青幫，不過也有人腳跨青洪兩幫。

一名認識尹清楓和郭力恆的人說，當他和尹、郭等人在一起時，才赫然發覺軍中有那麼多青幫的人。通常大家在一起吃喝玩樂時，只要握個手、擺個筷子，就知道那人在幫，那人不在幫。同屬青幫的人，會互相問對方的老師或老爺子是誰，對不在幫的人，則不輕易吐露幫中事。

青幫的影響力，外人並不了解，但在幫的人都知道，有些疑難雜症，透過幫中兄弟可以輕易解決。例如有人掉了錢包，可透過幫中迅速找回。有人不想派到外島服役，幫中兄弟可幫忙調差，有人想升官，幫中可協助達成願望。一些平時生意上的照顧和利益均沾，更是理所當然。

由多名青幫人士的口中，可知青幫已成為情治單位和軍中的最大幫派。他們一直在政府機關和部隊中發展，力量隱而不顯，確實人數也沒有人知道。隨著在幫官員退休、在幫軍官退伍，青幫力量更擴展到整個社會，比起竹聯、四海等社會幫派，青幫的水準較高，組織較嚴密，影響力只大不小。

尹清楓命案使得專案小組正視青幫組織，是否會導致政府加以檢肅，進行「軍中掃黑」，已成各界注目的焦點。

洪門總會今開大會 李總統頒賀詞

勉結合全球力量 支持政府

【中央社．臺北】世界洪門總會一九九五年懇親大會，今天起至二十二日在多明尼加共和國聖多明哥市召開。李總統登輝先生特別頒發書面賀詞，這份賀詞將由國民大會副秘書長陳川代爲宣讀。

另外，已經在十八日啓程與會的世界洪門總會中華民國代表，將在爲期三天的會議中，報告李總統「經營大臺灣，建設新中原」的績效。

李總統的賀詞全文如下：

今天，欣逢貴會世界年會在多明尼加共和國聖多明哥市隆重舉行，全球會員代表齊聚一堂，策勵未來會務推展方向，登輝謹申致誠摯賀忱。

近年來，政府順應時勢，積極從事國家建設與政治革新，各方面均有豐碩的成果。

在內政方面，逐步完成憲政改革，落實主權在民的理想；經濟方面，改善國內投資環境，加強國際經貿合作，推動臺灣成爲亞太營運中心；在對外關係方面，秉持務實原則，促進雙邊與多邊關係，致力爭取參與國際組織與聯合國，以期成爲國際社會具有建設性的成員；在兩岸關係方面，依據「國家統一綱領」，營造和平、穩定的氣氛，希望與大陸發展良性的互動關係，逐步達成國家統一的目標。

總之，中華民國在臺灣，已經締造了中國歷史上空前的進步與繁榮，值得所有中國人引以爲傲。

中華民國社會事業建設促進會承襲洪門傳統，以發揚忠義志節，造福國家社會爲職志，際此個人主義與功利思想過度膨脹的時代，貴會的精神益足珍貴。

當前，爲了謀求國家進一步發展，開拓更宏大的新局，我們正致力進行更高境界的政治、經濟、社會建設，能達到現代化國家的理想。期盼與會代表深切體察國家情勢，加強結合全球愛國力量，支持政府，配合國家政策，共同爲實現「經營大臺灣建立新中原」的崇高目標而努力。

由世界洪門總會及多明尼加致公總堂主辦的世界洪門一九九五年懇親大會，將有來自臺灣、美國、加拿大、巴拿馬、阿根廷、東南亞等地代表與會。

84.8.21. 中央日報

洪門響應對港抗爭

準備發動香港兄弟反制

【臺北訊】香港政府對我國旅客入境香港簽證予以歧視待遇，中華民國洪門組織「南華山」昨天表示強烈抗議，宣稱如日內未妥善改進，將發動在香港的洪門子弟加以反制。

「南華山」表示，如香港方面未能在短期內回應此事，將發動香港的洪門兄弟連合反制，施加壓力，促使香港有關單位改進。

【臺北訊】對於香港政府對我國赴港旅客的差別待遇，刁難歧視，立法委員謝來發昨天提出緊急質詢，要求行政院採取各項有效措施，維護國家尊嚴與人民權益。

謝來發在書面質詢中並要求行政院配合民間抵制行動，儘速先行開放兩岸「直接通航」。

他表示，香港政府對我國旅客簽證事務一向採取歧視刁難的差別待遇，加上香港每年自臺灣旅客賺取數十億美元外匯收入，卻給臺灣旅客以「一流消費，三流待遇」，令人忍無可忍，我國旅遊界發起抵制香港行動，政府應配合這項抵制行動。

謝來發認爲，臺灣旅客前往香港，最重要的原因之一，是旅客到大陸必須經過香港，如立即開放兩岸直接「通航」，將可解決許多問題。

他強調，我國應採取一切必要措施，給予香港嚴厲制裁，以改善香港對國人的差別待遇，維護國家尊嚴與人民權益。

上校之死 電影「教父」翻版!?

透視軍中青幫與尹清楓命案的關係

中國時報 83.4.6.

記者劉益宏調查採訪

尹清楓命案發生後，除了軍購弊案和軍機洩密案引起震驚外，同時也使得青幫在軍中的發展內情，全面曝光。

殺人，不是一般人都能輕易下得了手的，因此警方接辦尹清楓命案時，曾清查不少社會幫派份子。由於祝本立和牛埔幫交情匪淺，警方先查牛埔幫。接著聽說汪傳溥的兒子和四海幫關係密切，警方又查四海幫。其他諸如竹聯、松聯等各大幫派份子，凡有可能成為受雇殺手的人物，都上了警方專案小組的清查名單。

但經過一段時間的過濾，社會幫派份子涉嫌的可能性逐漸排除，專案小組轉向軍中幫派清查。而軍中的最大幫派就是青幫。

在軍方將案件資料移送警方之前，軍方已經對青幫在海軍的成員及其影響力做了初步的了解。但並未深入追究。直到警方插手，反過頭來調查軍中幫派時，才赫然發覺青幫在全案中舉足輕重的角色。

據透露，尹清楓命案中的要角，如郭力恆、如祝本立，如劉樞等，都是青幫人物。其他涉案關係人，更是個個在幫，他們相互之間的關係，要不是老師與「學生」（青幫中的師徒用語），就是同門兄弟。

有一個重大的巧合：去年十二月九日，海軍作戰計劃委員會委員周宗賢在善導寺出殯，同一天，尹清楓上校失蹤，隔天浮屍宜蘭外海。

周宗賢是海軍輩份最高、影響力最大的青幫「老爺子」（青幫頭目），曾任一三一艦隊長，海軍官校四十七年班畢業，和現任海軍副總司令韋齊生是同班同學，兩人交情很好。周宗賢比韋齊生還早升少將，但因肝癌未能升上中將，死於少將任內。他在海軍中，收了許多學生，他的學生又收學生，因此有不少徒子徒孫。據指出，周宗賢為人四海，又有江湖義氣，海軍中的青幫人物對他非常服氣，一切活動，也都唯他馬首是瞻。由於韋齊生和周宗賢的友好關係，立法委員陳水扁最近即點名韋副總司令也是青幫人物。

去年十二月九日，周宗賢的出殯喪禮中，冠蓋雲集，熱鬧風光，青幫人物更是濟濟一堂。專案小組人員大膽假設：尹清楓可能就在此一出殯場合，被下達了「制裁令」。

專案小組人員指出，圍繞著海軍軍售案的人員，不論是現役軍官或退役的軍火商，大多具青幫背景，連尹清楓後期，都有可能因交際應酬而被「設計」入幫。當尹清楓堅持原則，不肯同流合污時，就違反了幫派利益，因而遭到家法制裁。

專案小組人員認為，尹清楓的手下是青幫，外面朋友也是青幫。他進行反蒐證以證明清白時，整個行蹤和過程都在青幫的掌握之中，青幫人物豈容他如此我行我素，罔顧整體利益？

如果專案小組的推論是正確的話，令人想到的是電影教父的情節。教父在教堂中為人受洗，悠揚的鐘聲響起，但他的制裁令已下達，教堂外黑手黨的槍聲，正在奪人性命。

去年十二月九日，周宗賢喪禮中，青幫人士大聚會的場合裏，是否有人下達制裁尹清楓的命令？尹清楓為何在同一天失蹤？要解開這個謎，專案小組人員，把希望落在郭力恆身上。

郭力恆是尹清楓武獲室的部屬，也是青幫人物，他的「老爺子」是曾任海軍少將的張鎮瑞。郭力恆被軍事檢察官收押後，警方認為他應該知道全盤內情，但他卻守口如瓶。

據指出，郭力恆口風緊的原因是他除了面對國法的制裁外，也面臨了青幫家法幫規的壓力。目前，他不鬆口，證據難查，案子難破。就算證據找到了，案子破了，國法能制裁他到什麼地步，還很難說。只要案子不是由他嘴裏破的，青幫人士不但不會怪他，以後還會幫他。如果郭力恆鬆口，破了尹案，情況完全相反，不但國法要制裁他，青幫也不會放過他。

由現有的資料顯示，青幫和尹案有很大的關聯。但能否查出真相，專案小組卻不表樂觀。

專案小組人員透露，有一些內情軍方知道，但檢警雙方卻不知道，更有一些極機密的內情，軍方青幫核心人物知道，軍方辦案人員卻不知道，尤其有些參與辦案人員，警方認為他們也具有青幫背景，在這種情況下，辦案之困難，不問可知。

誰殺了尹清楓？青幫老爺子的出殯日和尹清楓的失蹤日同一天究竟是因果還是巧合？專案小組人員認為，釐清了青幫在軍中的來龍去脈，才是尹案偵破的真正關鍵。

率性謂道

五字敬為首

天 有八德 日月星辰風雲雷雨

地 有八德 山河草木四方五行

君 有八德 孝弟忠信禮義廉恥

親 有八德 慈養恩愛扶教培寬

師 有八德 訪道求道得道悟道傳道守道盛道了道

八德孝當先

正大光明：正言立訓 大興安清 光榮先賢 明啟後生

義氣千秋：義範宇宙 氣凌風雲 千載一脈 秋毫不紊

青幫的安親宗旨，原出於排除異族，反清復明，因而提出以忠義為三綱五常之準則。（影印自幫內文本）

洪門武當山廈門分會 大陸公安抄獲

涉嫌利誘台商繳納巨額費用牟利 劉水發等三人被遣離大陸

山總會」在廈門成立分會的活動，日前遭廈門警方破獲，涉案的劉水發、林標祥、謝國進昨天已被遣送離開大陸，中共稱此案是「重大滲透案」。

據「廈門日報」昨天報導，今年十月間，「洪門武當山總會」會長劉水發（男，四十六歲，住中壢市）、前「洪門武當山台北西門分會」會長林標祥（又名林俊，男，三十五歲，住中壢市）、謝國進（又名謝志成，男，二十八歲，住彰化縣）等人，以他們在廈門開設的關係企業上峰貿易有限公司爲據點，開堂成立「台灣洪門武當山總會廈門分會」。

報導說，經審查證實，劉水發等在廈門開設分會期間，委任一批骨幹，拉攏發展在廈門的一些台商及當地人員入會，收取會員費並宣傳「洪門道義」，分發小冊子等宣傳品。劉水發還非法帶進其自辦的「法工日報」在廈門散發，並藉爲會員辦理該報的記者證爲名，利誘入會台商交納巨額費用，從中牟利。

萬鋼 35年來首位黨外部長

一九七二年文革時期，曾經是國民黨叛將的傳作義出任水利部長，一九七四年傳作義病逝後，中共內閣即未再出現黨外人士。此次中共任命致公黨副主席萬鋼擔任科技部長一職，除了拉攏民主黨派的意味十足，也展現胡錦濤在用人上邁開新的步伐。

萬鋼接替徐冠華出任科技部長，是三十五年來首名非共產黨員出任部長。現年五十五歲的萬鋼，一九八五年赴德國Clausthal大學機械系留學，一九九〇年以優秀成績獲博士學位，一九九一年進入德國奧迪汽車工作。在技術開發部負責電腦轎車虛擬開發，一九九六年升任奧迪生產部和總規畫部技術經理，負責資訊化製造技術和管理工作。

具有實務經驗的萬鋼，二〇〇〇年在中共科技部領導的盛情邀請下回國工作。同時被科技部聘任為國家八六三計劃電動汽車重大專項首席科學家。二〇〇二年萬鋼擔任同濟大學校長助理，二〇〇四年起擔任同濟大學校長至今。

在中國被稱為「汽車專家」的萬鋼，二〇〇三年被選為十屆全國政協常委。在二〇〇六年擔任致公黨副主席。

中共建政初期，曾廣邀民主黨派人士入閣，反右運動後即停止，只有傳作義等個別人士留任，而非中共人士自此未有新人能夠入閣。此次中共總理溫家寶提名萬鋼出任科技部長，打破非中共黨員只能擔任省部級副職、不能出任正職的框框，顯示胡溫雖不會放棄中共一黨獨大，但會吸納更多民主黨派人士參與執政。

傳洪門8成員秘密自首 大老震怒

政府立案人民團體 基層莫宰羊？ 高層稱若眞有其事將逐出幫門

86.7.13

（記者陳永仁／高雄報導）高雄地區幫派組織登記自首在昨天截止之日，傳出有八名中國洪門成員，分二批秘密完成登記。洪門高層表示，洪門是政府立案的人民團體組織，這八名成員自首之舉係個人行爲，查證屬實將逐出洪門外：警方則表明「沒有理由不受理」的立場。

據了解，這八名洪門成員均自稱「不知洪門是有立案的團體」，因擔心被「掃」，才出面自首。

高雄縣警方受理幫派自首中，日前有洪門弟子姚、姜、陳、邱四人偕同登記。另向高市警方自首的洪門成員分別爲周、何、張、林等四名男子，四人自稱是該門「華義聯盟」，其中包括顧問、秘書各一名，原本計畫赴台北登記，因擔心曝光，即於今年元月二十八日由一名警官安排到小港分局自首。

警方查閱列管幫派資料，發現中國洪門的確是經申請立案獲准的組織，可視同一般合法申請的人民團體，不過，加入洪門需經宣示及特定的入門儀式，略有道上幫派色彩，遂「照單全收」，受理自首。

小港分局指出，周等四人自稱是單純的生意人，不知道洪門經過政府獲准立案，因當前掃黑雷厲風行，他們擔心受到池魚之殃，才聯手登記自首，且加入洪門前後，並沒有從事任何不法。

楊宏吉表示，中國洪門倡導公理、正義，絕對是一個正統組織；洪門堅守公義立場，反黑都來不及了，怎麼會有同門成員因擔心被掃而出面自首的烏龍事件發生呢？

楊宏吉指出，洪門以中國大陸各山名稱分設山系，山下設堂，他沒聽說過有所謂的「華義聯盟」，因此，在小港自首的四人究竟是不是眞正的洪門成員，隸屬那一山頭，介紹人是誰？洪門都將追究；至於在高雄縣自首的另外四人，即使眞是洪門子弟，其自首舉動最多也只是個人行爲，一旦確認具洪門身分，均將立即逐出幫門。

天地會 曾布陰門陣

联合报.95.12.28

【記者李玉玲／台北報導裸露的身體也可以當成武對抗槍炮？台大圖書館研人員在整理「台灣史料集」官府檔案時發現：「天會」林爽文之役時曾以「人露體出陣」，想要對抗方的槍炮，後來雖然失敗但記錄了當時確有「陰門」用於軍事上。

女體對抗槍炮史料，出現福建陸路提督任承恩上給隆的奏摺，奏摺上提到林文之役時，曾擒獲女犯一，這名婦人夫故無子，被中一名叛賊擄去服侍他的婆，後來，叛賊的老婆叫婦人「露體出陣，要厭槍，不想就被拿獲了。」

學者研究指出，這就是明清的厭炮之術「陰門陣」，這種陣術明末才出現，使用者相信以女性裸露的身體，尤其是女陰部分，可以對抗官兵的槍炮；這些女性大多是已婚者、孕婦或是妓女等社會地位較低者；剋制「陰門陣」方法則有灑黑狗血、雞血、糞汁、燒羊角煙、懸掛便器、剃士兵下體毛，以及裸露15歲以上男子或和尚陽具的「陽門陣」。

國立台灣歷史博物館籌備處主任吳密察指出，官府檔案雖然是很學術性的研究，但也有有趣的一面，甚至可以從往返的奏摺看出皇帝的性格，雍正批示公文「落落長」衆所皆知，有時甚至有點尖酸刻薄，還直指官員「你還欺瞞」，不留情面。

幫派披政黨外衣？傳黑道組黨

前日「洪門」申請遭打回票 廖正豪指將加速「組織犯罪防制條例草案」立法以加防制

【記者楊肅民台北報導】外傳有黑道人士正考慮組黨事宜，法務部長廖正豪五日指出，只要是合法的組織，人民的組黨權利應予尊重，不過假如是要披政黨的外衣做組織犯罪的行為，他將批示將草擬中的「組織犯罪防制條例草案」送行政院轉立法院審議，希望在下一會期完成立法，屆時只要符合「組織犯罪」的構成要件，就一律取締。

廖正豪表示，組黨，依據人民團體法，是人民的權利，不能加以干涉，而只要是合法的組織都應予以尊重，但是不容許不法黑道組織，披上政黨外衣以合法掩護非法，去做組織犯罪行為，所以確實有必要讓「組織犯罪防制條例草案」儘速完成立法，才能防制取締。

85.8.8 時報

黑道要組黨的傳聞由來已久，不過受限於組黨登記制，所以目前尚未發現有幫派化身為政黨的情形。而「洪門」在一年半前由陳盛隆、倪世英、趙正明等人發起籌組「中國洪門協會」，但內政部認為「洪門」係使用幫派名稱，與「社會團體許可立案作業規定」所訂「社會團體使用幫派名稱者，應認其不合於程式」，函復不准籌組「中國洪門協會」。

陳盛隆等發起人不服，透過律師二度向內政部提出申請籌組「中國洪門協會」，並要求內政部提出「洪門」是幫派的法律論據。

他們指出，根據史實考證，「洪門」是國父孫中山先生推翻滿清建立民國的前衛主力，是以忠義為根本的民間愛國團體，當年國父亦為洪門「大陸山山主」，黃花崗七十二烈士就有六十八位烈士為洪門昆仲，因此豈能與一般所謂的「幫派」相提並論？

他們強調，洪門遍布世界各國，尤其在美國有正式立案，且民國八十一年十月八日洪門曾在陽明山中山樓主辦「世界洪門總會一九九二年年會」，也經過內政部同意，李登輝總統也曾分別在八十二年六月及十一月兩度召見中國洪門聯合總會重要幹部及洪門各山山主，綜合上述足證洪門山堂絕非「不良組合」，「洪門」名稱絕對合法。

【記者楊肅民新聞分析】人團法七十七年完成立法後，依規定申請成立的人民團體如雨後春筍，就連較為敏感的政治團體成立的所謂「泡沫政黨」也是不計其數，政府對於這些政治團體都不擔心，卻反過來擔心「幫派」透過申請為人民團體化暗為明，因而不准其籌組，這種心態有點類似「掩耳盜鈴」，很難令人理解。

一般大眾所認知的「幫派」，都是一些地下化，秘密的組織，像眾所周知的「竹聯幫」、「四海幫」、「天道盟」、「牛埔幫」等，這些幫派的成員有少公開承認者，因為一經「自白」，可能即由治安單位依檢肅流氓條例「掃黑」掃到「技訓所」去吃「公家飯」，再不然刑法第一百五十四條對「參與以犯罪為宗旨之結社」，也可以處三年以下有期徒刑、拘役或罰金，而目前反黑專法「組織犯罪防制條例草案」也已完成，都是剋制黑道的利器。

黑幫想要化暗為明，並非那麼容易，所以申請成立人民團體似乎是個好辦法，事實上，政府機關非但不應拒絕，反而應該予以鼓勵才對，因為公開化、透明化，反而有法可以予以規範，放任其地下化、神秘化反而更容易去胡作非為，而如果是真正的「黑幫」，他們也不太敢去申請正式社團化，因為去掉「黑影」他們反而會成為「四不像」而自縛手腳。

中央日報．80.10.7.

嚴正的立場．嚴肅的呼聲

正當國際共黨相繼瓦解，中共政權危機重重，我中華民國在李總統登輝先生英明領導，與郝院長柏村先生勵精圖治，國家形勢一片大好之際，少數別具用心人士，罔顧國法、悖離民意，或在議場鬧事，或施街頭暴力，乖離的言論、荒謬的主張，不法的行為，在在為社會帶來不安與危害。

我們不能眼看四十年來政府與全民努力建設的成果，毀於一旦；我們不能眼看目前富庶繁榮、幸福美好的生活，化為過眼雲煙；我們不能忍心讓我們的同胞流落到別的國家做勞工、為傭僕，我們不能忍心我們的後代子孫，過著沒有希望、沒有光明的黯淡日子。日前李總統登輝先生曾經明確地提示國人：「沒有安定的社會，就沒有成功的民主憲政和經濟發展，任何政治活動須以國家利益為重，如果我們能團結，沒有不能克服的困難。」言之諄諄，發人深省。因此，我們特別藉此表達嚴正的立場，提出我們嚴肅的呼聲。

我們堅決反對「臺獨」：

「臺獨」是數典忘祖的叛逆行為。

「臺獨」會為臺灣帶來立即而嚴重的危機。

我們堅決反對「制憲」：

「制憲」實際就是「廢憲」，就是變相「臺獨」，將會引起動亂，毀滅臺灣四十年經營的繁榮進步，破壞全民安居樂業的幸福生活。

我們堅決反對廢除或濫修刑法一〇〇條：

刑法一〇〇條是國家安全、社會安定、經濟繁榮、民眾福祉的保障。

主張廢法是企圖顛覆政府的人，便於遂行造反、禍國的陰謀。

我們堅決反對暴力：

暴力會破壞社會秩序，

暴力會斷送全民福祉。

我們鄭重呼籲：

國家利益不可罔顧，社會安定不可忽視，

民眾福祉不可犧牲，法律尊嚴不可侮慢。

我們深切盼望少數政治人士：

勿做全民的敵人！勿為歷史的罪人！

在「國家利益至上、民眾福祉為先」的共識下，團結和諧，同舟共濟，攜手共同創造中華民國光明的前途！

（排名順序係經抽籤決定）

中華民國全國商業總會
中華民國勞工聯盟
中國人權協會
臺北市商業同業公會
中華民國道教總會
中華民國洪門總會
中華民國青溪新文藝學會及各縣市分會
青年之愛文教基金會
中國文藝協會

臺北市江蘇同鄉會
中國青年安和樂進會
臺北市中正區青年工作委員會
臺北市基督教女青年會
臺北市江蘇省鹽城同鄉會
中華民國僑報協會
中華民國中興輪政學會
中國洪門五聖山信廉總堂
臺北市福建平潭同鄉會
臺北市江西同鄉會

中華民國人文科學會
中華民國歸國學友會
臺灣省文藝作家協會臺南市分會
臺灣省國內輪船商業同業公會聯合會
中華民國退休警察人員協會總會
中華民國世界社
中國和平統一研究會
中華民國現代五項暨冬季兩項運動協會
臺灣省電影戲劇商業同業公會聯合會
高雄市影片商業同業公會

贛黔十二省聯合文教基金會
苗栗縣商業公會
基隆市婦女會
苗栗縣婦聯會
基隆市攤販職業工會
苗栗縣志願服務協會
苗栗縣老人福利協進會
基隆市律師公會
基隆市工業總工會
苗栗縣婦女會

臺南市山東同鄉會
臺中市各省同鄉會
臺南市湖南同鄉會
苗栗縣體育公會
萬國道德會臺灣省分會
中國推拿學會臺中市分會
臺中市針灸學會
臺中市中華書畫協會
萬國道德會臺中市分會
臺中市[illegible]商業同業公會

花蓮婦女會
臺中港區國際同濟會
花蓮縣商業會
臺北縣國劇協會
臺北縣圍棋協會
臺北縣滑冰協會
臺中縣農會
臺中縣商業公會
臺中縣八二三聯誼會
[illegible]

中華民國新聞通訊事業協會
中華民國民主基金會
中國作家協會
中華民國退伍軍人協會及各縣市分會
中華民國武學總會
中華民國佛教總會
中華民國天主教文化協進會
中華民國電視學會
中華民國跆拳協會
中華國術國際聯盟總會
中華民國回教協會
臺北市公共汽車客運商業同業工會
臺北市西藥商業同業公會
中華民國一貫道總會
中華民國理教總會
中華民國電影戲劇協會
中華民國廣播電視事業協會
中華民國電影攝影學會
中華民國反共愛國陣綫總會及分會
中華民國軒轅教總部
臺北市證券商同業公會
中華民國視覺傳播藝術學會
中國攝影學會
臺北市四川同鄉會
中國美術協會
中華民國捐血運動協會
中華民國捐血事業基金會
中華民國大專教師協會
中國兩岸民間交流協會
中國集文會
臺北市浙江省上虞同鄉會
中烏文化經濟協會
中華民國甲骨文學會
臺北市中國醫藥研究會
臺北市衛浴器材商業同業公會
臺北市重慶同鄉會
臺北市山東同鄉會
現代婦女基金會
臺北市體育殘障運動委員會
中華民國健康長壽會
臺灣區製藥同業公會
中華民國忠戰同志會基隆市分會
基隆市健行社
基隆市河南同鄉會
基隆市湖北同鄉會
中華民國農民福利協進會
中華民國財經雜誌記者聯誼會
中華民國樂器學會
中華民國國樂協會
世界大同促進會
中華民國健康長壽會臺中市支會
中華民族和平統一促進會
中華民國國術會
中華國術國際聯盟總會
中華民國萬國道德總會
中華民國基督教協會
中華民國天理教
中華民國天帝教總會
中華民國哲學研究社
中華民國飛行傘協會
中華青年同盟總會
中華民國中央軍事院校校友會
中華民國黃埔四海同心會
中華民國愛國教育協會
中華民國木蘭愛國會
中華民國全民民主統一會
中國民主青年黨
中國民眾黨
中國拉丁美洲協會
中國勞工福利事業協會
中國農工服務社
世界至孝篤親舜裔總會
臺北市袁氏宗親會
中國公共關係協會
高雄市電影戲劇商業同業公會
臺北市廣告代理商同業公會
中華民國證券分析師聯誼會
臺北市國術會
中華民國商務仲裁協會
亞洲與世界社
臺北市山東省汶上縣同鄉會
臺北市湖南益陽同鄉會
高雄市國內輪船商業同業公會
基隆市公教人員退休協會
中國社會福利事業協進會基隆市分會
中華民國老莊學會臺灣省臺中市分會
臺中市長春槌球協會
中美關係研究學會
臺中縣仁紀社區老人會
臺中縣勞資關係促進協會
臺中縣婦女會
臺中縣外埔鄉農村青年快樂群
臺中港區工商青年社會服務隊
中華民國民主統一同盟臺中市分會
臺中市眷村更新會
臺中市忠孝會
苗栗縣生命綫協會
中華民國健康長壽會臺灣省分會
中華民國老人福利協進會臺中市分會
臺灣省社會福利協進會
中華民國老莊學會臺灣省分會
臺中市空手道協會
臺中市擎天青年之友會
臺灣省社會福利協進會臺中市分會
臺中市西屯教育會
東海大學教授國父遺教研究會
中華民國營造工程工業同業公會全國聯合會
基隆市教育會
基隆市安徽同鄉會
苗栗縣公教退休人員協會
臺北市皖豫川康浙陝湘鄂閩甘
基隆市汽車修理業職業工會
基隆市商業會
臺北市安徽懷寧縣同鄉會
臺北市安徽同鄉會
基隆市碼頭工會
臺北市江西省興國同鄉會
基隆市婦聯會
中華民國九八同志會
中華民國孫中山紀念會
中華愛國會
基隆市駕駛員職業工會
中華民國四維八德實踐會
臺北市立大同國民小學家長會
臺北市鐵器商業同業公會
臺北市旅北彰工校友會
臺北市美術書畫職業工會
臺北市國華國際獅子會
中華易學研究會
中華民國老莊學會
中華民國國父遺教研究會
中華民國忠義救國會
中華民國老人福利協進會
中華民國郵務工會聯合會
中華民國造形藝術教育協會
中美文化經濟協會
中華民國華僑協會總會
中華共和黨
中華戰略學會
中華崇德協會
中華民國天德教
中華民國老人學友協會
中華民國愛盲學會
中華民國立新社
國際資深公民協會中華民國總會
中國洪門五聖山
臺北市保全商業同業公會
基隆市漁會
中國洪門虎聖山
中華民國電影製片協會
臺灣電影製片工業同業公會
中華民國電影導演協會
臺北市影片商業同業公會
臺北市電影戲劇商業同業公會
臺北市電影電視演員職業公會
中華民國編劇學會
中華民國跳傘協會
中華民國帆船協會
中華民國氣功協會
中華民國殘障福利促進會
中華民國禮樂協會
中華兒女愛國會
中華民國愛國同心會
臺南市河南同鄉會
河南南陽同鄉會
屏東縣河南同鄉會
臺中港北區扶輪社
高雄縣榮光婦女協會
八二三砲戰聯誼總會
千代文教基金會
中國文化觀光研究發展協會
中華民國少年才能發展協會
世界潘氏宗親會
中華民國觀光教育學會
中華民國遊艇發展協會
中華民國工商婦女管理協會
中華民國體操協會
中國保障人權基金會
亞洲太平洋自由民主聯盟秘書處
海綫交通委員會
港澳之友委員會
中蘇經濟協會
臺北市西康同鄉會
臺北市河南同鄉會
臺中縣勵學會
臺南市江蘇同鄉會
臺南市四川同鄉會
中國經濟建設研究協會
中華民國證券投資人協會
中華民國足球協會
中華民國籃球協會
中國作家藝術家聯盟
中國婦女寫作協會
中國青年寫作協會
中華民國專欄作者協會
中華民國國際貿易協會
中華論政學社
李氏宗親會
中華民國團結自強協會
現代婦女基金會
中國書法學會金門縣支會
臺中港區國際獅子會
中國洪門大洋山
中華民國俄語研究會
中華民國馬術協會
中華民國水上救生協會
中華民國國術協會
中華民國角力協會
中華民國射擊協會
臺北市復興之友聯誼會
屏東縣擎天協會
臺北市江蘇省松江同鄉會
花蓮縣農會
金門縣商業會
中華民國世界洪鎮總會
世界曾氏宗親總會
中華民國榮民協會

同啓

我們的響應與支持

80.10.16 中央

全國將近三百個民間社團十月七、八、九日相繼在各大報刊出巨幅廣告，表達嚴正的立場，發出嚴肅的呼聲。我們讀後，熱血沸騰。身爲復興基地中華民國國民，面臨存亡絕續的關鍵時刻，我們絕不能再做沈默的大眾！我們要發出強烈的呼聲，表示支持與響應。

中華民國政府在臺澎金馬復興基地，四十年的經營建設，將原本百廢待舉、殘破貧窮的臺灣，帶到繁榮富足、安和樂利的境地。使臺灣兩千萬同胞，享受中國人從未有過的尊榮和幸福─而且眼見未來，要比現在還會更好。

然而近年來不幸在島內出現一小部分人，罔顧國家前途，無視同胞福祉，不斷製造事端，企圖掀起暴亂。在議場杯葛議事，進行鬥争；在街頭煽動群眾，擴大暴力；假借各種藉口，欺騙國人。刑法一百條，本爲防制內亂，確保國家安全，維護同胞福祉，他們叫囂廢除；國慶閱兵大典，本是三軍向國家元首致敬効忠，向全國同胞展示堅强國力，他們吵鬧反對；興建核四電廠，本爲增加國家能源，提昇生產能力，他要暴力破壞，甚至驅車壓死員警。舉凡有助於國家進步，有益於全民福祉，他們無不蓄意反對。

目前民進黨竟將「臺獨」主張公然列入該黨黨綱，將臺灣帶到危險邊緣，四十年經營建設成果，勢將毀於一旦，置二千萬同胞生命財產於不顧，令人痛心！李總統登輝先生於今年國慶祝詞中剴切提示國人：一中國人的血脈斷難分離，中國人的命運終爲一體，任何分裂國土的主張，必將成爲歷史文化的罪人─暮鼓晨鐘，振聾啓聵。民進黨竟處心積慮，蓄意藐視國家元首，不顧同胞福祉，一意孤行，令人憤慨！

我們確信：如果沒有少數人如此肆意亂行，我們的國家會比現在更富强，我們的同胞會比現在更幸福！

爲了國家不致滅亡；爲了同胞不致血肉橫飛，流離失所，成爲可悲的國際難民；爲了後代子孫不致成爲輾轉溝壑，無枝可棲的孤兒，我們不再沈默，我們要挺身而出。我們特別將前此民間社團的嚴肅呼聲，再次强調，以表達我們全民一致的心聲：

我們堅決反對「臺獨」─「臺獨」是數典忘祖的叛逆行爲，「臺獨」會爲臺灣帶來立即而嚴重的危機。

我們堅決反對「制憲」─「制憲」實際就是「廢憲」，就是變相「臺獨」，將會引起動亂，毀滅臺灣四十年經營的繁榮進步，破壞全民安居樂業的生活。

我們堅決反對廢除或濫修刑法一百條─刑法一百條是國家安全、社會安定、經濟繁榮、民眾福祉的保障。

我們堅決反對暴力─暴力會破壞社會秩序，暴力會斷送全民福祉。

我們鄭重呼籲：復興基地全民一致覺醒─絕不容許少數人將我們生命財產推向毀滅邊緣，二千萬同胞的幸福，絕不容許少數人當作賭注而就此斷送。

我們鄭重呼籲：政府對於民進黨「臺獨」主張，應依法嚴予處理，以符民望，以凝民心。

我們鄭重呼籲：復興基地全民一致奮起，發揮愛國愛鄉，愛自己生命，愛子孫未來的偉大力量，齊聲討伐叛逆，消除亂源，確保中華民國千秋萬世，確保全民幸福，永垂無疆。

（排名順序係經抽籤決定）

臺灣省農會
臺灣省青果運銷合作社
中華民國民意測驗協會
世界亞洲太平洋反共聯盟中華民國總會
臺灣省旅館同業公會
總備郵務公會
中華民國建築師公會全國聯合會
臺北市自強獅子會
中華民國投資人協會聯合會
中國憲政月刊社
中華民國全國教育會
中華民國遊覽車客運業同業公會全國聯合會
中華民國青年創業協會
中華民國中醫藥學會
桃園區漁會
中華民國釣魚協會
中華民國雜誌事業協會
臺灣省文藝作家協會暨各縣市分會
臺北市總工會
中華民國藥師公會全國聯合會
國際同濟會中華民國總會
中華民國哈佛同學會
中華民國營建管理協會
中華民國道路協會
中華民國工程環境學會
臺灣省宜蘭農田水利會
中華醫學會
中華內科醫學會
臺灣省婦女會
臺灣省桃園農田水利會
中華全民愛國會
中華民國人文科學研究會
臺灣省護理師護士公會
中華民國護理學會
中華民國能源經濟學會
臺北市消防協會
中華消防設備安全維護基金會
臺灣省液化氣體燃料商業同業公會聯合會及各縣市分會
財團法人臺灣地區液化石油氣分銷事業研究發展基金會
中華民國橄欖球協會
中華民國棒球協會
中華民國自由車協會
中華民國跆拳道協會
青溪計程車服務社
臺北市榮軍中心及各地分中心
中華民國投資協會
全國各省縣市同鄉會（共62個團體）
中華民國回教青年會
中華民國國民生活品質促進會
中華民國廣播節目研究改進協會
中華民國漁船災難防護協會

中華民國星象學會
護理師護士公會全國聯合會
中華佛學研究社
中華民國水上摩托車協會
中華民國中醫師公會全國聯合會
中華民國仁愛服務協進會
世界基督教護教反共聯合會中華民國總會
國際論壇社
中華民國健康食品協會
中華民國食品業勞工委員會
臺灣省食品加工業產業公會聯合會
中華民國測驗技術協進會
中華民國資訊索引管理學會
世界和平策進總會基金會
中華民國照明學會
中華民國贗復牙科學會
世界鄭氏宗親總會
中華民國滿族協會
中國邊政協會
中華民國藏族青年聯誼會
蒙古文化協會
漢藏文化協會
中華民國蒙藏學術研究基金會
中華民國阿拉伯文化經濟協會
中外雜誌社
時代文摘雜誌社
中國憲政學會
中華民國人相協會
中華民國聯合國同志會
中華民國高齡學學會
中原文獻社
臺北市捐血勵進會
華欣文藝工作者聯誼會
中日關係研究會
湖南文獻會
臺中市營養師公會
臺北市營養師公會
臺灣大電力研究試驗中心
臺灣機電工程服務社
宜蘭縣總工會
中華化學纖維公司產業工會
臺灣拉鍊公司產業工會
中華電線電纜公司產業工會
東華印染公司產業工會
嘉義市機車修理業職業工會
嘉義市油漆業職業工會
臺北易學會
臺北針灸研究發展會
臺灣電氣工業同業工會
中興工程顧問公司
吉興工程顧問公司
泰興工程顧問公司
財團法人台中市私立惠康醫療救濟基金會
嘉義縣板模業職業工會

台南縣營造業職業工會
台灣省石門農田水利會
桃園縣教育會
中華民國僑資事業協進會
中華民國角力協會
中華民國貝利斯文經協會
台南市興中社區理事會
台南市志開國小家長會
基隆市烹飪商業同業公會
基隆市百貨商業同業公會
中華民國老莊學會桃園支會
國際青年桃園平鎮區會
中壢區漁會
中華民國中醫藥學會
中華民國漫畫學會
中華民國風箏協會
中華民國帕米爾醫雪同志會
中華民國傳統醫學會
中華民國防高血壓協會
中國漁學書法協會
開發電源捐助地方基金管理委員會
台中市南區扶輪社
台中市擎天自強協會
台南市壘球委員會
基隆市圖書教育用品商業同業公會
榮光社會工作基金會
戴遂軌學術基金會
中國租稅研究會
基隆市旅館商業同業公會
中華民國私立教育事業協會
大豐造紙公司產業工會
台灣東菱電子工業公司產業工會
桃園縣總工會
財團法人鄒濟勳醫學研究發展基金會
財團法人泌尿外科醫學研究發展基金會臺南縣
混凝土業職業工會
臺南縣農機操作業職業工會
臺北市玩具業職業工會
信華台鐘公司第一廠產業工會
華新麗華電線電纜公司產業工會
臺北縣工商婦女聯合會
臺北縣護理師護士公會
嘉義市氣體燃料裝置業職業工會
嘉義市禮儀用品業職業工會
臺中市忠孝會
臺南市捐血人協會
中華民國飛航管制協會
青華食品公司產業工會
臺北縣圖書文具運送業職業工會
基隆市塗料油漆商業同業公會
基隆市男子理髮商業同業公會
臺北縣毛線編織業職業工會
桃園縣工業會
桃園縣商業會

彰化縣農會
彰化區漁會
中華民國民眾服務總社
中華民國內分泌外科醫學會
臺北縣青年車聯誼會
臺北縣婦女會
臺北市餐飲業同業公會
泰豐輪胎公司產業工會
嘉義市屠宰業職業工會
中華民國放射線醫學會
中華民國感染症學會
中華民國潛水訓練協會
中國仁愛服務協進會
勤益紡織公司產業工會
世界和平策進會宗教部部長阿不都阿濟智
彰化縣同仁互助慈善會
臺北縣助產士公會
中國家庭教育協進會臺北縣分會
臺中市東區獅子會
臺北縣縫紉業職業公會
信華台鐘公司第二廠產業工會
嘉義市糕餅糖果業職業工會
嘉義市自行車裝修業職業工會
中國藥用植物學會
大漢文化服務社
時代鐘聲社
子路美術社
大洋塑膠公司產業工會
華隆公司中和總廠產業工會
婦聯總會後備軍人分會
臺北市曾姓宗親會
臺灣省農業合作社聯合會
財團法人中國技術服務社
天成毛刷廠股份有限公司
桃園敏盛綜合醫院
臺北市護理師護士公會
高雄市護理師護士公會
嘉義縣油漆工程職業工會
嘉義縣機車業職業公會
中華民國投資協會
臺北市傑人會
世界王氏宗親總會
中華婦女反共聯合會臺北縣分會
草屯中興國際獅子會
臺中市創進委員會
臺北市中央（第一）國際獅子會
臺北縣工業會
中華民國關稅協會
中華民國專題集郵協會
臺北縣中原客屬協會
中華民國越南歸僑協會
中華民國意識科學研究會
中國精神療養會苗栗支會
中華民國天道教基隆教會

中華民國天道教高雄教會
中華民國天道教苗栗教會
臺北市山東省青島市金鐲旗學友會
臺北市山東省即墨同學聯誼會
臺北縣農會
臺北縣商業會
中國精神療養研究會基隆市支會
中國精神療養研究會高雄分會
基督教基安信仰聯誼會
中華民國榮光基督徒團契協會
中國洪門五聖山智松堂
聖香堂實業有限公司
財團法人
中華社會福利基金會
仁光愛心協會
臺北縣
基督教加利利傳道會
臺北市基督徒聚會處
中日關係研究會
臺北鄭氏宗親會
中華洪門虎威山聯誼會
中國洪門洪英山
私立靜心（中）小學家長會
中華民國五心協會
中國廣代學會
中華民國洪門三民主義同志會
中華民國印尼歸僑協會
嘉義市汽車修理業職業工會
嘉義縣糕餅糖果業職業工會
中華民國海洋事業協會
中華民國統計學社
中華民國企業經理協進會
中華民國科學管理學會
卓見社
中國預算管理會
中國大眾康寧互助會
世界自由民主聯盟中華民國總會
臺灣公路工會
中華民國生涯發展協會
中華民國農業職業教育學會
中華民國防蝕工程學會
中華民國游泳協會
中華民國太極拳協會
中華民國受害人人權保護協會
中華民國銀行商業同業公會全國聯合會
中華民國殘障才藝發展協會
台北縣總工會
中國工業工程學會
中國家庭福利協進會
世界大同促進會
中國職位分類學會
中華民國造園學會
中華民國商業職業教育學會
中華民國有聲出版事業協會

中華民國影視製作事業協會
台灣區唱片工業同業公會
台北市電話秘書傳呼商業同業公會
中華民國職業病醫學會
中華民國汽車駕駛教育學會
中華民國汽車工程學會
中華土壤肥料學會
中國測量工程學會
中華民國「歌」「詞」作家學會
台灣省音樂協進會
中華民國保全會
中華民國運動傷害防護協會
中華民國漁船災難防護協會
中國家庭教育協進會
中華民國高爾夫協會
中華民國企業秘書協會
環亞新聞通訊社
現代時事雜誌
洪門新城山
洪門棲霞山樓安堂
中華民國動物保護協會
中華民國超級市場協會
中華民國乳業發展協會
中華民國視聽教育學會
中華民國防癆協會
中華民國船長公會
中華民國一般科醫師學會
中華民國兒童保育協會
中華民國航運學會
中華民國外銷企業協進會
國會功能改革會
中華民國警察之友會
財團法人中正農業科技社會公益基金會
財團法人台北病理中心
財團法人農業工程研究中心
台北市民間遊藝協會
瑠公水利會
七星水利會
華尚文化公司
華聲電腦公司
中華民國體育學會
中華民國國際標準舞蹈協會
中華中郵政退休人員協進會
北美新文藝協會
舊金山婦聯會

同啟

下午2點以後要求參與單位甚多，因截稿時間關係無法一一刊登，敬請原諒。

附件三：辛亥百年、洪門五聖山80週年剪影

謹訂於100年8月21日(星期日)PM13:00~PM21:00

於高雄漢來大飯店9樓國際宴會廳

舉辦全球華人首屆『洪門忠義文化』高峰論壇

紀念辛亥革命一百週年暨洪門五聖山80週年慶

敬邀閣下蒞臨指導

全球洪門聯盟 名譽總會長 王金平

全球洪門聯盟 總 會 長 劉會進 敬邀

慶典內容:

13:00~14:10 貴賓入場

14:20~15:20 抗日電視劇『11公里』首映會

15:30~16:10 慶典開始 洪門大禮-迎風接駕

16:15~16:30 五聖山戰鼓醒獅團迎慶典

16:35~16:45 洪門之歌發表·介紹貴賓

16:50~17:20 主席與貴賓致詞

17:20~17:40 知名學者專題演說

18:30~21:00 歡慶晚宴 歌舞表演

1.洪門大禮迎風接駕劉山主及各總、分堂主

2.致洪門歡迎詞、敬洪門滿堂酒

3.提升儀式、執事人員敬魚條

(吉).主辦單位與貴賓互贈紀念品

珍重再見

注意事項:

—晚宴請憑餐券入場。

—貴賓請著正式服裝。

大圓滿 · 大吉祥

舉辦全球華人首屆『洪門忠義文化』高峰論壇
紀念辛亥革命一百週年暨洪門五聖山80週年慶籌備委員會

活動宗旨：倡導民族大義、弘揚中華文化
舉辦地點：高雄市漢來大飯店九樓國際宴會廳
舉辦時間：2011年8月21日（星期日）
主辦單位：中華全球洪門聯盟
承辦單位：中國洪門五聖山
合辦單位：中華海峽兩岸企業家聯合會、世界弘揚關公文化總會、世界華商聯合總會、中華四海同心會、中華海峽兩岸文經互利協進會
協辦單位：中華民國雜誌事業協會、中華⺌德協會、高雄市洪門國武術會、高雄縣海峽兩岸文化交流協會、中華民國少林洪拳總會、龍威洪家拳武術館、中國洪門通訊社、五聖山新聞社
大會名譽主席：王金平(立法院院長、全球洪門聯盟名譽總會長)
大會主席：劉會進(全球洪門聯盟總會長、中國洪門五聖山山主)
主席團主席：關英才、郭金鈴、葉國星、戎紹鑫、章　正、有廷麟、孫澤深、高建文、蕭季慧、趙善明、林富男、許清連、謝奇翰、莊吉雄、張騰龍、蕭登波、劉少春、王海峰、葛長忠、張素鑾、王震川、李開嵩
顧　　問：康景文、劉繼正、李　廷、楊建中、張建恕、李克剛、段國基、黎建楠、鍾紹和、王進士、黃昭順、林炳坤、邱　毅、江玲君、張顯耀、侯彩鳳、莊啓旺、蔡昌達、蘇崑雄、葉壽山、林壽山、許智傑、謝仲安、郭金發、李宗奎、馬如風、張世飛、張貴木、周志傑、林高煌、敖樹德、胡坤淵、劉靜蔚、王齡嬌、劉金昇、許朝鑾、林振榮、許文華、劉茂德、王耀德、孫高雄、林文治、趙建明、吳火木

顧　　問：楊掌權、鄧長安、曾子陵、蔡　勃、黃偉民、趙善明、劉萬喜、劉義雄、周長溪、相　坤、陳藝元、湯家緯、林一成、韓　建、何　勇、常青海、周偉強、戎　威、王懷彪、劉政雄、陳清和、王鐵豪
籌備委員：鄭炳熹、潘隆俊、丁士揚、陳文虎、蘇宏熾、施坤火、吳文達、李晉安、陳建均、劉宗衡、劉曉亭、張子豹、卓政防、廖英豐、陳雅玟、黃崑旺、楊明財、劉文忠、于吉祥、張繼倫、吳基生、黃博麟、黃萬來、李　翰、崔易江、蘇聖哲、麥祖光、魏志明、黃盛宗、朱君祥、吳弘宜、田文章、李元火、王亞東、王德利、侯明賢、林明永、王魁元、陳英吉、鄭　飛、徐鳳清、吳廷賢、葉旗豪、蔡炳元、楊朝欽、劉水龍、王俊傑、劉正平、吳東和、蔣小剛、馬良彥、卓文慶、王菁華、薛進輝、劉會達、劉會山、陳隱河、劉章明、鈕澤基、高瑞蓮、沈英海、陳清原、黃清輝、郭福地、薛宸元、吳勝智
秘書長：劉治寰
副祕書長：廖善求、曾輝堂、莊蕙宇
執行秘書：韓　妗
秘　　書：黃鳳娥、王鳳涵、顏文儀、董韶葳
洪門執事：彭寶鈺、黃新得、劉慶成、施俊宇、張富銘、蘇裕正、高啓鍾、陳仙福
活動主持：徐　亨（金鐘影帝）、戎　祥（兩岸知名演藝人員）
洪門武術總教練：尤少嵐
洪門武術副總教練：李全福
洪門五聖山戰鼓醒獅團團長：林進國

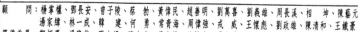

T1

辛亥百年・洪門五聖山80週年慶特刊

中國洪門通訊社

建國100年/西元2011年8.21
歲次辛卯
China Hongmen News

http://www.hongmen.com.tw
E-MAIL :liusanju@hotmail.com
TEL :07-3320084 Fax: 07-3318218
高雄市苓雅區復興二路三號九樓之二

全球華人首屆「洪門忠義文化」高峰論壇

紀念辛亥革命百年暨洪門五聖山80週年慶，全球華人首屆「洪門忠義文化」高峰論壇，將於2011年8月21日（星期日）在高雄市漢來大飯店9F國際宴會廳盛大舉行，以「倡導民族大義、弘揚中華正統文化」為論壇宗旨。高峰論壇將由全球洪門聯盟總會長劉會進親臨主持，大會名譽主席為立法院長王金平。屆時將有兩岸及海內外產官學界重量級人士、全球洪門大佬級昆仲代表出席，盛況可期。

當日同時將首映抗日戰爭片〝11公里〞國軍128師老兵現場見証。全球華人首屆「洪門忠義文化」高峰論壇，論文選題包括：洪門與辛亥革命、國父 孫中山先生與洪門、關公忠義文化、見證洪門五聖山80年歷史………等。將由知名學者、歷史專家論述。

根據史實記載，沒有「辛亥革命」，就沒有自由、民主的中華民國。而沒有洪門昆仲的「洪門忠義文化」，「辛亥革命」也不可能成功。故而欣逢辛亥革命100週年暨洪門五聖山80週年慶的重大而具有特殊意義光輝的日子，我輩不但要緬懷「辛亥革命」先烈們為了理想，英勇犧牲奉獻的偉大情操；更應發揚「洪門忠義文化」，讓我們的社會更和諧、繁榮與進步。尤其是，目前兩岸開啓了和平發展的新契機，為了兩岸互惠互利，共創雙贏，更值得我們深入探討「辛亥革命」與「洪門忠義文化」的歷史意義與現實意義，使先烈們希望中華民族團結一致不再受列強欺凌的遺願早日實現。

而依據史實記載，「武昌起義」、「辛亥革命」之所以能夠成功，實得力於「洪門忠義精神」的幕後推動與洪門實際參與，洪門昆仲高舉義旗義助革命，拋頭顱灑熱血，壯烈犧牲成仁，可歌可泣的事蹟不勝枚舉。例如，為紀念1911年4月孫中山先生領導的「同盟會」在黃花崗起義中英勇犧牲的「黃花崗72烈士」，全部都是廣東順德、惠州洪門昆仲。1904年孫中山先生在檀香山參加洪門致公堂受封洪棍、國父要求同盟會全體會員於1911年加入洪門致公堂、並且成立洪門籌餉局為革命事業籌款。

認識洪門　瞭解五聖山

中國洪門源遠流長，歷代義結金蘭兄弟眾多，僑居世界各國亦不少。中國洪門地位超然、不為名利，其目的，在求伸張民族正義。忠義所至，則不惜拋頭顱灑熱血，對於忠義為國家為民者，群起奮鬥擁護，對於禍國殃民者，則眾志成城，戮力以糾正之，其次，社會如有恃強凌弱欺侮鰥寡孤獨者，更不斷竭智進言改善，並齊力協助及早處置。洪門昆仲，平時奉公守法，縱有為國家民族貢獻事跡，絕不肆言居功爭取名利，此即洪門所處超然地位不為名利之表現。國父　孫中山先生，一九0四年一月十一日在美國檀香山加入洪門『致公堂』，洪門成立籌餉局義助孫中山先生推翻滿清，創立民國。

洪門五聖山已有八十年歷史。創山山主向松坡中將為『同盟會』會員，是國父直接領導的革命黨人，並在辛亥武昌首義中擔任先鋒的開國元勳。向公於民國建立後，初任武漢綏靖司令，並經國父敘任為陸軍中將，先後參與護法、討袁、北伐等重大戰役，直至民國政府奠都南京，功成身退回歸社會。民國二十一年，向公於上海市集結洪門菁英，成立五聖山。民國二十六年抗戰軍興，向公與戴笠將軍組『江浙行動委員會』召集洪門兄弟，投入抗日救國運動。

五聖山第二任山主陶滌亞中將，於民國十八年即奉蔣公之命進入洪門，並順利完成整合具有洪門背景之川軍將領，一致擁護中央政府，服從蔣委員長領導，對穩定抗戰大後方，功不可沒。陶公於民國七十八年接掌五聖山，即以繼往開來之精神，重新規劃五聖山『復興洪門』之工程。並親自企劃執行方案，矢志完成向公遺願。

五聖山現任山主劉會進於民國七十六年，復辦信廉總堂，以『復興洪門』的當務之急，必須建立事業基礎，充實經濟力量。陶公於民國八十二年提升劉會進為副山主，策劃五聖山進行『世代交替』的準備工作。民國八十七年十月，劉副山主遠赴福建高溪廟，莆田南少林及昭安縣，積極蒐集洪門歷史文化資料。民國八十八年陶公竟駕鶴歸西，副山主劉會進奉遺命於民國八十八年四月十日接掌第三任山主。

- 民國九十年十一月十一日於高雄市舉辦五聖山七十週年慶，來自世界近萬人洪門代表參加盛會。
- 民國九十三年十月三十日向內政部立案中華全球洪門聯盟(台內設字第：0九三00六八四七四號)
- 民國九十九年四月十二日向內政部立案中國洪門五聖山 (台內社字第：0九九00九七九0二號)

一.從本山學者專家群中選出七人小組，專責研究洪門歷史文化資料成立洪門網站，並於八十九年九月十六日，舉行『洪門理論與實踐』研討會，確立五聖山轉型為社會公益團體的大方向。

二.①組『急難救助隊』，參與『九二一』救災工作。②濟貧分送南部低收入户淨水器三千台，價值新台幣貳仟多萬元。③華航空難指派五聖山行善團率二十位會員前往澎湖救難慰問。

三.四川汶川震災洪門五聖山發揮同胞愛購買賑災物資貳千多萬元運往大陸救災發揮洪門忠義精神。

四.九十九年六月廿日舉辦首屆海峽兩岸關帝世紀大交流，率領兩千多名信眾前往福建謁祖會香。

五.任命劉治寰為全球洪門秘書長、王震川為五倫總堂主、李開嵩為禮德總堂主、鄭炳熹為智松副總堂主、台南洪門文化協會理事長吳文達。

六.一00年八月廿一日舉辦紀念辛亥百年暨五聖山八十週年慶典活動、首屆『洪門忠義文化』論壇。

領導著洪門崑仲轉型成功的五聖山積極投入各項社會公益建設為繁榮、和諧、進步的大方向而獻力，布衣山主劉會進博士將秉承先聖先賢及前任山主之遺志發揚忠義精神，倡導『洪門維新』讓洪門優良傳統更為發揚光大。

紀念辛亥百年 洪門還原抗日史實 緬懷英勇國軍將士

抗日大戲「11公里」將於高雄舉辦首映會

繼三立電視台與國防部合作，以張自忠將軍事蹟為題材，拍攝抗日歷史大戲「勇士們」之後，另一部由全球洪門拍攝抗日歷史大戲「11公里」，也於日前殺青，並破天荒選擇高雄進行首映。「11公里」劇情是描述七七盧溝橋事變之後，日本擬定三月亡華揚言三個月內就要佔領整個中國，而要實現此一計畫，就必須在最短時間內佔領當時中央政府所在地南京，於是就派遣日軍當時精銳第十八師團，準備由浙江嘉善登陸，直取南京。

中央政府原先收編了有湘西王之稱的陳渠珍舊部，並將其中的第三十四師改編為國軍第128師，任命顧家齊為師長，駐防於嘉善附近一帶：日軍 18師團登陸之後，國軍第128師長顧家齊率所部浴血抵抗，奮戰了七天七夜之後，只讓日軍推進了11公里，終因彈盡援絕而失敗，國軍128師幾乎全體殉國。

這場戰役不但成功的幫國軍主力部隊，爭取了足夠的撤退時間，也改寫了日軍對華戰略的看法：「以雙倍於中國的兵力，加上先進的武器及海空支援，打了七天七夜，竟然只能推進11公里，如果照這種速度，那佔領整個中國就要足足九十六年！換句話說，這場戰役的價值，就是粉碎日本三月亡華的夢想！！

由於國軍第128師，幾乎全員都是改編自陳渠珍的舊部，而陳渠珍的舊部大部分為武昌起義的革命軍（原滿清的新軍)，且清一色都是洪門哥老會的成員，為了還原這一段可歌可泣的歷史，全球洪門昆仲鼎力支持本片拍攝，希望全球華人莫忘先烈的犧牲！

本劇全球首映會將於2011年8月21日下午2時，假高雄漢來大飯店9樓國際會議廳，於全球華人首屆「洪門忠義文化」高峰論壇中發表，屆時請各方賢達有興趣者前往觀賞指教。

谨以此片献给纪念辛亥革命100周年，献给在此战役中牺牲的中国军人以及英雄的湘西人民和嘉兴人民！

原　　著：吴厚生　吴佳骏　姚文凯
编　　剧：刘　星
出 品 人：王立群　柳小满　张永中　葛长忠
总 顾 问：周　青　特别顾问：刘会进
军事顾问：肖裕声　宫力平
军事指导：冯　钢
总 监 制：郑　明
监　　制：刘飞勇　梁晓英　陈少东　沈学忠
　　　　　徐可刚　刘国华
总 策 划：杜建华
策　　划：杜　莽　顾惠良　陈小珍　贾飕河
　　　　　张　磊　李　骏　朱君祥　王　凯
领衔主演：王伯昭　王伟军
主　　演：王汇军　李　滢　韦奕波　丁正勇
　　　　　亓达青　魏兆斉　江易伽
导　　演：王响伟
执行导演：李建峰
摄影指导：林　斌
美术指导：黄中林
录　　音：丁　艺
制片主任：陶伟祥
制 片 人：王怀彪
总制片人：王立群

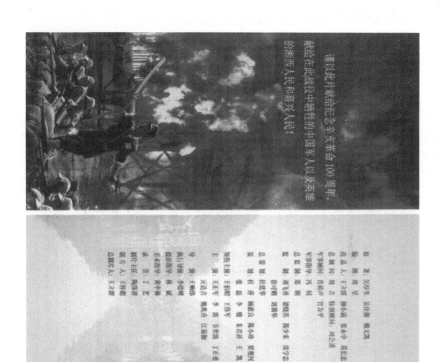

左圖：一九九八年一月三日，陶故山主滌亞（左）與信廉總堂主劉會進合影於信廉總堂在台灣第一個成立斗南分堂忠義堂前。

下圖：一九九八年一月三日，陶故山主滌亞（左）與總堂主劉會進（右三）及斗南分堂重要幹部合影。

陶滌亞中將（中）與故副山主張開泰（右二）、總堂主劉會進（右一）及倭國友人合影。

蔣緯國上將與陶滌亞中將共同商議拍攝「中國抗日戰爭紀實歷史紀錄片」有關事項。

陶故山主滌亞勉勵劉會進副山主合影紀念。

蔣緯國上將（中）、陶滌亞中將（右）與劉會進山主合影。

五聖山主劉會進（右一）與立法委員何智輝（左一）合影於三義鄉。

五聖山主劉會進（中）頒洪門令旗給韓國汪修德（右），與洪門昆仲王均國（左）合影。

五聖山信廉總堂主劉會進，於一九九八年拜訪香港名人太平紳仕新馬師增大師，在新馬師增家中合影紀念。

劉會進一九九八年擔任高雄聯誼總會總會長時與台南市長蘇南成（右二）、海軍中將牟釗秉（左一）合影。

二〇〇〇年一月二十五日李總統、連副總統於總統府接見洪門山主劉會進等八名合影留念。（很可惜，李登輝這老番癲，竟當了漢奸）

劉會進山主（右）與彰化縣長阮剛猛（左）合影

徐天華代表將五聖山山印交劉會進山主。

越南國會議長（左）於一九九八年四月十三日親自來台拜訪洪門五聖山劉會進山主時合影紀念。

宋長志上將與五聖山主劉會進合影於五聖山總部。

林洋港先生（中）與戎紹興將軍（右）、五聖山主劉會進合影於林公館。

劉會進山主（右）與前警政署長姚高橋合影。

五聖山山主劉會進(左)與總統府資政邱創煥先生(中)，以及世界洪門總會長趙正明（後），於二○○二年九月二十七日洪門懇親大會上合影留念。

劉山主於一九九八年十二月十六日致贈信廉總堂榮譽總堂主牟秉釗中將「忠義千秋」紀念碑。

五聖山劉山主就職典禮貴賓雲集，美國在台協會金大泳處長（左一）、高雄市長吳敦義（右三）也蒞臨參加此一盛典。

倭國武道白蓮道館杉原正康會長（右）探望劉山主（左），於忠義堂前合影。

洪門五聖山昆仲馬良彥（左二）率團將洪門始祖洪二和尚提喜分靈神像於二〇〇一年十月十二日自大陸雲霄縣高溪廟共迎回台供奉。

二〇〇〇年九月十六日，劉山主在高雄市國賓飯店宣佈洪門轉型為社會公益團體，並舉行洪門理論與實踐發表會，各界來賓踴躍出席之盛況。

五聖山幫辦倭國盛力健兒（左二）、倭國大阪白蓮武道館長杉原正康（左三）及五聖山幫辦韓國金光顯（右一）在劉山主澎湖虎井嶼家鄉百年古宅前合滿。

一九九九年八月六日，劉山主親臨莆田南少林文武學校，師生熱烈歡迎名譽校長蒞臨。

劉山主擔任莆田南少林文武學校名譽校長，有計畫培育洪門武術根苗，傳承強身強國的忠義精神。

劉山主與立法院長王金平、親民黨副主席張昭雄等貴賓，於五聖山七十週年慶典上合影紀念。

二○○一年十一月十一日，於高雄技擊館舉辦紀念　國父一百三十六歲誕辰，暨中國洪門五聖山開山七十週年慶祝大會。

倭國大阪白蓮道館於二〇〇一年六月二十九日來台，與中國洪門五聖山武術交流。

五聖山主劉會進贈送 204 台淨水器，由鄉長楊石龍代表接受儀式。

二〇〇〇年九月十四日，紀念紅花亭結義三二八週年暨中國洪門通訊社台北採訪辦事處成立，及中國洪門五聖山昆仲中秋團員酒會，當天貴賓蒞臨剪綵大典合影。圖由左至右剪綵貴賓為：前南警部司令劉繼正中將、名主持人周玉蔻、立法院長王金平、五聖山劉會進山主、前警政署長姚高橋、世界洪門總會長趙正明、洪門同盟總會長徐天華。

劉會進山主與第三屆國大代表卓政防合影。

佛光山主持上心下定大師與五聖山山主劉會進，二○○一年八月十五日於佛光山合影留念。

廣西桂林藝術學院盛敦榮校長（左），於二○○一年十二月二十四日來台敦聘劉山主（右）為名譽校長。

右上圖：五聖山主劉會進（右）與倭國顧問盛力健兒（左）於倭國大阪合影。

左上圖：五聖山主劉會進（左）與韓國顧問金光顧（右）於倭國大阪合影。

下　圖：一九九一年十二月一日，洪門單刀會言廉總堂榮譽總堂主蕭而光中將（中）、牟秉釗中將（右）與總堂主劉會進合影（左）。

劉會進山主（右二）親往倭國大阪祝賀洪門顧問
盛力健兒（左二）生日。

洪門高雄聯誼總會劉會進與李慶華先生（中）、
王天競（右）一九九八年於高雄國賓飯店合影。

洪門五聖山傑出昆仲洪拳武術協會李全福總教練。

洪門五聖山傑出昆仲洪拳武術協會劉大立教練。

紀念國父一三六歲誕辰暨中國洪門五聖山開山七十週年慶祝大會，近三萬來賓參加典禮盛況。

陳福成生命歷程與創作年表（只記整部出版著作）

民國四十一年（一九五二）一歲

△元月十六日，生於台中縣大肚鄉，陳家。

民國四十八年（一九五九）八歲

△九月，進台中縣大肚國民小學一年級。

民國四十九年（一九六〇）九歲

△夏，轉台中市太平國民小學一年級。

民國五十年（一九六一）十歲

△春，轉台中縣大雅國民小學六張犁分校二年級。

年底搬家到沙鹿鎮，住美仁里四平街。

民國五十一年（一九六二）十一歲

△轉台中縣新社鄉大南國民小學三年級（月不詳）。

民國五十四年（一九六五）十四歲

△六月，大南國民小學畢業。

△九月，讀東勢工業職學學校初中部土木科一年級。

△是年，開始在校刊《東工青年》發表作品。

民國五十七年（一九六八）十七歲

△六月，東工第一名畢業，獲縣長王子癸獎。

△八月三十一日，進陸軍官校預備班十三期。

持續在校刊發表作品，散文、雜記等小品較多。

民國五十九年（一九七〇）十九歲

△春，大妹出車禍，痛苦萬分，好友王力群、鍾聖錫、劉建民、虞義輝等鼓勵下接受基督洗禮。

民六〇年（一九七一）二十歲

△六月，預備班十三期畢業。

△七月，同好友劉建民走橫貫公路（另一好友虞義輝因臨時父親生病取消）。

△八月，升陸軍官校正期班四十四期。

△年底，萌生「不想幹」企圖，四個死黨經多次會商，一直到二年級，未果，繼續

讀下去。

民六十四年（一九七五）二十四歲

△四月五日，蔣公逝世，全連同學宣誓留營以示效忠，僅我和同學史同鵬堅持不留營。（多年後國防部稱聲那些留營都不算）

△五月十一日（母親節），我和劉、虞三人，在屏東新新旅社訂「長青盟約」。

△六月，陸軍官校四十四期畢業。

△七月，到政治作戰學校參加「反共復國教育」。

△九月十九日，乘「二二九」登陸艇到金門報到，任金防部砲指部斗門砲兵連中尉連附。

民國六十五年（一九七六）二十五歲

△醉生夢死在金門度過，或寫作打發時間，計畫著如何可以「下去」（當老百姓去），考慮「戰地」軍法的可怕，決定等回台灣再看情況！

民國六十六年（一九七七）二十六歲

△春，輪調回台灣，在六軍團砲兵六〇〇群當副連長。駐地桃園更寮腳。

△五月，決心不想幹了，利用部隊演習一走了之，當時不知道是否逃亡？發生「逃官事件」，險遭軍法審判。

△九月一日，晉升上尉，調任一九三師七七二營營部連連長，不久再調任砲連連長，駐地中壢。

△十一月十九日，「中壢事件」，情勢緊張，全連官兵在雙連坡戰備待命。

民國六十七年（一九七八）二十七歲

△七月，全師換防到馬祖，我帶一個砲兵連弟兄駐在最前線高登（一個沒水沒電的小島），島指揮官是趙繩武中校。

△十二月十五日，美國宣佈和中共建交，全島全面備戰，已有迎戰及與島共存亡的心理準備，並與官兵以「島在人在，島失人亡」共盟誓勉。

民國六十八年（一九七九）二十八歲

△十一月，仍任高登砲兵連連長。下旬返台休假並與潘玉鳳小姐訂婚。

民國六十九年（一九八〇）二十九歲

△七月，換防回台，駐地仍在中壢雙連坡。

△十一月，卸連長與潘玉鳳結婚。

民國七〇年（一九八一）三十歲

△三月，晉升少校（一九三師）

△七月，砲校正規班結訓。

△八月，轉監察，任一九三師五七七旅監察官。（時一九三師衛戍台北，師長李建中將軍）。

民國七十一年（一九八二）三十一歲

△三月，仍任一九三師五七七旅監察官。駐地在新竹北埔。

△現代詩「高登之歌」獲陸軍文藝金獅獎。當時在第一士校的蘇進強上尉，以「青青子衿」拿小說金獅獎。很可惜後來走上台獨路，不知可還有臉見黃埔同學否？

△長子牧宏出生。

△年底，全師（193）換防到馬祖北竿。

民國七十二年（一九八三）三十二歲

△六月，調任一九三師政三科監察官（馬祖北竿，師長丁之發將軍）

△十二月，調陸軍六軍團九一兵工群監察官。

民國七十三年（一九八四）三十三歲

△十一月，仍任監察官。

△父喪。

民國七十四年（一九八五）三十四歲

△四月，長女佳青出生。
△六月，〈花蓮十日記〉（台灣日報連載）。
△八月，調金防部政三組監察官佔中校缺，專管工程、採購。（司令官宋心濂上將）
△九月，「部隊管教與管理」獲國防部第十二屆軍事著作金像獎。
△今年，翻譯愛倫坡（Edgar Allan）恐怖推理小說九篇，並在偵探雜誌連載，多年後才正式出版。

民國七十五年（一九八六）三十五歲

△元旦，在金防部監察官晉任升中校，時金防部司令官趙萬富上將。
△六月，考入政治作戰學校政治研究所第十九期三研組。（所主任孫正豐教授、校長曹思齊中將）
△八月一日，到政治作戰學校研究所報到。

民國七十六年（一九八七）三十六歲

△元月，獲忠勤勳章乙座。
△春，「蔣公憲政思想研究」獲國民黨文工會學術論文獎。
△九月，參加「中國人權協會」講習，杭立武當時任理事長。
△今年，翻譯愛倫坡小說五篇，並在偵探雜誌連載，多年後才正式出版。

民國七十七年（一九八八）三十七歲

△六月，政研所畢業，碩士論文「中國近代政治結社之研究」。到八軍團四三砲指部當情報官。

△八月，接任第八團四三砲指部六〇八營營長，營部在高雄大樹，準備到田中進基地。（司令是王文燮中將、指揮官是涂安都將軍）

民國七十八年（一九八九）三十八歲

△四月，輪調小金門接砲兵六三八營營長。（大砲營）（砲指部指揮官戴郁青將軍）

△六月四日，「天安門事件」前線情勢緊張，前後全面戰備很長一段時間。

民國七十九年（一九九〇）三十九歲

△七月一日，卸六三八營營長，接金防部砲指部第三科作戰訓練官。

△八月一日，伊拉克入侵科威特，海峽情勢又緊張，金門全面戰備。

民國八〇年（一九九一）四〇歲

△元月、二月，波灣戰爭，金門仍全面戰備。

△三月底，輪調回台南砲兵學校任戰術組教官。（指揮官周正之中將）（以後的軍職都在台灣本島，我軍旅生涯共五次外島，金門三，馬祖二。）

民國八十一年（一九九二）四十一歲

△三月，參加陸軍協同四十五號演習。
△六月，考入三軍大學陸軍指參學院。（校長葉昌桐上將、院長王繩果中將）
△七月四日，到大直三軍大學報到。

民國八十二年（一九九三）四十二歲

△六月十九日，三軍大學畢業，接任花東防衛司令部砲指部中校副指揮官，時中校十一級。（指揮官是同學路復國上校，司令官是畢丹中將）
△九月，我們相處的很好，後來我離職時，同學指揮官送我一個匾，上書「運籌帷幄，決勝千里」。可惜實際上沒有機會發揮，只能在紙上談兵，在筆下論戰，幾年後路同學升少將不久也退伍了。調原單位司令部第三處副處長。
△這年經好同學高立興的努力，本有機會調聯訓部站一個上校缺，卻因被一個姓「朝鮮半島」的同學「穿小鞋」，功敗未成，只好持續在花蓮過著如同無間地獄的苦日子。

民國八十三（一九九四）四十三歲

△二月，考取軍訓教官，在復興崗受訓。（教官班四十八期）
△四月，到台灣大學報到，任中校教官。當時一起來報到的教官尚有唐瑞和、王潤身、劉亦哲、吳曉慧共五人。總教官是韓懷豫將軍。

△四月，老三佳莉出生。她的出生是為伴我中老年的寂寞，從她出生到小三，洗澡換尿片三更半夜喝奶，全我包辦，三個孩子只有她和我親近。

△七月，母喪。

△十一月，在台大軍官團提報「一九九五閏八月的台海情勢」廣受好評。

民國八十四年（一九九五）四十四歲

△六月，「閏八月」效應全台「發燒」。

△《決戰閏八月——中共武力犯台研究》一書出版（台北：金台灣出版社）。本書出版後不久，北京《軍事文摘》（總第59期），以我軍裝照為封面人物，大標題以「台灣軍魂陳福成之謎」，在內文介紹我的背景。

△七月，開始編寫各級學校軍訓課程「國家安全」教材。

△十二月，《防衛大台灣——台海安全與三軍戰略大佈局》一書出版：（台北：金台灣出版社）

民國八十五年（一九九六）四十五歲

△元月，為撰寫軍訓課本「國家安全」，本月十一日偕台大少校教官陳梅燕拜訪戰略家鈕先鍾先生，主題就是「國家安全」。（訪問內容後來發表在「陸軍學術月刊第375、439期」

△三月，擔任政治大學民族系所講座。（應民族系系主任林修澈教授聘請）。

△《孫子實戰經驗研究》一書，獲中華文化總會學術著作總統獎，獎金五萬元。

△《國家安全》幼獅版，納入全國各級高中、職、專科、大學軍訓教學。

△四月，考上國泰人壽保險人員證。

△九月，佔台灣大學上校主任教官缺。

△榮獲全國軍訓教官論文優等首獎，《決戰閏八月》。

民國八十六年（一九九七）四十六歲

△元旦，晉升上校，任台大夜間部主任教官。

△七月，開始在復興廣播電台「雙向道」節目每週一講「國內外政情與國家安全」（鍾寧主持）。

△八月，《國家安全概論》（台灣大學自印自用，不對外發行。）

△十二月，《非常傳銷學》出版。

民國八十七年（一九九八）四十七歲

△是年，仍在復興電台「雙向道節目」。

△五月，在台大學生活動中心演講「部落主義及國家整合、國家安全之關係」。

△十月十七日，籌備召開「第一屆中華民國國防教育學術研討會」（凱悅飯店，本

會在淡江大學戰略所所長翁明賢教授指導下順利完成，工作夥伴除我之外，尚有輔仁大學楊正平、文化大學李景素、淡江大學廖德智、中央大學劉家楨、東吳大學陳全、中興法商鄭鴻儒、華梵大學谷祖盛（以上教官）、淡江大學施正權教授。）我在本會提報論文「論國家競爭優勢與國家安全」（評論人：台灣大學政治系助理教授楊永明博士），本論文為銓敘部公務人員學術論文獎，後收錄在拙著《國家安全與情治機關的弔詭》一書。

民國八十八年（一九九九）四十八歲

△七月，出版《國家安全與情治機關的弔詭》（台北：幼獅出版公司）。

△二月，從台灣大學主任教官退休，結束三十一年軍旅生涯。「化敵為我，以謀止戰」（小說三十六計釜底抽薪導讀，與實學社總編輯黃驗先生對談。）；考上南山人壽保險人員證。

△四月，應國安會虞義輝將軍之邀請，擔任國家安全會議助理研究員。（時間約一年多，每月針對兩岸關係的理論和實務等，提出一篇研究報告（論文）。

民國八十九年（二〇〇〇）四十九歲

△三月，《國家安全與戰略關係》出版（台北：時英出版社）。

△四、五、六月，任元培科學技術學院進修推廣部代主任。

△六月一日，在高雄市中山高中講「兩岸關係及未來發展——兼評新政府的國家安全構想」（高雄市軍訓室軍官團）

△十一月，與台灣大學登山會到石鹿大山賞楓。

△十二月，與台灣大學登山會到司馬庫斯神木群。

民國九〇年（二〇〇一）五十歲

△五月四到六日，偕妻及一群朋友登玉山主峰。

△六月十六、十七日，參加陸軍官校建校七十七週年校慶並到墾丁參加44期同學會。

△十月六日，與台大登山隊到睏牛山。

△十二月，《解開兩岸十大弔詭》出版（台北：黎明出版社）。

△十二月八到九日，登鎮西堡、李棟山。

△十二月二二到二三日，與台大登山隊走霞克羅古道。

民國九十一年（二〇〇二）五十一歲

△去年至今，我聽到三位軍校同學過逝，甚有感慨，我期至今才約五十歲。想到學生時代很要好的同學，畢業已數十年，怎都「老死不相往來」，我決定試試，召集住台大附近（半小時車程），竟有七人（含我）來會，解定國、高立興、陳鏡培、童榮南、袁國台、林鐵基。這個聚會一直持續下去，後來我定名「台大周邊

地區陸官44期微型同學會」（後均簡稱「44同學會」第幾次等。
△二月，《找尋一座山》現代詩集出版，台北，慧明出版社。
△二月十二到十四日，到小烏來過春節，並參訪赫威神木群。
△二月二三到二四日，與台大登山會到花蓮兆豐農場，沿途參拜大理仙公廟。
△四月七日，與山虎隊登夫婦山。
△四月十五日，在范揚松先生的公司第一次見到吳明興先生（當代兩岸重要詩人、作家），二十多年前我們曾一起在「腳印」詩刊發表詩作，未曾謀面。
△四月二十一日，與台大隊登大桐山。
△四月三十日，在台大鹿鳴堂辦第二次44同學會：我、解定國、袁國台、高立興、周念台、林鐵基、童榮南。
△五月三到五日，與台大隊登三叉山、向陽山、嘉明湖。（回來後在台大山訊發表紀行一篇）。
△六月二一到二三日，與苗栗三叉河登山隊上玉山主峰（我的第二次）。
△七月第一週，在政治大學參加「社會科學研究方法」研習營。（主任委員林碧炤）。
△七月十八到二一日，與台大登山會登雪山主峰、東峰、翠池。在「台大山訊」發表「雪山盟」長詩。

△八月二十日，與台大登山會會長張靜二教授及一行十餘人，勘察大溪打鐵寮古道、草嶺山，並到故總統經國先生靈前致敬。

△八月二九到九月一日，與山友十餘人登干卓萬山、牧山、卓社大山。（因氣候惡劣只到第一水源處紮營，三十一日晨撤退下山。）

△九月，《大陸政策與兩岸關係》出版（黎明出版社，九十一年九月）。

△九月二十四日，在台大鹿鳴堂辦第三次44同學會：我、高立興、童榮南、林鐵基、周念台、解定國、周立勇、周禮鶴。

△十月十八到二十日，隨台大登山隊登大霸尖山（大、小霸、伊澤山、加利山），在「台大山訊」發表「聖山傳奇錄」。

△十一月十六日，與台大登山隊登波露山（新店）。

民國九十二年（二〇〇三）五十二歲

△元月八日，第四次44同學會（在台大鹿鳴堂），到有：我、周禮鶴、高立興、解定國、袁國台、林鐵基、周立勇。

△元月八日，在台灣大學第一會議室演講「兩岸關係發展與變局」，併發表四本年度新書。（台大教授聯誼會主辦），除《解開兩岸十大弔詭》和《大陸政策與兩岸關係》兩書外尚有：《找尋一座山》（現代詩集，慧明出版）、《愛倫坡恐怖

小說選》。

△二月二十八日，應佛光人文社會學院董事會秘書林利國邀請，在宜蘭靈山寺向輔導義工演講「生命教育與四Q」。

△三月十五、十六日，與妻參加台大登山隊「榛山行」（在雪霸）。

△三月十八日，與曾復生博士在復興電台對談兩岸關係發展。

△三月十九日，到非政府組織（NGO）會館，參加「全球戰略新框架下的兩岸關係研討會」，由「歐洲文教基金會與黨外圓桌論壇」主辦。席間首次與前民進黨主席許信良先生閒談。晚間餐會與前立法委員朱高正先生和台大哲學系教授王曉波夫婦同桌，我和他們都是素昧平生。但兩杯酒一喝，大家就開始高談近代史事，朱委員酒量很好，可能有「千杯不醉」的境界。名片上印有「周易」文言：「夫大人者。與天地合其德。與日月合其明。與四時合其序。與鬼神合其吉凶。先天而天弗違。後天而奉天時。天且弗違。而況予人乎。況于鬼神乎。」，其境界更高。

△三月二十日，叢林一隻不長眼的「肥羊」闖進頂層掠食者的地盤，性命恐將不保；美伊大戰開打，海珊可能支持不了幾天。

△三月二十六日到三十日，隨長庚醫護人員及內弟到大陸，遊西湖、黃山。果然「上有天堂下有蘇杭」、「黃山歸來不看山」，我第一次出國竟是回國。歸程時SARS

開始流行，全球恐慌。

△四月三日到六日，同台大登山隊登雪白山，氣候不佳，前三天下雨。第一天宿司馬庫斯，第二天晨七時起程，沿途林相原始，許多千年神木，下午六時雪白山攻頂，晚上在山下紮營，第三天八點出發，神木如林，很多一葉蘭，下午過鴛鴦湖，五點到棲蘭。第四天參觀棲蘭神木，見「孔子」等歷代偉人，歸程。

△四月十二、十三日，偕妻與台大登山隊再到司馬庫斯，謁見「大老爺」神木群等。

△四月二十一日，第五次44同學會（在台大鹿鳴堂），到者：我、袁國台、解定國、林鐵基、周立勇。

△六月十四日，同台大登山隊縱走卡保逐鹿山，全程二十公里，山高、險惡、瀑布，螞蝗多。

△六月二十八日，參加中國文藝協會舉行「彭邦楨詩選」新書發表會。彭老已在今年三月病逝紐約，會中碰到幾位前輩作家，鍾鼎文、司馬中原、辛鬱、文曉村等人，還有年青一輩的賴益成、羅明河等。

△七月，《孫子實戰經驗研究》出版（黎明出版公司），本書是八十五年學術研究得將作品，獲總統領獎；今年又獲選為「國軍連隊書箱用書」，陸、海、空三軍各級，一次印量七千本。

△七月二十二日到八月二日，偕妻同一群朋友遊東歐三國（匈牙利、奧地利、捷克）。

△十月十日到十三日，登南湖大山、審馬陣山、南湖北峰和東峰。

△十一月，在復興電台鍾寧小姐主持的「兩岸下午茶」節目，主講「兵法・戰爭與人生」（孫子、孫臏、孔明三家）。

△十二月一日，第六次44同學會（台大鹿鳴堂），到有：我、林鐵基、童榮南、解定國、周念台、盧志德、高立興、劉昌明。

民國九十三年（二〇〇四）五十三歲

△二月二十五日，第七次44同學會（台大鹿鳴堂），到有：周立勇、高立興、童榮南、鍾聖賜、林鐵基、解定國、周念台、盧志德、劉昌明和我共10人。

△春季，參加許多政治活動，號召推翻台獨不法政權，三月陳水扁自導自演「三一九槍擊作弊案」。

△三月，《大陸政策與兩岸關係》出版，黎明出版社。

△五月二十八日，大哥張冬隆發生車禍，二週後的六月四日過逝。

△五月，《五十不惑》（前傳）出版，時英出版社。

△六月，第八次44同學會（台大鹿鳴堂），到有：我、周立勇、童榮南、林鐵基、解定國、袁國台、鍾聖賜、高立興。

△八月十一到十四日，參加佛光山第十二期全國教師生命教育研習營。

△十月十九日，第九次44同學會（台大鹿鳴堂），到有：我、童榮南、周立勇、高應興、解定國、盧志德、周小強、鍾聖賜、林鐵基。

△今年在空大講「政府與企業」，並受邀參與復興電台「兩岸下午茶」節目。

△今年完成龍騰出版公司《國防通識》（高中課本）計畫案合作伙伴有李文師（政大教官退）、李景素（文化教官退）、項台民（彰化高中退）、陳國慶（台大教官）。計有高中二年四冊及教師用書四冊，共八冊課本。

△十二月，《軍事研究概論》出版（全華科技），合著者九人：洪松輝、許競任、秦昱華、陳福成、陳慶霖、廖天威、廖德智、劉鐵軍、羅慶生，都是對國防軍事素有專精研究之學者。

民國九十四年（二〇〇五）五十四歲

△二月十七日，第十次44同學會（台大鹿鳴堂），到有：我、陳鏡培、鍾聖賜、金克強、解定國、林鐵基、高立興、袁國台、周小強、周念台、盧志德、劉昌明，共12人。

△六月十六日，第十一次44同學會（台大鹿鳴堂），到有：我、盧志德、周立勇、解定國、陳鏡培、童榮南、金克強、鍾聖賜、劉昌明、林鐵基、袁國台。

△八月，計畫中的《中國春秋》雜誌開始邀稿，除自己稿件外，有楊小川、路復國、廖德智、王國治、一飛、方飛白、郝艷蓮等多人。

△十月，創刊號《中國春秋》雜誌發行，第四期後改《華夏春秋》，實務行政全由鄭聯臺、鄭聯貞、陳淑雲、陳金蘭負責，妹妹鳳嬌當領導，我負責邀稿，每期印一千五百本，大陸寄出五百本。

△持續在台灣大學聯合辦公室當志工。

△今年仍在龍騰出版公司主編《國防通識》；上復興電台「兩岸關係」節目。

民國九十五年（二〇〇六）五十五歲

△元月《中國春秋》雜誌第二期發行，作者群有周興春、廖德智、李景素、王國治、路復國、一飛、范揚松、蔣湘蘭、楊小川等。

△二月十七日，第十二次44同學會（台大鹿鳴堂），到有：劉昌明、高立興、陳鏡培、盧志德、林鐵基、金克強和我共7人。

△四月，《中國春秋》雜誌第四期發行。

△六月，第十三次44同學會（台大鹿鳴堂），到有：我、周小強、解定國、高立興、袁國台、林鐵基、劉昌明、盧志德。

△七月到九月，由時英出版社出版中國學四部曲，四本約百萬字：《中國歷代戰爭

新詮》、《中國近代黨派發展研究新詮》、《中國政治思想新詮》、《中國四大兵法家新詮》。

△七月十二到十六日，參加佛光山第十六期全國教師生命教育研習營。

△七月，原《中國春秋》改名《華夏春秋》，照常發行。

△九月，《春秋記實》現代詩集出版，時英出版社。

△十月，第五期《華夏春秋》發行。

△十月二十六日，第十四次44同學會（台大鹿鳴堂），到有：我、金克強、周立勇、解立國、林鐵基、袁國台、高立興。

△十一月，當選中華民國新詩學會第二屆理事，任期到九十九年十一月十一日。

△《華夏春秋》第六期發行後，無限期停刊。

△高中用《國防通識》（學生課本四冊、教師用書四冊）逐一完成，可惜龍騰出版公司後來的行銷欠佳。

民國九十六年（二〇〇七）五十六歲

△元月三十一日，第十五次44同學會（中和天香回味鍋），到有：我、解定國、盧志德、高立興、林鐵基、周小強、金克強、劉昌明。

△二月，《國家安全論壇》出版，時英出版社。

△二月一日，到國防部資電作戰指揮部演講，主題「兩岸關係與未來發展：兼論台灣最後安全戰略的探索」。

△二月，《性情世界：陳福成情詩集》出版，時英出版社。

△三月十日，在「秋水詩屋」，與涂靜怡、莫云、琹川、風信子四位當代大詩人研究，幫我取筆名「古晟」。以後我常用這個筆名，有一本詩集就叫《古晟的誕生》。

△五月，當選中國文藝協會第三十屆理事，任期到一百年五月四日。

△五月十三日，母親節，與妻晚上聽鳳飛飛的演唱會，可惜二〇一二年初病逝，我為她寫一首詩「相約二十二世紀，鳳姐」。

△六月六日，第十六次44同學會（台大鹿鳴堂），到有：我、解定國、高立興、盧志德、周小強、金克強、林鐵基。

△六月十九日，榮獲中華民國新詩學會「詩運獎」，在文協九樓頒獎，由文壇大老鍾鼎文先生頒獎給我。

△十月，小說《迷情•奇謀•輪迴：被詛咒的島嶼》（第一集）出版，文史哲出版社。

△十月十六日，第十七次44同學會（台大鹿鳴堂），到有：我、周立勇、解定國、張安麟、林鐵基、盧志德。

△十月三十一日到十一月四日，參加由文協理事長綠蒂領軍，應北京中國文聯邀訪，

一行人有綠蒂、林靜助、廖俊穆、蘇憲法、李健儀、簡源忠、郭明福、廖繼英、許敏雄和我共10人。

△十一月七日，同范揚松、吳明興三人到慈濟醫院看老詩人文曉村先生。

△十二月中旬，大陸「中國文藝藝術聯合會」一行到文協訪問，綠蒂全程陪同，十六日由我陪同參觀故宮，按其名冊有白淑湘、李仕良等14人。

△十二月十九日，到台中拜訪詩人秦嶽，午餐時他聊到「海鷗」飛不起來了。

△十二月二十二日上午，在國父紀念館參加由星雲大師主持的皈依大典，成為大師座下臨濟宗第四十九代弟子，法名本肇。一起皈依的有吳元俊、吳信義、關麗蘇四兄姊弟，這是一個好因緣。

△十二月二十七日，《青溪論壇》成立，林靜助任理事長，我副之，雪飛任社長。

△十二月，有三本書由文史哲出版社出版：《頓悟學習》、《公主與王子的夢幻》、《春秋正義》。

民國九十七年（二〇〇八）五十七歲

△元月五日（星期六），第一次在醉紅小酌參加「三月詩會」，到民國一〇三年底退出。

△元月二十四到二十八日，與妻參加再興學校舉辦的海南省旅遊。

△二月十三日，到新店拜訪天帝教，做《天帝教研究》的準備。

△二月十九日，第十八次44同學會（新店富順樓），到有：我、高立興、解定國、林鐵基、盧志德、金克強、周小強。

△三月二日，參加「全國文化教育界新春聯歡會」，馬英九先生來祝賀，前台大校長孫震、陳維昭等數百人，文壇司馬中原、綠蒂、鍾鼎文均到場，盛況空前。這是大選的前奏曲。

△三月十二日，參加中國文藝協會理監事聯席會議。

△三月，《新領導與管理實務》出版，時英出版社。

△五月十三日下午二時，四川汶川大地震，電話問成都的雁翼，他說還好。

△六月十日，第十九次44同學會（在山東餃子館），到有：我、童榮南、高立興、解定國、袁國台、盧志德、金克強、張安祺。

△六月二十二日，參加青溪論壇社舉辦的「推展華人文化交流及落實做法」，我提報論文「閩台民間信仰文化所體現的中國政治思想初探」，其他重要提文報告人有林靜助、封德屏、陳信元、潘皓、台客、林芙容、王幻、周志剛、一信、徐天榮、漁夫、落蒂、雪飛、彭正雄。

△七月十八日，與林靜助等一行，到台南參加作家交流，拜訪本土詩人林宗源。

△七月二十三日到二十九日，參加佛光山短期出家。

△八月十五日到二十一日，參加青溪新文藝學會理事長林靜助主辦「江西三清山龍虎山之旅」，並到九江參加文學交流會。同行者有我、林靜助、林精一、蔡雪娥、彭正雄、金筑、台客、林宗源、邱琳生，鍾順文、賴世南、羅玉葉、羅清標、吳元俊、蔡麗華、林智誠、共16人。

△十月十五日，第二十次44同學會（台大鹿鳴堂），到有：我、陳鏡培、解定國、盧志德、同小強、童榮南、袁國台、林鐵基、黃富陽。

△十一月三十日，參加「湯山聯誼會」，遇老師長陳廷龍將軍。

△今年有兩本書由文史哲出版社出版：《幻夢花開一江山》（傳統詩）、《一個軍校生的台大閒情》。

△整理這輩子所寫的作品手稿約一人高，贈台大圖書館典藏。

民國九十八年（二〇〇九）五十八歲

△二月十日，第二一次44同學會（台大鹿鳴堂），到有：我、袁國台、解定國、高立興、童榮南、盧志德、黃富陽。

△六月，小說《迷情・奇謀・輪迴：進出三界大滅絕》（第二集）出版，文史哲出版社。

△六月上旬，第二二次44同學會（台大鹿鳴堂），到有：我、林鐵基、童榮南、袁國台、高立興、解定國、金克強、盧志德。

△六月十七、十八日，參加台大「退聯會」阿里山兩日遊。

△十月，小說《迷情・奇謀・輪迴：我的中陰身經歷記》（第三集）出版，文史哲出版社。

△十月六日，第二三次44同學會（公館越南餐），到有：盧志德、解定國、林鐵基、金克強、周小強和我。

△十一月六到十三日八天，參加重慶西南大學主辦「第三屆華文詩學名家國際論壇」，後四天到成都（第一次回故鄉）。此行我提報一篇論文「中國新詩的精神重建」（約兩萬多字），同行者另有雪飛、林芙蓉、李再儀、台客、鍾順文、林于弘、林精一、吳元俊、林靜助。

△十一月二十八日，到國軍英雄館參加「湯山聯誼會」，老將郝伯村批判李傑失了軍人氣節。

△十二月，《赤縣行腳・神州心旅》（詩集）出版，秀威出版公司。

△今年有三本書由文史哲出版社出版：《愛倫坡恐怖推理小說》、《春秋詩選》、《神劍與屠刀》。

民國九十九年（二〇一〇）五十九歲

△元月二十三日，由藝文論壇社和紫丁香詩刊聯合舉辦，「陳福成小說《迷情・奇謀・輪迴》評論會」，在台北老田西餐廳舉行。提評論文有金劍、雪飛、許其正、狼跋、謝輝煌、胡其德、易水寒等七家，與會有文藝界數十人。會後好友詩人方飛白也提出一篇。

△三月一日，第二四次44同學會（台大鹿鳴堂），到有：我、周小強夫婦、解定國、袁國台、林鐵基、盧志德、曹茂林、金克強、黃富陽、童榮南共11人。

△三月三十一日，「藝文論壇」和「創世紀」詩人群聯誼，中午在國軍英雄館牡丹廳餐敘。創世紀有張默、辛牧、落蒂、丁文智、方明、管管、徐瑞、古月，八人與會；藝文論壇有林靜助、雪飛、林精一、彭正雄、鄭雅文、徐小翠和我共7人參加。

△四月二一到二二日，台大溪頭、集集兩日遊，「台大退聯會」主辦。

△六月，《八方風雨・性情世界》出版，秀威出版社。

△六月八日，第二五次44同學會（台大鹿鳴堂），到有：我、金克強、郭龍春、解定國、高立興、童榮南、袁國台、林鐵基、盧志德、周小強、曹茂林，共11人。

△八月十七到二十日，參加佛光山「全國教師佛學夏令營」，同行有吳信義師兄等

多人。

△十月五日，第二六次44同學會（今起升格在台大水源福利會館），到有：曹茂林、解定國、童榮南、林鐵基、盧志德、周小強和我共7人。

△十月二六日到十一月三日，約吳信義、吳元俊兩位師兄，到山西芮城拜訪尚未謀面的劉焦智先生，我們因看「鳳梅人」報結緣。

△十一月，《男人和女人的情話真話》（小品）出版，秀威出版社。

△今年有四本書由文史哲出版社出版：《洄游的鮭魚》、《古道・秋風・瘦筆》、《山西芮城劉焦智鳳梅人報研究》、《三月詩會研究》。

民國一〇〇年（二〇一一）六十歲

△元月，小說《迷情・奇謀・輪迴》合訂本出版，文史哲出版社。

△元月二日，當選中華民國新詩學會第十三屆理事、任期到一〇四年一月一日。

△元月十日，第二七次44同學會（台大水源福利會館），到有：我、黃富陽、高立興、林鐵基、周小強、解定國、童榮南、曹茂林、盧志德、郭龍春共10人。

△二月，《找尋理想國》出版，文史哲出版社。

△二月十九日，在天成飯店參加「中國全民民主統一會」會員代表大會，吳信義、吳元俊兩位師兄也到，會場由王化榛會長主持。會中遇到上官百成先生，會後我

寫一篇文章「遇見上官百成：想起上官志標和楊惠敏」，刊載《新文壇》雜誌（26期，一〇一年元月）。

△三月二二日，上午參加「台大退聯會」理監事聯席會議。

△三月二五日，晚上在台大校總區綜合體育館開「台大逸仙學會」，林奕華也來了，認識她很久了，每回碰到她都很高興。

△四月，《我所知道的孫大公》（黃埔28期）出版，文史哲出版社。

△四月，《在鳳梅人小橋上：中國山西芮城三人行》出版，文史哲出版社。

△五月五日，參加緣蒂在老爺酒店主的「中國文藝協會三十一屆理監事會」，同時當選理事，任期到一〇四年五月五日。與會者如以下這份「原始文件」：

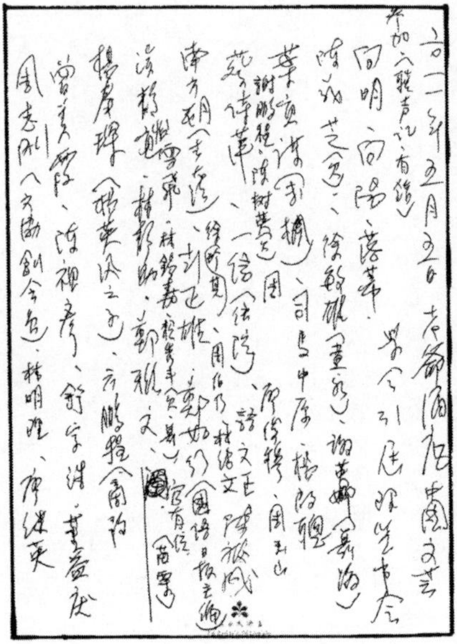

△五月，《漸凍勇士陳宏傳》出版，文史哲出版社。
△六月，《大浩劫後》出版，文史哲出版社。
△六月三日，第二八次44同學會（台大水源福利會館），到有：我、郭龍春、解定國、高立興、童榮南、林鐵基、盧志德、周小強、黃富陽、曹茂林、桑鴻文共11人。
△六月十一日，到師大參加「黃錦鋐教授九秩嵩壽華誕聯誼茶會」，黃伯伯就住我家樓上，他已躺了十多年，師大仍為他祝壽，真很感人。
△七月，《台北公館地區開發史》出版，唐山出版社。
△七月七到八日，與妻參加台大退聯會的梅峰、清境兩日遊。
△七月，《第四波戰爭開山鼻視賓拉登》出版，文史哲出版社。
△八月，《台大逸仙學會》出版，文史哲出版社。
△八月十七到二十日，參加佛光山「全國教師佛學夏令營，主題「增上心」。
△九月九日到二十日，台客、吳信義夫婦、吳元俊、江奎章和我共六人，組成「山西芮城六人行」，前兩天先參訪鄭州大學。
△十月十二日，第二九次44同學會（台大水源福利會館），到有：我、黃國彥、解定國、高立興、童榮南、袁國台、林鐵基、周小強、金克強、黃富陽、郭龍春、桑鴻文、盧志德、曹茂林，共14人。
△十月十四日，邀集十位佛光人中午在台大水源會館雅聚，這十人是范鴻英、刑筱

容、陸金竹、吳元俊、吳信義、江奎章、郭雪美、陳雪霞、關麗蘇。

△十一月十日，台大社團晚會表演，在台大小巨蛋（新體育館），由我吉他彈奏，吳普炎、吳信義、吳元俊、周羅通和關麗蘇合唱三首歌，「淚的小花」、「茉莉花」、「河邊春夢」。

民國一〇一年（二〇一二）六十一歲

△元月四日，第三十次44同學會（台大水源福利會館），到有：我、桑鴻文、高立興、林鐵基、解定國、童榮南、袁國台、盧志德、金克強、曹茂林、郭龍春、陳方烈。

△元月十四日，大選・藍營以689萬票對綠營609萬票，贏得有些辛苦。基本上「九二共識」、「一中各表」已是台灣共識。

△《中國神譜》出版（文史哲出版社，二〇一二年元月）。

△二月，寫一張「保證書」給好朋友彭正雄先生，把我這輩子所有著作全送給他，由他以任何形式、文字，在任何地方出版發行。這是我對好朋友的回報方式。

△二月，開始規畫、整理出版《陳福成文存彙編》，預計全套八十本（總字數近千萬），由彭正雄所經營的文史哲出版社出版。

△二月十九日中午，葡萄園詩刊同仁在國軍英雄館餐聚，到會有林靜助、曾美玲、

杜紫楓、李再儀、台客、賴益成、金筑和我八人。大家商討今年七月十五日是葡萄園的五十大壽，準備好好慶祝。

△三月二十二日，倪麟生事業有成宴請同學《公館自來水博物館內》，到有：我、倪麟生、解定國、高立興、盧志德、曹茂林、郭龍春、童榮南、桑鴻文、李台新，共十人。

△《金秋六人行：鄭州山西之旅》出版（文史哲出版社，二〇一二年三月）。

△《從皈依到短期出家》（唐山出版社，二〇一二年四月）。

△《中國當代平民詩人王學忠》出版（文史哲出版社，二〇一二年四月）。

△《三月詩會二十年紀念別集》（文史哲出版社，二〇一二年六月）。

△五月十五日，第三一次44同學會（台大水源福利會館），到有：我、陳方烈、桑鴻文、解定國、高立興、童榮南、林鐵基、盧志德、周小強、金克強、曹茂林、李台新、倪麟生，共十三人。

△九月有三本書出版：《政治學方法論概說》、《西洋政治思想史概述》、《最自在的是彩霞》，文史哲出版社。

△十月二十二日，第三二次44同學會（台大水源福利會館），到有：我、解定國、高立興、童榮南、林鐵基、盧志德、李台新、桑鴻文、郭龍春、倪麟生、曹茂林、

周小強，共十二人。

△《台中開發史：兼龍井陳家移台略考》出版，文史哲出版，二〇一二年十一月。

△十二月到明年元月，大愛電視台記者紀儀羚、吳怡旻、導演王永慶和另三位攝影師，一行六人，來拍「陳福成講公館文史」專集節目，在大愛台連播兩次。

民國一〇二年（二〇一三）六十二歲

△元月十一日，參加「台大秘書室志工講習」，並為志工講「台大‧公館文史古蹟」（上午一小時課堂講解，下午三小時現場導覽）。

△元月十五日，「台大退休人員聯誼會」理監事在校本部第二會議室開會，並選舉第九屆理事長，我意外當選理事長，二二日完成交接，任期兩年。

△元月十七日，第三三次44同學會（台大水源福利會館），到有：我、倪麟生、林鐵基、桑鴻文、解定國、高立興、盧志德、周小強、曹茂林、郭龍春、陳方烈、余嘉生、童榮南，共十三人。

△二月，《嚴謹與浪漫之間：詩俠范揚松》出版，文史哲出版社。

△三月，當選「中國全民民主統一會」執行委員，任期到一〇三年三月二十八日。（會長王化榛）。

△三月，《讀詩稗記：蟾蜍山萬盛草齋文存》出版，文史哲出版社。

△五月，《與君賞玩天地寬：陳福成作品評論和迴響》、《古晟的誕生：陳福成60詩選》、《迷航記：黃埔情暨陸官44期一些閒話》三書出版，由文史哲出版社出版發行。

△五月十三日，第三四次44同學會（台大水源福利會館），到有：我、李台新、解定國、高立興、林鐵基、童榮南、盧志德、金克強、曹茂林、虞義輝、郭龍春、桑鴻文、陳方烈、倪麟生、余嘉生、共十五人。

△七月，《孫大公的思想主張書函手稿》、《日本問題終極處理》、《一信詩學研究》三書出版，均文史哲出版社。

△七月四日，鄭雅文、林錫嘉、彭正雄、曾美霞、落蒂和我共六個作家詩人，在「豆豆龍」餐廳開第一次籌備會，計畫辦詩刊雜誌，今天粗略交換意見，決定第二次籌備會提出草案。

△八月十三到十六日，參加佛光山「教師佛學夏令營」，同行尚有吳信義、關麗蘇。

△八月三十一日，為詩人朋友導覽公館古蹟，參加者有范揚松、藍清水夫婦、陳在和、吳明興、胡其德、吳家業、許文靜、鍾春蘭、封枚齡、傅明其。

△九月七日，上午在文協舉行《一信詩學研究》新書發表會及討論，由綠蒂主持。

△九月十日，假校總區第二會議室，主持「台大退休人員聯誼會」第九屆第四次理

監事聯席會議，會中由會員組組長陳志恆演講，題目「戲緣——京劇與我」。

△九月二七日，參加「台大文康會各分會負責人座談會暨85週年校慶籌備會議」，地點在台大巨蛋，由文康會主委江簡富教授（電機系）主持，各分會負責人數十人到場。

△十月七日，第三五次44同學會（改在北京樓），到有：我、余嘉生、解定國、虞義輝、童榮南、盧志德、郭龍春、桑鴻文、李台新、陳方烈、袁國台，共十一人。

△十月十二日，在天成飯店（火車站旁），參加「中國全民民主統一會」第七屆第二次執監委聯席會。討論會務發展及明春北京參訪事宜。

△十月十九日，由台大三個社團組織（教授聯誼會會長游若篍教授、職工聯誼會秘書楊華洲、退聯會理事長我本人）聯合舉辦「未婚聯誼」，在台大巨蛋熱鬧一天，到場有第二代子女近四十人參加。

△十一月九日，重慶西南大學文學系教授向天淵博士來台交流講學，中國詩歌藝術學會理事長林靜助先生，在錦華飯店繳請「兩岸比較文學論壇」，我和向教授在兩年前有一面之緣。

△十一月十二日，假校總區第二會議室，主持「台大退聯會」第十屆第五次理監事聯席會議。陳定中將軍蒞臨演講，題目「原子彈與曼哈頓計劃的秘密」，另討論十二月三日會員大會事宜。

△十一月十三日，小路（路復國同學）來台北開會，中午我和老袁（袁國台）與他相見，老袁請吃牛肉麵，我在「新光」高層請喝咖啡賞景。

△十一月二十四日，台大退聯會、教聯會和職工會合辦「兩性聯誼」活動，第三場在文山農場，場面熱鬧。

△十一月二十八日，晚上，台大校慶文康晚會在台大巨蛋舉行，退聯會臨時組合唱團由我吉他伴奏參加，也大受歡迎。

△十二月三日上午，台大退聯會在第一會議室舉行年度大會，近兩百教職員工參加，主秘林達德教授代表校長致詞，歷屆理事長（宣家驊將軍、方祖達教授、楊建澤教授、丁一倪教授）均參加，我自今年元月擔任理事長以來，各方反應似乎還算滿意。

△十二月十日，約黃昏時，岳父潘翔皋先生逝世，高壽九十四歲，福壽雙全，除老人退化病外，無任何重症，睡眠中無痛而去，真是福報。他們兒女決定簡約辦理，十七號舉行告別式。

△十二月十八日，中午，參加在「喜萊登」由鄭雅文小姐主持成立的「華文現代詩刊」，到會有主持鄭雅文、筆者及麥穗、莫渝、林錫嘉、范揚松帶秘書曾詩文、曾美霞、龔華、劉正偉、雪飛等。

△十二月二十二日，在「儷宴會館」（林森北路），參加44期北區同學會，改選理監事及會長，虞義輝當選會長，我當選監事。

△十二月三十日，這幾年，每年年終跨年，一群詩人、作家都在范揚松的大人物公司跨年，今年也是，這次有：范揚松、胡爾泰、方飛白、許文靜、傅明琪、劉坤靈、吳家業、梁錦鵬、吳明興、陳在和及筆者。

民國一〇三年（二〇一四）六十三歲

△元月五日，與妻隨台大登山會走樟山寺，到樟山寺後再單獨走到杏花林，中午在「龍門客棧」午餐，慶祝結婚第34年。

△元月九日，爆發「梁又平事件」（詳見《梁又平事件後：佛法對治風暴的沈思與學習》乙書）。

△元月十一日，在天成飯店參加「中國全民民主統一會」執監委員會，由會長王化榛主持，並確定三月北京行名單。

△元月十二日，與妻隨台大登山會走劍潭山，沿途風景優美。

△元月二十四日，參加台大志工講習會，會後參觀台大植博館。

△元月、二月，有三本書由文史哲出版，《把腳印典藏在雲端》、《台北的前世今生》、《奴婢妾匪到革命家之路：謝雪紅》。

△春節，那裡也沒去，每天照常在新店溪畔散步、寫作、讀書。

△二月九日，參加「台大登山會」新春開登，目的地是新莊牡丹心環山步道」，在泰山、林口接壤的牡丹山系，全天都下著不小的雨，考驗能耐。我和信義、俊歌兩位師兄，都走完全程，各領一百元紅包。

△二月十八日，中午與食科所游若篍教授共同主持兩個會，教授聯誼會邀請台北市教育局長林奕華演講，及「千歲宴」第二次籌備會。到會另有職工會秘書華洲兄、陳梅燕等十多人。

△二月廿一、廿二日，長青四家夫妻八人（虞、張、劉、我及內人們），在張哲豪的基隆「公館」度假，並討論四月花蓮行，決議四月十四、十五、十六共三天到花蓮玩。

△三月三日，中國文藝協會以掛號專函通知，榮獲第五十五屆中國文藝獎章文學創作獎，將於五月四日參加全國文藝節大會，接受頒獎表揚。

△三月八日，晚上在三軍軍官俱樂部文華廳，參加由中國文藝協會理事長王吉隆先生所主持的理監事聯席會，有理監事周玉山、蘭觀生、曾美霞、徐菊珍等十多人參加。

△三月十日，由台大教聯會主辦，退聯會和職工會協辦，邀請台北市教育局長林奕

華演講，主題關於十二年國教問題，中午十二時到下午一點三十圓滿完成（在台大第一會議室）。

△三月十六日，三月是台大的「杜鵑花節」，每年三月的假日，我們擔任台大秘書室的志工們，都輪值校門口「坐台」（服務台），招呼人山人海的參訪來賓。今天上午九時到下午一時我值班，下班立即前往第一殯儀館「鼎峰會館」，向陳宏大哥上香致敬，並以《漸凍勇士陳宏傳：他和劉學慧的傳奇故事》一書代香花素果，獻於陳大哥靈前。此因十八號他的追思會我在台大有兩個重要會議要開，向學慧師姊說了先來拈香，我也因寫了陳宏的回憶錄，和他有心靈感應，他也給我的人生有重大啟示，故向陳宏大哥獻書，願他一路好走，在西方極樂世界修行，別再重回六道，受人間諸苦。

△三月十八日，上午主持今年第一次「台大退休人員聯誼會」理監事會，並邀請吳信義學長會後演講，到有全體理監事各組長二十多人。下午參加校長楊泮池主持的「退休人員茶會」，按往例我參與茶會並在會中報告退聯會活動，陳志恆小姐隨同我參加，在現場「招兵買馬」，成效甚佳。

△三月二十日，上午到二殯參加海軍少將馬振崑將軍公祭（現役五十七歲），我以台大退聯會理事長身份主祭，信義和俊歌兩位師兄與祭。現場有高華柱、嚴明、葉昌桐等高級將領，至少有五十顆星星以上。

下午，到翔順旅行社（松江路）參加北京行會議，下週二共二十人參加這次訪問。

△三月二十一日，中餐，在「台大巨蛋」文康交誼廳，參加由台大文康委員會主委

江簡富教授（電機系）所主持，「一〇三年文康會預算會議」，到有台大教職員各社團負責人近三十人。

△三月廿五到三十日，應中國全民民主統一會會長王化棒先生及信義、俊歌兩位師兄之邀請，以特約記者的身份參加全統會北京、天津參訪團，全團二十人。我們拜會天津、北京的中國和平統一促進會、黃埔軍校同學會等。（詳見我所著《中國全民民主統一會北京天津行：兼略論全統會的過去現在和未來發展》，文史哲出版）

△四月十四、十五、十六，近半年來我積極推動的「長青家族花蓮行」，終於成真，內心感到安慰極了。回想五年多來，長青家族的聚會竟如同打烊，太氣人了。這件事能促成，比我在花蓮擁有一甲地更值得。這心聲在三天旅遊中我沒說出來，今只在此說給大家聽，義輝、阿妙、阿張、金燕、劉建、Linda 和我妻，「以心傳心」傳給你們聽！

△五月二日，由中國文藝協會主辦，行政院文建會贊助指導，第五十五屆文藝獎章得獎人，今天在部份平面媒體公告，下列是聯合報資料。後天就是「五四文藝節」，將在三軍軍官俱樂部盛大慶祝並頒獎。據聞，副總統吳敦義將親自主持。

联合報.103.5.2.

〈聯副文訊〉二則

中國文藝獎章名單揭曉

由中國文藝協會主辦的中國文藝獎章，本年度榮譽文藝獎章得主為：廖玉蕙（文學類）、崔小萍（影視類）、陳陽春（美術類）、張炳煌（書法類）。

第五十五屆文藝獎章獲獎人為：王盛弘（散文）、鯨向海（新詩）、田運良（詩歌評論）、梁欣榮（文學翻譯）、陳福成（專欄）、洪能仕（書法）、吳德和（雕塑）、張翱瑜（水彩）、劉家正（美術工藝）、林再生（攝影）、戴心怡（國劇表演）、李董峻（客家戲表演）、梁月嬰（戲曲推廣）、孫麗桃（民俗曲藝）、魏大為（音樂工作）、孫翠玲（舞蹈教學）、曾美霞、鄭雅文、鄔迅（文藝工作獎）楊寶華（文創及文化交流）、劉詠平（海外文藝工作獎）。（丹墀）

△五月四日，下午到晚上，參加全國文藝節及文藝獎章頒獎典禮，直到晚上的文藝晚會都在三軍軍官俱樂部。往年都是總統馬英九主持，今年他可能因母喪，改由副總統吳敦義主持。

△五月初的某晚，關雲的女兒打電話給我，媽媽走了！我很震驚，她是中國文藝協會會員、三月詩會詩友，六十五歲突然生病很快走了！怎不叫人感慨！

△五月二十日，籌備半年多的「台大退聯會千歲宴」，終於快到了，今天是退聯會上班日，大家做最後準備。中午到食科所午餐，三個分會（退聯會、教聯會、職工會），再開宴前會，確認全部參加名單和過程。

△五月廿二日，上午九點到下午兩點，千歲宴正式成功辦完，校長楊泮池教授也親臨致詞，和大家看表演、合照。今天到有八十歲以上長者近四十人，宣家驊將軍、方祖達教授等都到了。

△六月二日，今天端午節，中午在中華路典漾餐廳，由全統會會員（會長王化榛、秘書長吳信義、會員吳元俊，我等十多人），宴請天津來訪朋友，有些我們三月去天津已見過，他們到有：王平、劉正風、李偉宏、蔣金龍、錢鋼、商駿、吳曉琴、李衛新、賈群、陳朋，共十人。

△到六月止，近十個月來，完成出版的書有：《把腳印典藏在雲端：三月詩會詩人手稿詩》、《台北公館台大地區考古・導覽》、《我的革命檔案》、《中國全民民主統一會北京行》、《六十後詩雜記現代詩集》、《胡爾泰現代詩研究》、《從魯迅文學醫人魂救國魂說起》；另外，《臺大退聯會會務通訊》也正式出版，第

一版先給理監事會看，年底會員大會再印贈會員。

△六月十一日，《臺大會訊》報導「千歲宴」盛況如下：

《臺大校訊》，二〇一四年六月十一日，第四版。

退休人員、職工及教師聯誼分會舉辦千歲宴活動

為關懷退休人員較年長者平常較少於校園活動，文康會退休人員、職工及教師三個聯誼分會5月24日假綜合體育館文康室舉辦80歲以上「千歲宴」活動。出席名單包括：教務處課務組主任郭輔義先生、軍訓室總教官宣家驊、軍訓室教官鍾鼎文、軍訓室教官鄭義峰、總務處保管組股長林 參、總務處蕭添壽先生、總務處翁仙啓先生、圖書館組員柯環月女士、圖書館閱覽組股長王鴻龍、文學院人類系組員周崇德、理學院動物系教授李學勇、法學院王忠先生、法學院工王本源先生、醫學院組員洪林寶祝、醫學院組員連興潮、工學院電機系教授楊維禎、農學院生工系教授徐玉標、農學院園藝系教授方祖達、農學院技正路統信、農學院園藝系教授康有德、附設醫院護士曾廖日妹、農業陳列館主任劉天賜、圖書館組員紀張素瑩、附設醫院組員宋麗音、理學院海洋所技正鄭展堂、理學院化學系技士林添丁、附設醫院組員葉秀琴、附設醫院技佐王瓊瑛、附設醫院技士劉人宏、農學院農化系教授楊建澤、農學院農經系教授許文富、園藝系教授洪 立、農學院森林系教授汪 淮、軍訓室教官茹道泰、電機系技正郡依俤。

△六月十三日，上午率活動組長關麗蘇、會員組長陳志恆、文康組長許秀錦，拜會位於新店的天帝教總會，他們有劉曉蘋、李雪允、郝寶驥、陳啟豐、陳己人等多位接待我們。議決九月十七日，台大退聯會組團（40人）參訪天帝教的天極行宮（在台中清水）。會後，中午在總會吃齋飯。

△六月十七日，主持台大退聯會理監事會，我主要報告《會務通訊》出版事宜，經

費籌劃等。

△六到七月，我的《華夏春秋》雜誌打烊後，曾有大陸朋友要在大陸復刊，江蘇的高保國搞一期又打烊了。最近遼寧的金土先生復刊成功，希望他能長長久久辦下去。以下是創刊號的封面和內首頁。

本刊社長陳福成 2009 年於西南大學留影。

葫蘆島市環保局局長、本刊顧問羅建彪題。

△到八月止：在文史哲出版社完成出版的著作，七、八月有：《留住末代書寫的身影》、《我這輩子幹了什麼好事》、《「外公」和「外婆」的詩》、《中國全民民主統一會北京天津行》。

△八月一到五日，參加「二〇一四佛光山佛學夏令營」，今年主題是「戒定慧」。同行的好友尚有：吳信義、吳元俊、關麗蘇、彭正雄。

△八月二十六日，主持「台大退休人員回娘家」聯歡餐會，在「台大巨蛋」文康室熱鬧一天，近百會員參加。

△九月二日，主持「台大退聯會」第九屆第七次理監事會，我在會中發表〈不連任、不提名聲明書〉，但全體理監事堅持要我接受提名連任，只好從善如流，接受承擔。

△九月十六日，下午參加由校長楊泮池教授主持的「退休人員茶會」，我的任務是報告「台大退聯會」概況並積極「招兵買馬」。

△九月十七日，率台大退休人員一行40人，到台中清水參訪「天帝教天極行宮」。

△九月到十月間，退聯會、聯合服務中心，工作和值班都照常，多的時間寫作、運動，日子好過，天下已不可為，就別想太多了。

△十一月四日，主持「台大退聯會」第九屆第八次理監事會，也是為下月二日年度

會員大會的籌備會，圓滿完成。

十二月二日，主持「台灣大學退休人員聯誼會」第九屆2014會員大會，所提名十五位理事、五位監事全數投票通過，成為下屆理監事。

△十二月十三日，下午參加《陸官44期同學理監事會》，會後趕回台大參加社團幹部座談、餐會。

△十二月十四日，三軍軍官俱樂部參加「中華民國新詩學會」理監事會。

△台大秘書室志工午餐（在鹿鳴堂），到有：叢曼如、孫茂鈴、郭麗英、朱堂生、吳元俊、吳信義、孫洪法、鄭美娟、簡碧惠、王淑孟、楊長基、宋德才、陳蓓蒂、許詠婕、郭正鴻、陳美玉、王來伴、蘇克特、許文俊、林玟妤來賓和筆者共21人。

△關於民一〇二、一〇三年重要工作行誼記錄，另詳見《台灣大學退休人員聯誼會第九任理事長記實》一書，文史哲出版。

民國一〇四年（二〇一五）六十四歲

△元月六日，主持「台大退休人員聯誼會」第十屆理監事，在校本部第二會議室開會投票，我連任第十屆理事長。

△關於民一〇四、一〇五年重要工作行誼記錄，詳見《台灣大學退休人員聯誼會第十任理事長記實暨2015～2016事件簿》（計畫出版）為準。